国家社科基金
GUOJIA SHEKE JIJIN HOUQI ZIZHU XIANGMU
后期资助项目

职业体育发展重要制度安排的国际比较研究

An International Comparative Study on the Arrangement of Important Institutions in the Development of Professional Sports

杨 铄 著

ZHEJIANG UNIVERSITY PRESS
浙江大学出版社

图书在版编目（CIP）数据

职业体育发展重要制度安排的国际比较研究 / 杨铄
著. — 杭州：浙江大学出版社，2022.6
ISBN 978-7-308-22674-5

Ⅰ. ①职… Ⅱ. ①杨… Ⅲ. ①职业体育－制度－对比
研究－世界 Ⅳ. ①G8

中国版本图书馆 CIP 数据核字（2022）第 091511 号

职业体育发展重要制度安排的国际比较研究

杨铄　著

责任编辑	陈　翩　马一萍
责任校对	丁沛岚
封面设计	周　灵
出版发行	浙江大学出版社
	（杭州市天目山路 148 号　邮政编码 310007）
	（网址：http://www.zjupress.com）
排　版	杭州朝曦图文设计有限公司
印　刷	浙江全能工艺美术印刷有限公司
开　本	710mm×1000mm　1/16
印　张	15.5
字　数	270 千
版 印 次	2022 年 6 月第 1 版　2022 年 6 月第 1 次印刷
书　号	ISBN 978-7-308-22674-5
定　价	68.00 元

国家社科基金后期资助项目
出版说明

后期资助项目是国家社科基金设立的一类重要项目，旨在鼓励广大社科研究者潜心治学，支持基础研究多出优秀成果。它是经过严格评审，从接近完成的科研成果中遴选立项的。为扩大后期资助项目的影响，更好地推动学术发展，促进成果转化，全国哲学社会科学工作办公室按照"统一设计、统一标识、统一版式、形成系列"的总体要求，组织出版国家社科基金后期资助项目成果。

全国哲学社会科学工作办公室

前　言

　　本研究选取美国、英国、德国、意大利、西班牙等世界范围内职业体育发展较为成熟的国家，围绕媒体转播、劳动力市场、政府扶持等职业体育发展重要方面的制度安排展开研究，对其制度演进和变革的历史、原因及特征进行阐释。在此基础上，结合我国职业体育的历史与现状，剖析我国职业体育发展过程中在各类制度安排方面存在的问题，进而给出我国职业体育重要制度构建和路径选择方面的意见与建议。

　　具体来说，本研究主要包括以下几个部分的内容：

　　第一，基于制度逻辑理论，阐释欧洲、美国及中国职业体育发展过程中，社会核心制度嵌入职业体育的历史过程，从而分析推进各国职业体育发展的主要内部矛盾。

　　第二，着重探讨在核心矛盾冲突以及不同制度逻辑的约束下，各国职业体育相关主体各自不同的行为逻辑。

　　第三，基于对各国职业体育相关主体行为逻辑的分析，考察各国职业体育发展中转播制度安排的历史演进与特征。对赛事转播权出售、转播收入分配、转播内容收费等职业体育转播关键制度进行经济学分析，对美国、英国、德国、意大利、西班牙等职业体育发达国家转播制度的安排进行国际比较研究，对各国转播制度安排的历史演进、制度特征及实施效果进行阐释与归纳。在此基础上，结合我国职业体育发展历史与现状，提出我国职业体育管理者在转播制度安排中应当遵从的原则。

　　第四，考察各国职业体育联盟劳动力制度安排的历史演进与特征。以职业足球为例，重点考察运动员配额制度的问题，分析配额对运动员薪酬水平、联赛竞技和商业价值、国家队竞技表现等方面的影响，对欧盟、英国、德国等国家和地区的职业足球外援配额制度进行阐释与比较。

　　第五，基于职业体育的特殊性，探讨美国、英国、德国、意大利、西班牙等国家政府对职业体育联盟发展进行扶持的相关制度安排，扶持制度的类型涉及税收优惠、债务减免、场馆建设、运动员培养等方面。

　　第六，选取近年来我国职业足球联赛中施行的 U23 政策为微观制度分析的典型，比较中国、法国、德国、日本等多个国家的职业足球运动员在国家队与联赛中的出场年龄特征，并剖析制度实施的效果，对当前中超联赛中 U23 政策的合理性提出质疑，并给出相关的政策建议。

目 录

第一章 引 论

第一节 职业体育:制度形塑的发展之路

职业体育是在市场经济条件下,体育自身价值与市场经济相结合的经济现象和文化现象,是体育发展的高级阶段。这种发展模式存在于世界各国,只是由于各国的地域、社会、政治、经济、文化、制度等的不同,其职业体育发展呈现多样性特征。从全球职业体育发展历史及现状来看,欧洲足球和美国篮球、橄榄球等职业体育联赛(盟)毫无疑问是发展时间最长、制度体系最完善、影响力最广、商业价值最高的赛事。自 19 世纪末期和 20 世纪初期开始,这些职业体育赛事在一个多世纪的变革和演进中,经历了多个不同的发展阶段。尤其是自 20 世纪 90 年代以来,当电视转播与职业体育深度结合之后,职业赛事的传播覆盖范围和影响力不断扩大,职业体育主体收入模式发生了深刻变革。联赛(盟)、俱乐部和运动员不再仅仅依赖比赛门票和政府补助,而是可以从各大转播方那里获得高额版权费,并通过其覆盖全球的传播获得各类商业赞助和广告代言。进入 21 世纪后,互联网的兴起以及移动设备的普及,再次推动了职业体育产业的发展,欧洲足球和美国篮球、橄榄球等职业体育赛事日益成为商业价值庞大的世界性产业。2012 年,欧洲职业足球的产业规模已达到 193 亿欧元,在全球体育赛事产业中占据了超过 43% 的份额,而皇家马德里、巴塞罗那、曼彻斯特联等职业足球俱乐部,已经能够实现每年超过 5 亿欧元的运营收入(Deloitte,2012)。2021 年,在美国国内新冠肺炎疫情蔓延、经济发展放缓的双重影响之下,美国职业橄榄球大联盟(National Football League,以下简称 NFL)仍然与多家媒体公司签署了总额达 1130 亿美元的全媒体转播合同,转播收入相比前一合同期增长超过 75%(Mai,2021)。

从体育学研究者的角度来审视欧洲、美国和中国等国家的职业体育各类制度变革的历史过程,不难发现各国职业体育发展中参与主体之多样、变迁方式之复杂、理念冲突之激烈、产生影响之深远。而这一系列涉及经济、政治、文化等多个方面的历史事件的集合,无疑为体育学研究者提供了丰富的内容。对于我国体育学研究者来说,欧美国家职业体育制度的变革、创新与发展过程,本身便提供了一种西方语境下职业体育发展的实践镜像。借此,可以结合我国职业体育的发展历史,审视各自发展中主体的制度选择之异同。

欧美主流体育经济学的研究者提供了大量针对欧美职业体育各类制度研究的文献。这些研究主要依据新古典经济学的理论,围绕"边际效用"和"均衡价格"等核心理念,对理想假设下职业体育制度设置的均衡状态,以及现实中制度所带来的经济绩效等方面进行了分析。然而,这种基于新古典理论的经济分析不仅过于重视职业体育的经济属性,忽视了其作为社会—文化活动所具有的多重属性,而且大多停留在针对经济绩效的说明层面,未能深入各种制度产生,特别是不同国家演化出不同制度模式之根本原因的解释层面。因此,其对于指导中国职业体育发展实践缺少针对性和解释力。

Weber(1978)指出,社会科学应当是一门致力于通过解释性地理解社会行为,并基于这种理解对社会行为之过程和影响的原因与结果进行说明的科学;社会科学研究者对现实世界的理解不仅是对给定的行为、现象等的直接理解,更应当对主体动机有理性的把握,能够将行为置于理性思维的指引之下。因此,如果仅仅着眼于经济学理想假设下的制度绩效分析,而忽略制度出现的历史背景、具体情境与相关主体的行为逻辑,就难以对各国职业体育制度变迁的历史过程做出一个合理且完整的解释,也就无法从欧美国家发展职业体育的实践中提炼出具有现实意义的制度经验和发展路径,来指导我国职业体育的发展。对于正处于发展关键时期的中国职业体育而言,如果对西方职业体育的借鉴仅仅停留于对表层制度的模仿,很可能会需要付出较高的学习成本、花费较长的实践时间,才能在自身不断的"试错"之中寻找到合适的发展理论与模式。这种情况显然是顶层制度设计者不愿意看到的。

综上,本研究试图以制度研究的最新理论成果——制度逻辑理论为主要理论基础,结合经济学、社会学等相关的社会科学理论,对美国、英国、德国、意大利、西班牙等职业体育发达国家以及中国的职业体育在各自演进历程中,俱乐部、联赛(盟)、协会、政府等各相关主体的行为逻辑进行分析,进而探讨各国职业体育各类制度产生变革的深层原因,并在具体制度设置层面解读各主体如何在内嵌于其中的社会核心制度逻辑的约束下,在职业体育发展的过程中进行相应的制度选择。在此基础上,探讨不同国家职业体育制度设置的特征及其带来的不同的发展路径和效果，从中找寻职业体育发展的若干共性与规律，并适当结合实证分析的方法，对国内外职业体育联赛中的一些制度安排进行分析，为正处于改革发展关键阶段的中国职业体育提供意见和建议。

第二节　重要概念辨析

一、职业体育

对职业体育概念的界定是研究开展的重要理论基础，职业体育论域的确定直接决定了整个研究讨论的内容范围。因此，在把握经典研究对职业体育概念界定的基础上，还需要对本研究所讨论的职业体育的特殊性予以辨析。

在已有的体育经济学文献中，不同国家的研究者对职业体育的认识呈现出较大的差异性。在欧美国家，特别是美国，商业化（commercialization）的理念渗透于职业体育从出现到发展成熟的整个渐进过程之中，研究者也早早将职业体育联盟视为整个职业体育中的核心组织，并围绕着职业体育联盟的经济属性给出了一系列相关概念与性质的界定。Neale（1964）指出，在职业体育产业中，单一企业（职业体育联盟）的存在天然地降低了多家企业同时存在时的生产成本，且只有单一企业能够在最终的竞争中存活下来。因此，职业体育联盟是一种自然垄断企业，每一家俱乐部都是企业中的"一个车间"（one plant）。Freedman（1987）则指出，职业体育是通过交易职业体育赛事的各项权利，以及由职业体育运动员使用运动技能进行展示或参与比赛，从而获得经济回报的商业活动。在中国，学者除了重视职业体育的商业价值外，也较为关注其竞技方面的价值和社会影响力。谭建湘（1998）指出，职业体育是以某一运动项目为劳务性生产和经营，围绕该项目生产开发而形成的相对独立和完整的商业化、企业化的经营体系。张林等（2001）认为，职业体育是一项利用高水平竞技运动的商品价值和文化价值，参与社会商品活动和社会文化活动，使得运动员获得丰厚报酬，并为社会提供体育和文化服务的活动。王庆伟（2004）认为，职业体育是通过向消费者提供消遣性的体育竞赛商品，使得体育比赛的经营者、俱乐部所有者、运动员等相关人员获得报酬的一种经济活动。

综上所述，学者大多认识到了职业体育作为经济行为的特征，在定义中给予职业体育经济属性足够多的关注，而对其社会属性和文化属性则较少涉及。考虑到各国职业体育的特殊性，以及本研究选择的相关理论的适用性，笔者并不将视角局限于职业俱乐部或联盟作为生产者的层面，进而过于关注职业体育的经济属性；相反，笔者认为，职业体育应当是一种由球员、俱乐部、联赛（盟）、协会、媒体、政府等多个主体共同参与的，涉及经济、政治、文化等多个方面的社会活动。各主体在参与这一社会活动的过程中不仅进行物质层面的生产活动，同时也渗透着符号体系构建、意义与价值赋予等精神层面的生产活动。对于职业体育中各主体的性质和目标，在后面的章节中将有具体的讨论。

二、制　度

除了职业体育的概念之外，制度也是本研究涉及的一个重要概念，对制度的定义直接决定了本研究对各国职业体育制度问题的讨论范围。

马克思最早在有关社会发展的论述中表达了对制度起源的见解。他认为，制度最初来自物质生产条件，逐步发展才上升为法律（马克思，恩格斯，1972）。马克思从人类与自然界的矛盾出发去解释制度的起源，认为生产力的发展引出了第一个层次的制度，即社会生产关系，而生产关系又导致不同集团和阶级的利益的矛盾与冲突，从而产生了第二个层次的制度，即包括政治、法律、道德规范等在内的上层建筑。这一经典的分析蕴含了对经济发展与制度设置之间关系的深刻认识。

早期的制度学派研究者对制度的定义则较为强调非市场的因素。凡勃仑（Thorstein B. Veblen）将制度定义为个人或社会对有关的某些关系或某些作用的一般思想习惯；康芒斯（John R. Commons）认为制度是集体行动控制个人行动的一系列行为准则；艾尔斯（Clarence E. Ayres）把制度视为各种风俗与习惯，并认为制度是社会发展和技术进步的障碍；加尔布雷斯（John K. Galbraith）扩大了制度研究的范围，使之涵盖国家、法律制度、意识形态、所有制、分配关系等内容。

新制度经济学派的出现为制度研究提供了大量新的概念定义。Schulz（1968）将制度定义为涉及社会、政治及经济行为的规则，包括用于降低交易费用的制度、用于影响生产要素所有者风险的制度、用于确定组织和个人的收入关系的制度以及用于确立公共品和服务的生产分配的制度等。显然，尽管其对制度的定义仍然突出了社会和政治的地位，但对制度的分类已经明显转向了经济领域。North（1981，1990）多次对制度进行界定，他更倾向于用一般化的描述来解释制度，如"制度是一个社会的博弈规则……是一些人为设计的、形塑人们互动关系的约束","制度是一系列被制定出来的规则、秩序、伦理规范等,旨在约束主体的个人行为"。Ruttan(1984)认为,制度是用于支配特定行为模式与建立相互关系的一套行为规则。青木昌彦(2001)从博弈论的角度出发,将制度定义为"一个关于博弈如何进行的共有信念的自我实施系统,是对博弈路径选择的一种表征"。在本研究所使用的主要理论——制度逻辑理论中,主要理论贡献者(Thornton 等,2008)在分析了过往研究者对制度的定义之后指出,无论定义之间的差别如何,制度最终都会体现在人们在物质生产和符号体系构建等活动方面的稳定行为方式之中,其安排引致了特定行为模式在生活中的反复出现和重复存在(Greenwood 等,2008)。

因此,基于多种理论对制度的认识,以及职业体育本身的特征,本研究认为,职业体育中的制度应当是一组由相关主体制定的行为规则,其中包含了对主体在从事与职业体育相关的竞技和经济等活动时的行为及结果的允许、禁止或者有条件的限制。制度可以是正式或非正式的规则,当主体通过行为进行选择时,其所遵循的、采用的以及提供监督的正是这些规则。特别地,本研究主要涉及对职业体育正式制度的研究,包括法律、政策、章程等,考虑到篇幅限制,笔者参考多位学者的观点,重点探讨职业体育产业发展中对职业体育联赛、俱乐部和球员的运营与决策起到重要作用的转播制度、劳动力制度以及政府扶持制度这三大制度类型;同时,选择近年来我国职业足球联赛中推行的 U23 政策作为微观制度范例,通过基于全球多个国家运动员数据的机器学习分析方法,对该制度可能产生的影响进行判断,从而在整个研究中构建从理论到现实、从国际到本土、从演绎到实证的制度分析体系。

第三节 研究方法

一、方法论上的结构主义和个人主义并重

在涉及具体的研究方法之前,需要对本研究所遵从的方法论进行阐释。首先,本研究充分汲取了结构主义的思想。结构主义理论的主要贡献者之一 Lévi-Strauss(2008)曾经指出,社会生活应该是一个由经济、政治、法律、伦理、宗教等各方面因素构成的有意义的复杂体,其中的某一方面除非必须与其他方面联系起来考虑,否则便不能得到理解。毫无疑问,本研

究所基于的主要理论——制度逻辑理论——对多种社会核心制度域的辨析,带有明显的结构主义的思想特征。因此,本研究基于制度逻辑理论的分析框架建构,也必然地带有结构主义方法论的色彩。Gibson(1984)指出,结构主义研究者所遵循的共同原则包括五个方面:整体、关系、消解主体(decentering the subject)、自我规制(self-regulation)以及转换(transformation)。本研究针对核心制度逻辑对各国职业体育主体行为影响的研究,较多涉及特定社会核心制度逻辑约束下主体的自我行为规制,以及多种核心制度逻辑共同作用下主体行为逻辑的转换,这种规制和转换的背后无疑存在着社会制度域之特定结构的影响。

同时,本研究在涉及个体和组织的具体制度选择时,特别是涉及具体制度对各主体经济利益的影响等问题时,也会遵循个人主义方法论的原则。Mises(1949)曾经提出构成方法论个人主义的三方面内容:(1)行为由个人所体现,即便是集体(组织)的行为,也是单个或多个个人行为的体现,个人以及受其影响的其他个人决定了行为的性质;(2)人作为社会分子,其存在过程发生在人与人之间,分工与合作也只能在人的行为中实现;(3)集体只有通过个人行为才能被认识。本研究在分析各国职业体育相关主体的具体行为时,必然地会受到方法论个人主义思想的影响,特别是在运用经济学理论分析制度设置对主体收益的影响,以及 U23 政策对作为个体的运动员的出场机会和个人发展的影响时,无论是在“完全理性人”还是在“有限理性人”的假设下,在方法论层面毫无疑问都是个人主义的。

二、方法上的传统历史与新经济史研究方法融合

对各国职业体育制度变迁的研究,需要对某一时间跨度和空间范围内的关于制度设置的客观事实进行充分的描述,并对这些历史事实的复杂性和特殊性予以呈现,再结合相应的理论予以解释,从而逐步形成对整个制度变迁过程的重现。这就必然地会涉及历史研究,尤其是经济史研究的分析方法。长期以来,经济史研究之中存在着传统经济史研究和新经济史研究的区分,关于两者之间的差别,Rabb 等(1982)曾指出,“旧经济史是历史学的分支,而新经济史是经济学的一部分”,表现在具体研究过程中,传统经济史研究重视对史料的收集、整理与考证,新经济史研究则重视统计数据的分析与基于分析结果的解释。事实上,两种方法之间的界限在各自的发展中已经逐渐模糊,运用经济学理论和相关数据来研究经济史的理念,已然贯穿于大多数的经济史研究之中。本研究在阐释各国职业体育制度变迁的过程中,一方面,遵循传统经济史的研究模式,对涉及转播制度、劳

动力制度的原始材料进行收集和整理,对历史事件本身进行还原;另一方面,借鉴新经济史的研究方法,引入相应的经济学理论和社会学理论,特别是制度逻辑理论,以及新制度经济学中的一些诸如最优边界、监督治理等新理论和机器学习、随机实验等新方法(卜偲琦等,2021),对制度变革的因果、机制以及绩效等进行说明和分析,从而形成对制度变革历史过程的重构。特别地,由于本书不仅涉及各国职业体育在经济方面的分析,也涉及其在政治、文化等方面的考量,对传统历史与新经济史研究方法的综合应用,可以如熊彼特所言——"弥补经济学理论对社会、制度和文化等因素的排除而使研究受到的损害"(Schumpeter,1939),从而可以更好地从定性和定量两个方面构建制度变迁的过程。

第四节 章节内容安排

自 Rottenberg(1956)以来,人们对职业体育制度的研究大多处于新古典经济学理论的论域之中,对于各类具体制度的经济分析也已足够深入和详尽。但对处于发展初级阶段的中国职业体育而言,西方职业体育发达国家已然成形的制度体系并不能够直接提供论据完备的理论与实践经验;相反,盲目地模仿西方制度还可能造成制度的"水土不服",从而陷入"反复试错"引致的发展困境。

本研究试图说明,影响各国职业体育重要制度安排的相关主体,如俱乐部、协会、联赛(盟)、政府等,是内嵌于制度逻辑理论中所谓"社会核心制度域"中的,且这一内嵌的过程是在特定的社会文化背景、演变历史、地域环境等因素的影响之下进行的。几十年来,在职业体育经济价值大幅提升的现实冲击之下,不同的社会核心制度逻辑之间产生了矛盾和冲突,这也正是各国职业体育竞技、转播、劳动力和政府扶持制度变迁的深层原因。在这一过程中,各主体受到各自所处的核心制度域的稳定制度安排模式的制约,其行为模式也体现了核心制度逻辑。而各主体依照各自的行为逻辑,试图构建新的制度均衡,从而实现各自的目标。人们现在看到的各国职业体育竞技、转播、劳动力和政府扶持制度现实的背后,是核心制度逻辑之间的冲突、不同主体行为逻辑的对抗,以及行为逻辑约束下各主体对制度的选择与构建。

因此,本研究试图通过一个包含多重主体逻辑的制度分析框架,对各国职业体育竞技、转播、劳动力和政府扶持制度几十年来的发展、变革和创新过程进行深入的分析。在这一过程中,笔者不仅希望能够对各国职业体育制度变革的宏观和历史性的深层次原因进行分析,更希望能够通过这一分析框架深入制度形成的微观层面,考察行为主体的具体制度选择行为,从而更好地解释诸种制度形成的原因、背后主体之行为产生的根源以及不同国家制度选择的异同。基于此,本书共分为以下九章。

第一章主要对研究的背景与问题提出的出发点进行概要性的说明,并对需要阐释和解决的问题进行归纳,对研究方法的选择给出阐释,对各章主要内容的结构安排和整体思路予以陈述。

第二章是文献综述。第一节主要阐述制度变迁的相关理论内容,特别是制度逻辑理论的内容,在对其已有理论框架进行梳理的基础上,提炼出可供本研究解释相关现象的核心理论,从而凸显本研究的创新之处和可能取得理论突破的研究空间。第二、三节以各国职业体育制度研究为主线,介绍本研究涉及领域的国内和国外相关研究成果,主要涉及针对各国职业体育转播制度以及劳动力制度的职业体育经济学相关研究,同时也包括部分从产业政策、法律等角度进行的研究。在这两部分分析的基础上,本研究试图构建一个制度逻辑视域下的各国职业体育制度分析框架。

第三章基于制度逻辑理论,以及历史学、社会学等相关理论,对各国职业体育历史发展中核心制度域嵌入的过程进行分析。特别地,对近 30 年商业化发展下各国职业体育内部矛盾的产生过程进行阐释,从根源上解读制度变迁产生的原因,并为后续分析主体行为逻辑做理论铺垫。

第四章着重对制度逻辑理论视域下的各国职业体育主体行为逻辑进行分析。各国职业体育中的各主体处于不同的社会核心制度域之中,其行为也会体现不同的核心制度逻辑的特征。本章在制度逻辑理论的框架之下,对俱乐部、协会、联赛(盟)、政府(包括国家层面和跨国层面)等主体在职业体育制度变迁过程中的初始行为逻辑和行为逻辑的变化进行了分析。

第五章到第七章基于多主体制度逻辑的分析框架,对各国职业体育转播、劳动力和政府扶持制度安排进行分析。在转播制度方面,主要涉及转播权出售制度、转播收入分配制度以及转播收费制度;在劳动力制度方面,主要涉及保留转会制度、外援配额制度等;在政府扶持制度方面,主要涉及场馆、人才培养和税收优惠等制度。对每一类型制度的分析都建基于主体的行为逻辑特征,并将其置于特定的历史背景之下。在方法上,既包括借助经济模型的演绎,也包括基于历史事件的变迁过程梳理。通过这两种途径的分析,提供对制度变迁中主体的制度选择及其原因的解读。

第八章以近年来中国职业足球联赛中推行的 U23 政策为例进行了一

个制度安排的实证研究。通过对 2010—2017 年中国、日本、西班牙、德国、巴西等全球范围内多个国家共 5615 名高水平职业球员超过 22000 场比赛出场年龄相关数据的分析,给出了运动员联赛首次出场年龄与未来代表国家队出场、成为国家队重要成员之间的概率分布情况,并基于数据分析结果以及 U23 政策实施以来的效果和影响,对 U23 政策的合理性问题给出有针对性的判断和建议。

第九章是结论与启示,对本研究的结果进行归纳和阐述,并揭示其对我国职业体育发展的启示意义,提出进一步研究的方向。

需要说明的是,由于本研究主要内容完成于 2019 年前后,同时,2020 年新冠肺炎疫情出现后,中国和全球其他国家的职业体育赛事都经历了较长时间的停摆和复苏,因此,研究中涉及的数据和材料大多来自 2019 年之前。

第二章 文献综述

第一节 制度研究的理论基础

一、新制度学派的制度变迁理论

新制度学派制度变迁理论的研究者大多基于供求分析框架来解释制度变迁,其研究基本沿用传统经济学中"经济人"假设,以及"成本—收益"和比较静态的分析方法研究正式制度(法律、规章等)的产生和变迁。研究者多将制度变迁中的行动者分为拥有不同力量和需求的利益集团,在各利益集团的行动之下,利益按照"均衡—不均衡—再次均衡"的顺序进行一次或多次变迁。从供求角度分析制度变迁的经济学家主要有舒尔茨(Thodore W. Schultz)、诺斯(Douglass C. North)、拉坦(Vernon W. Ruttan)等。

Schultz(1968)从人的需求变化角度来阐释制度变迁,认为人力资本的经济价值是不断提高的,因此,新的人力资本拥有者会对制度产生新的需求,于是出现了打破制度均衡的动力。当动力达到一定程度时,制度变迁就会发生;一种新的制度出现,同时也可能伴随着旧制度的消失,直到新的制度均衡出现。

North 等(1971)基于制度创新理论解释了制度的产生和变迁。他们提出,制度非均衡是制度创新产生的必要条件,而均衡是暂时的,制度在人们的互相博弈中不断变化。诺斯对制度变迁的研究主要是从制度供给方面出发,他认为,在一个国家或者一个社会的内部,人们根据各自的利益诉求,分为不同的利益集团,不同的利益集团根据自己的"成本—收益"分析,与其他的利益集团进行利益博弈。根据力量的大小,利益集团在讨价还价中的地位是不同的,有的就是制度的提供者,有的则是制度的接受者。当然这个讨价还价的过程是动态的、复杂的,在此期间不同利益集团的地位也是变化的。根据不同利益集团地位的变化,人们就可以窥见制度均衡变迁的足迹。

Ruttan(1984)认为,对制度变迁的需求和制度变迁的供给共同决定了制度的变迁;制度变迁可能是由对经济增长相联系的更有效的制度绩效的需求所致,是一种"关于社会与经济行为、组织与变迁的供给进步的结果"。

从20世纪80年代末开始,中国学者展现出了对制度变迁理论巨大的研究热情,他们在结合改革开放后中国的体制和制度变革实践的基础上,进行了诸多理论创新。林毅夫(Lin,1989)提出了诱致性制度变迁和强制性制度的分类;杨瑞龙(1998)进一步提出了供给主导型、中间扩展型和需求诱致性制度创新的理论;之后,杨瑞龙等(2000)又提出了"阶段式的渐进制度变迁模型";金祥荣(2000)提出了"制度变迁多元并存渐进转换说";史晋川等(2002)则将制度创新路径划分为供给主导型、准需求诱致型和需求诱致型三种。

以上制度变迁理论比较成功地解释了宏观层面的制度变迁,特别是处于变革中的社会的制度变迁。研究者大多运用新古典经济学理论中的"经济人"假设,采用"成本—收益"分析方法和比较静态分析方法,并辅以其他社会科学研究方法建立模型,使制度变迁理论逐渐步入经济学理论的主流,为制度变迁理论的进一步发展奠定了基础。

二、新制度经济学理论的局限

新制度经济学研究者的分析为如何发展在经济上有效率的组织和制度提供了充分的理论依据,但在职业体育之中,现实情况却仿佛对North (1973)提出的"有效率的经济组织的发展是西欧国家兴起的关键"这一论断提出了一个极有针对性的质疑:为什么在职业体育发达国家内,有效率的经济组织和制度一直在缓慢地发展? 其中存在着新制度经济学难以解释的问题,即如何能够通过交易成本、产权、合约等新制度经济学的核心理论,去解释那些涉及信念、价值观、意识形态等对制度形成有着关键影响的因素。在普通的产业内,这些因素的作用可能并不足以影响整个产业的发展,在职业体育这一特殊的产业则不然,并且对此的解释远远超出仅从新制度经济学角度考察所能够得到的、通常被归结于"意识形态与非正式制度"等局限条件的解释范围——制度的形成本就是一个涉及人类在文化、经济、政治等多领域行为的过程,而新制度经济学却包含了某种否定这一多重逻辑的终极理论导向。从这个角度来看,交易成本作为新制度经济学中的核心概念,尽管其诞生的初衷是力图在新古典经济学过分强调人类行为的效率和理性的研究范式中引入分析非理性因素的可能性,但用"成本"这一具有明显的经济学思维特征的概念,来替代制度因素本身应有的逻辑,其分析过程难免又会落入新古典思维的窠臼。至少在本研究对不同国家职业体育演进的制度分析中,如果纯粹从新制度经济学的角度进行解读,是难以给出有说服力的解释的。

事实上,诺斯在后期的研究中也愈来愈多地引入意识形态、心理分析、政府行为等内容,以增强其制度变迁理论的解释力,尤其是在对意识形态重要性的强调方面。他认为,人们通过意识形态来解释周围世界和指导其行为,而这种意识形态形成于家庭的成长环境和学校的教育过程之中,人们对物品价值的判断不仅仅是基于新古典假设中的理性选择,也在很大程度上取决于其固有的意识形态(North,1990)。但这种对理论的扩展存在两个方面的问题:首先,其在很大程度上稀释了原理论中的经济学内容,正如张红凤和高歌(2004)所指出的,当新制度经济学"越试图更具现实性、社会性、历史性,它就越远离新古典经济学";其次,意识形态理论本身并没有与产权理论和国家理论形成较为紧密的理论契合性,人们的意识形态如何产生区别、其对于制度变迁的影响又如何形成等问题,并没有得到很好的解答。因此,鉴于职业体育经济学理论和新制度经济学理论难以对不同国家职业体育制度变迁的过程做出合理的解释,我们需要在已有体育经济学理论、制度变迁理论以及传统制度理论之外引入新的理论。笔者通过大量查阅近年来发表或出版的针对制度问题的研究文献,选择了制度逻辑理论作为研究的主要理论依据。

三、制度逻辑理论

在对制度的研究方面,社会学论域中的制度理论和新制度经济学理论存在着明显的差异。新制度经济学理论更多循着新古典经济学的思路,使用经济学方法分析制度的经济效率问题,任何制度选择的合理性均根植于其在现实中体现出的相比于其他制度选择在经济效率方面的优势;社会学中的制度理论则更多地关注不同制度所体现出的共同特征,其研究视角通常置于组织层面甚至社会层面,极少涉及具体制度设置所带来的微观层面的效率问题——其研究方法也不允许。而制度逻辑理论试图将不同社会科学的理论和方法结合起来,不仅能够从更多元的视角观察社会,也能够兼容更多元的方法分析问题。从这个意义上看,制度逻辑理论应当是一种试图融合多种社会科学理论的元理论。

制度逻辑理论提供了理解和分析社会文化(societal-culture)如何影响个人和组织的认知以及行为的理论和方法,也为分析制度产生的过程提供了新的视角。在制度逻辑理论的视域下,制度产生变革的具体结果,是不同主体行为逻辑之间的相互作用产生的,特别是随着时间的变化而产生的主体行为逻辑的变化,成为变迁背后的主要驱动机制;而这一理论对参与制度变迁的多主体不同行为逻辑的认识、对主体具体微观行为模式的不同侧面的关注,也使得研究者可以将其他社会科学理论的研究思路和方法应用在研究之中,不再局限于传统制度理论单一的研究方法。

(一)早期的制度逻辑理论

制度逻辑理论的出现可以追溯到 Alford 和 Friedland(1985)的研究,他们用制度秩序(institutional order)来描述内生于西方现代社会制度中的相互对立的实践和信念,认为其是各类制度所体现出的一般特征。他们将资本主义、国家官僚体制以及政治民主描述为三种最基本的西方社会制度秩序,这三者之间的相互作用形塑了西方社会中的个体和组织在参与政治斗争时的具体行为与信念。

Alford 和 Friedland(1985)的初期的理论显然更为偏向社会学理论视域下的制度分析。之后,Friedland 和 Alford(1991)进一步发展了制度秩序的理论。他们首先批判了当时制度研究领域主要理论贡献者 DiMaggio 和 Powell(1983,1991)的理论,认为他们单纯从组织的结构化(structuration)以及同构性(isomorphism)来分析制度形成原因的理论中,对存在一种“不受制度影响的利益和权力”的假设是有缺陷的。人们对权力和利益的理解,显然会决定其对利益和权力的追逐行为;而对于客观上绝对存在的利益和权力的假设,不可避免地引致分析中对人作为主体的行为逻辑的客观化,从而无法解释制度的成功和失败的根本原因,即行为者的主体选择的差异。Alford 和 Friedland(1985)指出,组织不应当都是同构性的,而是存在着各种类型,组织内部的结构差异也会导致多种冲突和矛盾。据此,Friedland 和 Alford(1991)提出,对制度形成的认识应当从社会层面的制度对组织的影响入手。他们发展了之前提出的制度秩序理论,认为现代西方社会中存在一些核心制度(core institution,在部分论述中又称为 core institution domain,即核心制度域),个人和组织在进行制度选择时,会受到核心制度的影响。所谓核心制度,是指一些存在于超组织层面的行为范式,这些范式往往根植于人们(包括个体和组织)在日常生活中进行的物质实践,以及由此构建的符号体系之中,人们通过这些物质实践与符号体系来创造和重复其物质生活,并赋予生活以意义。他们指出,西方现代社会的核心制度包括资本主义市场(capitalism market)、国家官僚体制(state bureaucracy)、民主政治(democracy)、核心家庭(nuclear family)以及基督教(Christian religion)等五个类型。

在对核心制度进行分类之后,为了进一步阐释核心制度对个体和组织的特定行为逻辑的影响,Friedland 和 Alford(1991)提出了核心制度的关键逻辑(central logic)的概念,认为每一种核心制度影响下的个体或组织,其行为中都存在着一些一般化的模式。他们划定了处于这一核心制度中的个体和组织在进行制度选择与构建时的方法和界限,提供给个人和组织可供选择的行为集以及相应的身份认同。二人发展并使用了 Weber(1978)提出的理想类型(ideal type)这一分析主体行为特征的理论工具,对核心制度的关键制度逻辑(以下简称核心制度逻辑)进行了深入的分析。具体而言,核心制度逻辑的构成通常包含以下内容:巩固信念的惯例(ritual that reinforce beliefs)、相对价值(relativation of value)、基本关系(basis of affiliation)、基本职责(basis of obligation)和基本归属感(basis of loyalty)。表 2.1 对 Friedland 和 Alford 在 1991 年提炼出的核心制度逻辑理想类型进行了呈现。

表 2.1　Friedland 和 Alford 的核心制度逻辑理想类型分析

组织原则	资本主义市场	国家官僚体制	民主政治	核心家庭	基督教
巩固信念的惯例	签订合约	预算和计划	票选	婚姻	宗教团体(communion)
相对价值	人类活动的商品化	人类活动的理性化和规制	人类活动的民众控制	人类活动的激励	人类活动的符号建构
基本关系		法律体系与官僚体系	公民参与	市民团体	集会成员
基本职责	给人类活动定价	将个体问题转变为共识		家庭成员的再生产	将问题转变为道德原则
基本归属感				无条件的亲密关系	对教会的忠诚

资料来源:Friedland 和 Alford(1991)

需要注意的是,这一对核心制度逻辑理想类型的分析并不是一种对组织领域、研究背景或者分析层面的准确描述,而是为研究者提供一种在观察社会中的个人与组织的制度选择行为时可以据之建立起相对距离的"抽象模型"(Thornton 等,2012)。此外,Friedland 和 Alford(1991)也指出,制度会在不同层面发挥作用——包括个人、组织、社会层面,不同核心制度逻辑决定了制度的具体内容,而不同制度逻辑之间又是存在矛盾和冲突的,这就给具有行动力的主体提供了参与制度变革的动力和机会。

Friedland 和 Alford(1991)关于制度逻辑理论的原型尚不完善,但我们可以清楚地看到,在制度逻辑研究者的学术视域中,制度的存在从其产生的逻辑源头来看,是具有"物质—实践"(material-practice)和"文化—符号"(cultural-symbolic)二元性的,这种二元性与布尔迪厄(Pierre Bourdieu)所提出的"社会的双重结构"有着类似之处。Bourdieu 等(2013)曾经指出,人类社会的"初级的客观性"(objectivity of the first order)在于资源的分配,以及运用各种稀缺物品的行为;而次级的客观性表现为人们的各种思想、情感等分类体系,如同符号和范式,标记出了不同人群的社会性分类。如果人们仅仅认识到"初级的客观性",则会"从模式滑向现实",而忽略了"现实中规则生成的原因";而如果过于关注"次级的客观性",则又会陷入主观主义和建构主义的窠臼。布尔迪厄所提出的过于强调"初级的客观性"而造成的认知局限,与 Thornton 等(1999,2008,2012)对经济学理论(特别是新古典经济学)在解释制度时过于强调对人类社会的理性分析而产生的理论局限性的批判,有着某种本质上的共通性,而新古典经济学的这种理性逻辑,在新制度经济学中得到了延续。新制度经济学的主要理论贡献者之一 Williamson(1994)也承认,"制度是内嵌于制度环境之中的",而制度环境包括"作为社会基础的政治、文化和法律等方面的规则,这些规则建立了人们进行生产、交换和分配的基础"(Davis 等,1971)。这一见解与 Friedland 和 Alford(1991)对核心制度域、核心制度逻辑的解读显然有着理论上的共通之处。

(二)21 世纪制度逻辑理论的演进

Friedland 和 Alford(1991)之后,美国杜克大学的桑顿(P. Thornton)教授、西北大学的奥卡西奥(W. Ocasio)教授和加拿大阿尔伯特大学的劳恩斯伯格(M. Lounsbury)教授等人成为制度逻辑主要理论贡献者。Thornton 和 Ocasio(1999)以出版业为案例,考察了制度逻辑与权力结构之间的关系。他们首先根据 Friedland 和 Alford(1991)的研究,将制度逻辑定义为"社会建构的、基于历史产生的物质生产、价值、信念以及规则的范式",人们根据这些范式进行物质生产、组织空间和时间、为社会现实(social reality)建构意义体系。根据这一定义,制度逻辑提供了社会中的行动者与社会制度实践和规则结构之间的联系。他们进而发现,在传统的出版业中,职业制度逻辑约束下的主体行为逻辑——在该案例中即编辑和出版者的逻辑——要求从业者行为的模式和边界遵从传统的"作者—编辑"的关系,出版者的权力结构由出版商的组织规模和结构决定;而在出版业进入市场的核心制度域后,出版者行为的模式和边界则由"对资源的竞争和获得"直接决定,而其权力结构也由产品的市场竞争力以及出版者对市场的控制程度决定。Thornton(2001,2002)进一步考察了核心制度逻辑对出版业影响的变化过程,通过对一系列的历史事件的整理和历史数据的分析,深入阐释了主体行为逻辑变化的过程。Kitchener(2002)通过数据分析比较了市场制度逻辑和职业制度逻辑对美国学术健康中心(U. S. Academic Health Center)的影响。

2012 年,桑顿、奥卡西奥和劳恩斯伯格联合撰写了《制度逻辑的视角:对文化、结构和过程的新的分析方法》(*The Institutional Logics Perspective：A New Approach to Culture，Structure，and Process*)一书,第一次将制度逻辑理论的完整体系呈现出来。在研究中,他们将西方社会的制度域分类为家族(family,或家庭)、市民团体(community,或公民团体、公共团体)、宗教、国家(state)、市场、职业(profession)和公司(corporation)等七种类型,并对核心制度域的制度逻辑(以下简称核心制度逻辑)之具体内容的基本类别进行了阐释,包括根隐喻(root metaphor)、合法性来源(source of legitimacy)、权力来源(source of authority)、身份来源(source of identity)、资格来源(source of norms)、注意力来源(source of attention)、发展策略(strategy)等七个方面。表 2.2 显示了桑顿等研究者所归纳的核心制度域及制度逻辑。

值得注意的是,制度逻辑并不简单地体现出自上而下(top-down)的复制性,在真实世界中的个人和组织会在具体的情境中依据其过往经历的一系列经验事件,选择、整合并实施不同的制度逻辑,使其满足个人的行为需要。也就是说,个人和组织可以同时处于多个制度域的影响之中。与之对应,在各个制度域的制度逻辑内容的基本类别之中,有着许多相互矛盾和相互补充之处,这些具有矛盾性和互补性的理论空隙(interstice),为个人和组织的行为以及具体制度的设置提供了选择的空间。因此,不同的个人和组织在进行制度选择和制度设置时,尽管其行为模式必然会体现出主体所隶属的一个或多个核心制度逻辑的特征,但这些特征会在不同的情境下以不同的方式呈现出来,从而使得行为本身产生"相去甚远但又有迹可查的结果"(Tilly,1995)。

表 2.2 桑顿等归纳核心制度域及制度逻辑

核心制度域	根隐喻	合法性来源	权力来源	身份来源	资格来源	注意力来源	发展策略
家族	家族作为特殊形式的公司	无条件的忠诚（unconditional loyalty）	家长式控制（patriarchal domination）	在家族中的名望	家庭中的成员资格（membership）	家庭中的地位	增加家族荣誉（honor）
市民团体	拥有共同边界	互惠主义（reciprocity）	对社团价值观和意识形态的承诺（commitment）	共享的情感联结（emotional connection）	社团中的成员资格	个人对市民团体的投资	提升地位，成员荣誉感以及加强社团行为的影响
宗教	庙宇作为银行（bank）	信念的重要性，经济方面的牺牲	传教士的个人魅力（charisma）	自身与神（deities）的关联	宗教集会中的成员资格	与超自然现象的关系	不断加强自然现象的宗教符号化
国家	国家作为重要分配机制	民主参与	官僚制的控制	所属的社会与经济阶层	国家中的公民身份	利益集团中的地位	增加社会福祉
市场	交易（transaction）	股价（share price）	持股者行为（shareholder activism）	匿名	个人利益（self-interest）	市场地位	提高经济效率和利润
职业	职业作为一种关系网络	个人专业技能	职业协会	个人名望及与同行业的关联	行会成员	行业中的地位	增加个人名望
公司	公司作为层级（hierarchy）	公司的市场地位	董事会的顶层管理（top management）	层级中的角色	公司的雇佣身份（employment）	公司层级中的地位	增加公司的规模和多样性

资料来源：Thornton 等（2012）

事实上，欧洲的研究者（如 Gammelsæter 等，2011）曾经提出，Friedland 和 Alford(1991)以及 Thornton 等(1999,2008)的分类方法带有明显的美国化社会的色彩，欧洲多数国家所崇尚的市民团体和体育(sport)被忽视。其中，市民团体被民主政治所取代，而体育则分别进入了资本主义市场（职业体育与大学体育的相关产品）、公司（职业体育联盟）以及职业（运动员作为个体）等核心制度域分类之中。在 Gammelsæter 等(2011)的研究中，他们对于"足球市民团体"(football community)这一欧洲足球特有的存在形式如何在核心制度域中归类感到疑惑，他们提出了"欧洲足球（或体育）可否成为一种单独存在的制度域"的质疑。而在 Thornton 等(2012)扩展了 Friedland 和 Alford(1991)的核心制度域、加入市民团体的制度域之后，这一问题也得到了较好的解决。

笔者在与制度逻辑理论的主要贡献者桑顿教授的交流中，专门就此问题征求了意见。桑顿教授指出，体育本身并不能够构成一种核心社会制度，否则那将是"令人疑惑的"，但是欧洲、美国以及其他国家的职业体育发展显然体现出了各自不同的、带有一定时间跨度内不同制度逻辑约束之下的主体实践特征，并且不同国家的民族国家文化(nation state culture)对主体的具体实践产生了较大的影响。桑顿教授以美国为例作了说明：在美国社会普遍的商业化理念之下，美国职业体育从最初的运动员作为个体所遵循的职业之逻辑，逐渐演变为公司和市场的逻辑。本书也试图循着桑顿教授的分析思路，从核心制度逻辑的视角分析不同国家职业体育制度发展与变迁的过程。

第二节　职业体育制度研究

一、职业体育制度研究概述

已有职业体育制度研究大多是从体育经济学的角度出发，对职业体育中的制度设置进行经济学的分析。从制度逻辑理论的角度来看，这一类型的研究将"市场"的核心制度逻辑作为职业体育发展中唯一的主体行为逻辑假设，并基于此进行一系列的制度绩效分析。

职业体育经济学的研究发轫于 20 世纪 50 年代中后期的美国，研究者普遍认为，Rottenberg(1956)和 Neale(1964)的两篇研究文献是日后众多职业体育经济学研究的基石，他们在其中提出的多个问题，都成为此后职业体育经济学的主要研究领域。

Rottenberg(1956)第一次仔细地考察了在一个球队所有者追求利润最大化(profit-maximization)的市场中,球员资源如何分配的问题,并极富远见地讨论了美国职业棒球球员劳动合同中的核心制度——保留条款(reserve cause)①。他认为,保留条款并不是一个实现各球队之间实力均衡的必要条件,因为职业体育运动队不会像其他商业领域的企业一样无止境地追求自己的垄断地位,否则没有悬念的比赛会失去其对观众的吸引力。此外,Rottenberg(1956)也讨论了收入分享、薪水支出、球队特权等一系列影响深远的问题。他所探讨的问题以及他提出的见解为日后的职业体育经济学研究指明了方向。

Neale(1964)分析了体育比赛中的竞争与市场竞争的区别。他提出,虽然职业体育运动队在法律意义上是一个企业,并追求收益最大化,但单一球队无法进行比赛的生产,比赛的球队之间竞争越激烈,消费者获得的效用就越高,因而,联盟才是真正的单一实体企业。El-Hodiri 和 Quirk(1971)用一种更为合理的、以数学模型讨论问题的方式验证了 Neale(1964)的理论,这一方法在日后逐渐被大多数职业体育经济学者所接受,用来分析职业体育联盟内的机构和竞争均衡等问题。

欧洲职业体育经济学研究稍晚于美国出现。Sloane(1969)最早在欧洲进行职业体育经济学方面的研究,他基于对英国职业足球的观察,提出了联赛获胜最大化和利润最大化的两个不同需求。之后,Sloane(1971)对Neale(1964)的研究提出质疑,认为职业体育中的企业是俱乐部,而非整个联盟,联盟是作为企业的联合体即卡特尔组织而存在的;同时指出,Neale(1964)关于俱乐部获利最大化的假设是片面的,至少在英国历史上,大多数俱乐部从未实现获利,对声望的追求,以及运动热情,驱使大多数英国俱乐部追求获胜最大化。Sloane(1971)之后,Hart 等(1975)构建了一个英国职业足球的基本需求模型,但是其实证研究仅仅选取了四支球队在两个赛季中的数据。Bird(1982)修正了模型,并且使用整个联赛的数据进行验证。Andreff(1989)集中阐述了他在体育的商业化、全球化、跨国投资以及国际比赛的竞争等方面的一些研究成果。

20 世纪 90 年代之后,随着职业体育产业在全球化时代的快速发展,职业体育经济学研究也逐渐成为经济学的一个分支,研究者不仅将产业经

---

① 指职业运动员合约中的一项条款,其中阐明体育俱乐部保留一切自动续约的权力,并规定运动员在转会或解约之前有对俱乐部贡献全部竞赛活动的义务。

济学、制度经济学、政治经济学等多种经济学理论和方法应用于研究,也不断引入管理学、社会学、史学等其他学科的理论和方法进行跨学科研究。根据 Downward 等(2009)的分类,目前职业体育经济学的研究主要包括竞争均衡与比赛结果不确定性、运动员劳动力、体育比赛电视转播收入分享、反垄断法与政府干预等。考虑到篇幅的限制,本书主要涉及其中针对不同国家职业体育制度的体育经济学研究。

二、职业体育制度的经济学研究

如前所述,对欧洲职业足球领域的制度研究主要集中在经济学领域,源于 20 世纪 60—70 年代 Sloane(1969,1971,1976)对足球运动员劳动力以及欧洲足球俱乐部企业行为的的研究。Sloane(1969)深入分析了当时英国职业足球的劳动力制度,特别是保留转会制度(retain-and-transfer system)对运动员自由流动的约束。在此基础上,Sloane(1971)质疑了美国职业体育经济学研究者提出的"利润最大化"假设,并根据公司理论建立了用俱乐部财务偿还能力(financial solvency)约束下追求效用最大化的目标函数来描述职业足球俱乐部行为的经济模型,其中效用包含获胜、观众人数、比赛收入、赛场安全、俱乐部与当地社区的相互认同等内容。之后,Sloane(1976)进一步分析了职业体育在竞争性方面的特征。他认为,尽管北美职业体育与欧洲职业体育在俱乐部目标方面存在较大的差异,但作为体育比赛的核心元素,比赛结果不确定性在两种职业体育模式中都扮演着重要的角色。欧洲职业足球联赛中应该采取更为合理的运动员分配体系以及收入分享体系,从而进一步提高比赛的不确定性。上述一系列研究明确了欧洲和北美职业体育产业之间的差异,被认为是职业体育经济学领域的开创性文献。

(一)职业体育俱乐部、联赛(盟)组织制度

职业体育俱乐部和联赛(盟)的组织特征研究主要聚焦于职业体育组织的产生、演进、性质以及其内部结构。早期研究者主要关注体育俱乐部和联赛(盟)的性质。一些研究者认为,职业体育运动队(俱乐部)在法律意义上是一个企业,并追求收益最大化,但单一球队无法进行比赛的生产,比赛的球队之间竞争越激烈,消费者获得的效用就越高,因而,联赛(盟)才是真正的单一实体企业。随着职业体育的发展,研究者逐渐聚焦于联赛(盟)的组织构架,尤其关注欧洲传统的协会制俱乐部如何逐渐向企业化的俱乐部转变。

由于我国职业体育发展的滞后性,国内近年来多位学者关注这一问题,尤其侧重协会与联赛的管办分离,以及俱乐部实体化和企业化的研究。其中,张兵(2015)基于经济社会学研究路径,分析我国职业体育中的公私嵌套性产权、妥协性产权、象征性产权乃至公有化的隐性产权等模糊产权现象,进而给出我国职业体育产权发展的理论逻辑。梁伟(2015)对中超联赛的产权归属边界进行了讨论,基于产权由物权关系向行为权利关系演变的视角,将中国足球职业联赛的政府与市场的边界、政府行为的规制等命题置于产权制度分析框架内展开研究。张兵等(2016)通过梳理职业足球联赛管办分离改革实践特质,提出需要将中国足球协会改革定位于政府与市场之间的非政府公共组织,并借由授权获得机制、联赛资产调配与转换机制、联赛管办双方协调与保障机制等改革实践,建构中国足球协会双重治理体系。

(二)职业体育俱乐部和联赛(盟)的运营制度

在职业体育俱乐部和联赛(盟)的运营特征方面,早期的研究者大多探讨其经营目的,普遍认为欧洲职业足球组织更看重获胜最大化,而不是追求运营的利润,美国职业体育则偏重获利最大化,而不会通过过度开支来追求短期成绩。从现实状况来看,随着欧洲职业足球的商业化,其俱乐部和联赛的运营也开始逐渐"美国化"(Americanization)。随着职业体育产业的发展以及可获得数据的增加,近年来的该类研究更多从财务角度分析,实务性和操作性更强。

Scelles等(2016)对欧洲职业足球俱乐部公司价值(firm value)的决定因素进行了评估,包括俱乐部竞技表现、俱乐部收入、球员价值、俱乐部固定资产、俱乐部的所有权、支持者数量及支持者消费能力等。Coates等(2016)分析了美国职业足球大联盟俱乐部的经营支出与竞技和经济表现,发现薪金支出的不均衡(球员之间收入差距过大)会影响俱乐部的竞技和经济表现。我国近年来较少有针对职业体育俱乐部运营管理的研究,其原因主要在于我国职业体育俱乐部财务尚未公开,除了俱乐部内部财务人员,外界较少能够获得其具体运营的相关数据。

(三)竞争均衡与比赛结果不确定性相关制度

竞争均衡与比赛结果不确定性是职业体育经济学中最为核心和独特的理论之一。研究者基于职业体育的生产特性,提出了竞争均衡这一描述比赛的激烈程度的概念,并将其区分为单场比赛竞争均衡、赛季竞争均衡以及长期竞争均衡三个类型;在此基础上,依托现代经济学分析方法,有针对性地分析职业体育为何要达成竞争实力均衡、达成均衡的基本假设以及如何度量均衡等问题。

已有研究认为,一个竞争实力均衡的联赛,能激励联赛(盟)内各俱乐部努力满足消费者福利、减少竞争者进入威胁,从而最终实现联赛(盟)的财政稳定和健康发展;职业体育的联赛水平越高,对竞争实力均衡的要求越高;俱乐部市场规模、优秀运动员的供给弹性、俱乐部的目标函数以及球迷偏好的差异引致均衡状态的改变;根据衡量比赛结果不确定性维度的不同,度量竞争实力均衡的方法有多种,可以满足动态、静态研究的各种需要。具体的测量方法也在不断进步之中。

竞争均衡的研究与职业体育其他各类研究有着密切的联系。如,考察竞争均衡对比赛现场观众、比赛转播观众、俱乐部和联赛收入等各个方面的影响。Chung 等(2016)研究了韩国职业棒球的收视率(包括直播收视率、点播收视率、比赛中换台的比例等)与联赛竞争均衡的关系,发现两者之间存在显著的关联性,且这种关联性还体现出时间上的特殊性,即与比赛安排的时间有关联。

国内职业体育竞争均衡研究方面较具代表性的有郑芳等(2009,2011)、何文胜等(2009)、张兵(2012)。其中郑芳等(2009)对各类竞争均衡的定义及测量方式进行了阐释;之后,郑芳等(2011)使用中国男子篮球职业联赛(Chinese Basketball Association,以下简称 CBA)和美国职业篮球联盟(National Basketball Association,以下简称 NBA)的观众数据,进行了竞争均衡与现场观众的关联分析。总体而言,由于我国职业体育相关数据的缺乏,竞争均衡的实证研究尚处于起步阶段,较多聚焦于比赛本身呈现出的竞争均衡状况,而较少对影响竞争均衡的各类因素(观众、工资、转会投入等)进行关联分析。

(四)职业体育比赛转播市场制度

随着转播与职业体育的深度融合,职业体育转播的研究逐渐成为职业体育研究中的一个重要领域。该领域的研究主要围绕联赛(盟)、俱乐部、转播方、观众、广告厂商等各类主体,以及主体之间诸如转播方—观众、转播方—广告厂商、联赛(盟)—转播方等市场供求关系展开。研究者普遍认为,转播是一个包括上游市场和下游市场两个部分的双边市场。上游市场中,转播方通过与比赛转播权所有者(一般为俱乐部或者是联赛)进行交易,获得相应比赛内容的转播权;下游市场中,转播方向观众提供比赛内容(包括免费播出、付费点播、付费频道等形式),同时将观众的注意力出售给广告厂商,从而获得广告收入。职业体育转播的研究在两个市场中存在区别。在上游市场,研究主要涉及转播权出售制度、转播收入分配制度、转播合同独占性(exclusivity)制度等;在下游市场,研究主要涉及转播内容收费制度、转播定价制度、广告收费制度等。随着我国职业体育转播兴起,国内研究者开始关注这一问题。杨铄等(2016)对职业体育发达国家的转播上游市场制度安排进行了制度归纳和经济学分析,并对我国职业体育转播市场演进的历史和现状进行分析,提出制度安排的建议;冯祎晗等(2020)对新媒体介入后体育转播市场的变革进行了理论探讨。

(五)职业体育劳动力市场制度

职业体育劳动力市场方面的研究主要围绕运动员资源的各个方面展开。运动员被普遍认为是整个职业体育产业中最为核心的生产要素。一方面,职业体育比赛本身主要由运动员展现自身运动技能的过程构成,运动员既是主要生产者,也是产品中不可分割的关键部分;另一方面,为了获得、保持并提升运动员的运动技能,职业体育俱乐部需要在运动员薪金、训练人员薪金、训练设施购置等方面投入大量的资本。

早期的职业体育劳动力市场研究主要考察运动员转会的保留条款,即运动员能否在合同到期后进行自由转会。20 世纪 90 年代之后,随着全球职业体育产业的快速发展,各个国家的保留条款逐渐被废除,高水平运动员的跨国流动开始成为常态。在此背景之下,劳动力市场方面的研究主要围绕运动员转会、运动员工资、外援配额[即对国外运动员进入国内联赛(盟)的限制情况]、青训(青少年运动员训练)等展开。

Solberg 等(2008)对联赛引入外援以及本土运动员出国效力对国家队竞技成绩的影响进行了分析,研究选取了 1992—2008 年英国、西班牙、德国、法国和意大利等国家的联赛外援数量、国际足联排名、效力海外的本土运动员数量等数据。结果表明,联赛外援数量和国家队竞技表现之间全部呈现不相关或明显的正相关,而没有出现显著的负相关。同时,在大多数国家之中,出国踢球的运动员数量和国家队竞技表现之间都呈现出显著的正相关。Yamamura(2009)的研究则发现,去往欧洲足球发达国家联赛踢球的外籍运动员,会给他们的国家队带来"技术外溢"(technology spillover)效应,显著地提高其国家队的竞技水平。Berlinschi 等(2013)对 20 个国家中的运动员流动和国家队竞技水平进行了分析,也获得了与前述两项研究相似的结果。

Sims 等(2016)研究了美国职业棒球大联盟(Major League Baseball,

以下简称 MLB)中运动员参与选秀的年龄与其后续职业发展之间的关联，发现选秀中年龄偏大的运动员容易被选中，但其后续发展与被选中时的年龄并无显著关联。Weinberg(2016)考察了美国四大职业联盟俱乐部雇用明星球员的经济效率，发现在明星球员方面的投入和俱乐部的经营获利并无明显的关联。

三、职业体育产业政策与法律研究

(一)职业体育财政政策研究

国外有较多的关于政府对职业体育实行补贴的研究，主要集中在体育场馆、青训的补贴和专项基金会的设立等方面。国内学者对体育产业范畴内的政策补贴的研究涉及较多，而较少涉及职业体育与政府补贴的研究，关于职业体育俱乐部的政府补贴的研究则仍处于空白阶段。

美国政府对职业体育的补贴多集中在体育场馆设施方面，这同时也为职业体育提供了资助。Friedman 等(2004)对美国四大职业体育联盟体育场馆设施的财政补贴进行了研究，通过利益者相关模型分析了美国体育设施财政补贴项目进展情况以及如何使其更好地影响结果。在对美国的体育场馆的税收研究中，Crompton 等(2003)认为，政府部门向职业体育队提供宽松的租赁合同这一倾向相当于给职业体育队提供了一项重要的补贴。Baade 等(2014)分析了美国地方政府对体育设施的资助，认为这种资助体现出一种越来越强调人文关怀而非经济利益的趋势。在体育场馆具有创造有形的经济收入和增强人们交流的功能前提下，Bunnage(2011)研究了MLB、NFL(National Football League，美国职业橄榄球大联盟)、NBA 球队过去 20 年的估值与政府对职业体育球队所在体育场馆公共资助的投入之间的关系。

欧洲学者对职业体育政府补贴的研究更多的是以职业体育俱乐部为对象。梳理有关英国职业体育政府补贴的文献，发现英国政府通常情况下不会对职业体育进行干预，但会通过设立专项基金的方式扶持职业俱乐部的发展。Buraimo 等(2010)对经历了金融危机后的英超职业足球俱乐部的财政情况进行了研究，发现英国职业比赛的安保费用也有专门的公共基金支持；此外，他们还对一些关于英国足球的政策进行了评估。Andreff 等(2007)对法国的职业体育财政政策进行了研究，发现法国政府对职业体育俱乐部并没有优惠政策，而按照一般公司所得税征税，但地方政府一直以来都通过财政支持的方式发展职业体育，尤其体现为对足球俱乐部青训的支出和用于退役运动员再就业的教育经费。花勇民(2006)运用实地调查的方法对德国的政府和体育俱乐部之间的关系进行了研究,发现德国政府会向体育俱乐部提供直接的财政支持,比如给予教练员、指导者和年轻的组织者一定的福利。此外,他认为捐赠是俱乐部最喜欢的财政支持手段,因为捐赠人可以在他们的计税基数中扣除他们的捐赠额,由此减轻一半的税负;但这意味着高达50%的捐赠是以公共部门税收流失的形式来支付的。

Manzenreiter等(2005)研究了日本职业体育发展中的投资政策和区域发展政策,发现相当一部分的日本体育部门享受国家预算拨款,职业体育突出的社会效益与经济效益是日本政府投入巨大资金的原因。吴香芝等(2011)认为,日本政府先后出台的《关于面向21世纪的体育振兴策略》(1989)和《体育振兴基本计划》(2001)等文件有助于鼓励地方建立综合型体育俱乐部;日本政府不仅为俱乐部配置了一定的发展基金,还予以基本设施配套和补贴帮助,极大地支持了运动员的训练和科研交流。

国内一些学者对职业体育与政府补贴进行了研究。李宗香等(2012)指出,体育财政是政府公共支出中用于体育事业发展的经费拨款、财政部对国家体育总局的财政预算拨款。另一些学者对体育财政投入进行了研究。财政投入不仅为体育发展提供人力、物力和财力的保障,甚至决定着体育事业发展的规模和水平。鲍明晓(2010)在对我国职业体育发展进程的研究中认为,我国职业体育与政府的关系是强关联,因而政府给予及时有效的干预以弥补市场动力不足或规制市场运行秩序,对于新生的中国职业体育的改革与发展是必要的。他指出,各级政府要把发展职业体育作为推进体育大国向体育强国迈进的战略内容,作为驱动城市发展的重要手段,加大财政支持力度。高旭(2012)界定了职业体育的准公共品性质,认为对于那些具有准公共品性质的体育项目,应该在确保支出效益最大化的前提下予以财政补贴。

对比国内外职业体育政府补贴的研究,可以发现,国外学者对职业体育政府补贴的研究具体详细,有理可依;我国学者对政府与职业体育的关系以及政府对体育财政的投入研究较多,但是内容过于宽泛,具体深入职业体育内部的研究不多,可操作性较弱。

美国学者对职业体育财政政策的研究主要集中在税收政策上。Phelps(2004)研究了美国体育场馆建设的税率变化的历史,发现在1976年美国税改之后,政府取消了购买职业运动队股份时给予的税收优惠,反而因为要激励私人资本对体育场馆融资的介入而针对参与体育场馆建设的公司推行"税收减免"政策。Koresky(2001)和 Fratto（2007）等人对美国职业体育运动员的税收进行了研究，发现美国政府对职业运动员并没有税收优惠政策，在一些州及地区，职业运动员还需额外缴纳运动员税。

对欧洲职业体育的财政政策研究也有较多是关于税收政策的。国内学者翁飚等（2002）对欧洲职业体育税收政策进行了研究，结果显示：在欧洲五大联赛中，英国对外籍运动员征税最少，英国因此被称作外籍球员的"税收天堂"。德国政府在 1990 年颁布实施了《向体育俱乐部提供援助法》，这使得体育俱乐部在很大程度上摆脱了纳税的负担，而根据德国《公司纳税法》，体育俱乐部适用"利润额低于 7500 马克免于纳税"这一条款。Ascari 等（2006）研究发现，西班牙政府对职业足球俱乐部的未偿还债务采取延期支付税款的方式，对于向体育活动提供赞助的公司，政府在税收政策上给予优惠。另外，西班牙在 2005 年引入贝克汉姆（David Beckham）的时候，在税收政策中加入了一条减少对外籍球员的征税的附则。按照条款规定，符合相关条件的外籍球员只需要缴纳税率为 24％的个人所得税，远低于本上球员 43％的税率。隋路（2007）的研究显示，在捷克，体育组织、体育俱乐部所得到的赞助费收入，免于纳税。Dejonghe 等（2006）在研究比利时足球的衰败和财政问题之间的关系时指出，比利时政府于 2002 年颁布了《外籍足球与篮球运动员税收优惠法案》（*Special Tax Scheme to Foreign Football and Basketball Players*），对在比利时从事甲级和乙级联赛工作的外籍足球与篮球运动员的个人所得税予以大幅优惠，从原本的 39.9％降至 18.0％，最长优惠期为 4 年。

国内学者对职业体育税收政策的研究较少，一部分学者提倡通过法律手段来推行职业体育的税收政策。王波（1999）、宋叙生等（2010）通过研究国外的职业体育财政政策，试图为建立中国特色职业体育政策和法规制度提供客观的参考依据。郭永东（2005）对职业体育发展现状和趋势进行了分析，认为职业体育政策是政府管理、调节和发展职业体育的准则和手段，其发展应该建立在法制的基础之上。王龙飞等（2013）在对比我国和美国的职业体育税收政策时指出，我国职业体育税收存在以下三个问题：职业体育与文教事业共享税收政策，并没有突出其自身特点；职业体育税收缺乏长期性的、有效的税收政策，多为临时性税收政策；缺乏相关法律条文的支撑。陈元欣（2005）研究了职业体育俱乐部的融资状况，认为国家体育总局作为主管体育的行政部门，应联合有关部门为职业体育的发展争取有利的投融资、经营和税收等优惠政策，如对俱乐部的经营收入减免税收等扶持政策可以吸引众多的投资者投资于职业体育俱乐部，促进职业体育俱乐部的快速发展。总的来说,我国职业体育的税收政策相比于国内外同类行业,有着激励手段略单一、内容欠完整的缺陷,职业体育俱乐部税收负担较沉重。

从国外的研究经验来看,美国、欧洲、日本的学者从多个角度对扶持职业体育发展的税收政策方面进行了一定程度的研究。国内学者大部分基于法学视角对职业体育税收政策进行研究。此外,国内学者还借鉴了大量的国外职业体育税收政策研究资料,对比国内现有政策,进而总结出国内职业体育税收政策的缺失和不足。

(二)职业体育俱乐部与体育场馆扶持制度研究

国外学者对扶持职业体育场馆的必要性进行了相关研究。Wilhelm(2008)通过"成本—收益"方法对体育场馆是否应该受到政府补贴进行分析,其结论是:体育场馆兼具经济效益和社会效益,政府应该予以适当的财政补贴。Crompton(2014)考察了是否应当使用公共资金投资职业体育场馆,并认为职业体育场馆带来的不仅是直接的经济回报,还包括总的社会福利——社会资本增长和经济结构完善。例如,在举办大型体育赛事的时候,投资的回报体现为环境的改善、拥有一套长期可用的设施或快速更新的基础设施。因此,如果将体育设施融入城市长远的整体规划当中,那么对它的投资将会是有效的。Trendafilova(2012)更关注职业体育给城市带来的自豪感,认为职业体育设施有助于复苏城市的核心地位和帮助建立公民的自豪感;而在大多数的自由社会里,公共财政被花费于安全、健康、教育、公共住房上而非营造这种自豪感。综上所述,国外学者通过定性、定量研究考察了扶持职业体育场馆的益处,并突出强调了职业体育带来的经济价值和社会价值,其中公民自豪感是最具特色的社会价值。

国外学者还深入研究了有关职业体育场馆的不同扶持政策。在美国,地方政府通过兴建体育场馆这种实物补贴的形式来成立球队或吸引其他地区的球队(Noll等,1997)。Friedman等(2004)对美国四大职业体育联盟体育场馆设施的财政补贴进行研究,通过利益相关者模型分析了美国体育设施财政补贴项目的进展情况以及如何使其更好地发挥作用。Baade等(2014)分析了美国地方政府对体育设施的资助,认为这种资助体现出一种越来越强调人文关怀而非经济利益的趋势。除此之外,美国《1986年税制改革法案》的颁布也极大地推进了公共财政资金对职业体育场馆建设的投资。Crompton等(2003)系统论述了20世纪以来美国针对体育场馆筹资所实行的相关税收优惠政策,这些政策在一定程度上减轻了职业体育俱乐部的税负。

Baroncelli 等(2011)梳理了意大利职业足球发展中政府对体育场馆的政策控制,发现其体育设施大多为政府所有且俱乐部无权决定如何经营场馆。但在经济危机后,大多数参加意甲联赛的俱乐部都宣布要在繁华地区建造新的场馆,以此来增加俱乐部的商务收入。

Andreff 等(2000)研究发现,美国四大职业体育联盟的球队不仅可以免费或低价使用公共体育场馆,还可以从场馆的特许经营、停车费、包厢收入及其他设施的使用费中获得分成。

综上所述,国外学者分别从财政补贴、税收优惠、所有权和租金优惠等方面论述了政府对于职业体育俱乐部建设和使用场馆的扶持政策。从中可以发现,财政补贴和税收优惠是主要的研究内容。

(三)职业体育俱乐部的后备人才培养制度研究

青少年足球后备人才培养具有投入大、周期长、见效慢的特点(李瀚宇,2013;李政君,2015)。我国职业体育俱乐部梯队在后备人才培养中面临着许多困难。首先,后备人才培养的资金问题最为突出。我国职业体育俱乐部的投入主要依靠母公司,其参与俱乐部的建设,根据自身的经济效益和球队所产生的广告效应来决定球队的生存与发展(马志和,1996)。还有一些企业存在短期行为,缺乏对后备人才培养的持续性投入(黄银华,张志奇,2004;胡岩峰,2010)。这使得我国职业体育俱乐部陷入两难的境地,一方面,为了提高成绩,需要大量的优秀球员,但是后备力量匮乏,好球员屈指可数,俱乐部不得不支付巨额的工资和奖金;另一方面,沉重的经济负担使得俱乐部更加无暇顾及二、三线人才梯队的建设,难以形成良性循环,致使一线优质球员更加紧缺(马志和,1996;颜中杰,2009;王朋涛,2003)。其次,我国职业体育俱乐部后备梯队的人才流动也面临困难,运动员转会存在户籍与人事关系问题,地方保护主义的旧观念给人才流动设置了壁垒。此外,我国职业俱乐部后备梯队的竞赛体制还有待完善,存在着比赛数量少、比赛类型少、赛练结合比例不协调等问题(胡岩峰,2010;李瀚宇,2013)。梯队成员通过比赛检验训练结果的同时,各俱乐部应改变"重竞赛轻训练,重成绩轻培养"的观念,主动维护年轻球员的切身利益。

我国职业篮球俱乐部后备人才培养也面临相似的问题。首先,后备人才来源于三种不同体制,即职业竞技体育体制、专业竞技体育体制和业余体育体制。后备人才的来源不同,其人力资本所有权的界定也就不一样(李华等,2008)。其次,我国职业篮球俱乐部权属关系十分复杂,一些俱乐部由民营企业所有,一些由国有企业所有,一些由各级体育局与企业共有。

这种复杂的关系导致各方利益分配不均,也给球员流动设置了壁垒(张振楠,2014)。我国职业篮球俱乐部后备人才培养中的学训矛盾没有很好地解决(米战,任海龙,2007),由于对文化课学习的忽视,一些退役的职业篮球运动员缺乏必要的劳动就业技能,在就业时竞争能力不足,安置难度越来越大(常超,2009)。此外,我国职业篮球后备队伍的教练员在选材时,主要是以经验进行判断,很少考虑运动员的心理、生理等因素,存在"有苗就收,有苗就养"的现象,造成巨大的资源浪费,给国家、社会、家长和球员都带来了巨大损失(蔡美燕等,2011)。

从国外的经验来看,英国的足球基金会由英国政府、英国足协和英超公司共同出资,每年投入 3000 万英镑用于修缮各级别比赛场(馆)、发展青少年足球、提供退役运动员就业培训、发展社区体育等。日本职业足球联赛改革开始于 1993 年,日本足球职业联赛被视为日本城市重建的重要工具,地方政府希望通过支持家乡城镇组建本地职业球队来控制边缘地区人口减少的趋势(吴新宇等,2015)。为此,地方政府、职业体育俱乐部母公司、地方企业共同入股,出资建立符合标准的球场和设施。此外,日本职业足球俱乐部注重与当地社区保持良好的互动关系,地方政府同时为职业足球俱乐部后备梯队提供资金支持。为鼓励地方政府对俱乐部梯队的资金投入,增强地域认同感,日本足协鼓励其他体育项目使用当地职业足球俱乐部的场地及设施(Light 等,2003)。2009 年 9 月,欧洲足球协会联盟(Union of European Football Associations,以下简称欧足联)执委会议通过了《欧足联财政公平法案》(UEFA Financial Fair Play,FFP)。该法案旨在加强欧洲各职业足球俱乐部在财务上的纪律性和合理性,通过赋予各职业足球俱乐部后备人才培养投资豁免权,鼓励和保障青少年足球运动。2014 年,德国获得世界杯冠军,而取胜的关键在于其强大的青训体系[①]。到目前为止,德国足协在全国范围内设立了 390 个训练基地,致力于开展青训项目。为了维持训练基地的运营,德国足协每年至少拨款 1000 万欧元。除了足协之外,俱乐部也在青训改革中扮演着重要角色。自 2002 年第 3 赛季开始,德甲和德乙的 36 支球队必须设立自身的青训中心,俱乐部的青训中心须配备全职教练、寄宿制学校和充足的训练场地等基础设施,否则将被取消参加联赛的资格。

部分学者从产业政策和法律的角度对欧洲职业足球的制度设置进行了分析。Parrish(2003)研究了欧盟对职业体育(主要是职业足球)的法律

---

① 在 2000 年的欧洲杯中,德国队小组未能出线,这促使德国足协下定决心进行青训改革。

和政策方面的宏观控制,认为欧盟应当把政策重点放在避免职业体育过度商业化方面。Hartmann-Tew(2006)对欧盟的体育政策进行了分析,认为欧盟对职业体育社会和文化方面的功能的重视,符合欧盟一贯的政策制定中所体现的人文关怀精神。Holt等(2006)分析了英国的职业足球俱乐部人才培养政策,认为英国职业俱乐部承担了过多的青少年人才培养的责任。Meier(2007)以制度变迁理论分析了英国和德国政府的不同政策导向所带来的两国职业体育发展的不同路径,认为德国政府的宏观控制使得德国俱乐部有着较强的财务稳定性,而英国政府的自由主义倾向导致英国职业足球俱乐部的财务不稳定。Barajas等(2010)分析了西班牙足球职业化历程中政府解决俱乐部财务危机的政策,认为政府过度的经济援助使得西班牙职业足球俱乐部大都缺乏较好的商业运营能力。Baroncelli等(2011)梳理了意大利职业足球发展中政府对体育场馆、球队经营以及球员配额等方面的政策控制。Di Betta等(2012)分析了意大利政府的媒体政策对意大利足球造成的经济和竞争均衡方面的影响,发现政策改善了收入不均的状况,但并未改变联赛竞争均衡。

国内学者针对职业体育制度的研究相对较少。王庆伟(2004,2005)、郑芳等(2009,2010)、王岩(2010)等从经济学角度分析了欧美职业体育制度的形成与演变,其中部分内容涉及欧洲职业足球领域;一些来自法学领域的学者(黄世席,2005,2008;郭树理,2008;黄世席等,2010;裴洋,2010;等等)对欧洲体育法规的各个方面进行了法学分析和比较,但他们的研究多限于法理方面的探讨,并未从制度的角度审视其形成的过程,以及对职业体育的经济和其他方面的影响。可见,专门针对职业体育制度的研究仍旧处于空白阶段。

四、对已有职业体育制度研究的批判

严格来说,对于职业体育制度的研究,本质上会涉及两个关键问题:一是职业体育制度产生变革的原因和机制;二是制度变革所引致的结果与问题。自 Rottenberg(1956)提出职业体育中存在的一系列经济问题之后,体育经济学家在经济学视域下对第二个关键问题的分析较为充分,特别是在对理想的研究假设之下,职业体育内微观层面的一般均衡问题,如转会限制、收入分享、联盟内运动员薪金限制(工资帽)、选秀等制度如何影响球队收入、观众人数等,如前所述,已然在研究领域内达成了一定共识。

然而,在已有研究中,制度大多被视为给定的外生变量,即便是部分研究特定制度设置对职业体育经济价值影响的文献,也仅是将制度视为给定

的客观条件,而不受职业体育发展过程中利益相关者的理性选择的影响。在这样的研究理念之下,对制度形成的原因和机制的探究被明显地忽视了。然而,纯粹考虑制度的经济绩效的研究,又无法解释现实中出现的许多不能体现完全效率的制度存在之原因。正如论者指出的,"极少有经济学家会坚持认为,任何组织都是坚持完全效率(unrelieved efficiency)的行为者"(Davis-Blake 等,1989)。James(1987)和 Greenwood 等(2008)也认为,最优化的效率选择在很多时候无法实现,个人和组织在很多时候的行为只是"有限的可选策略"(available strategic alternatives)中的一种,并且行为者会基于其对每种策略的认知,做出"可能并不能实现有效运行的制度选择"。这就使得纯粹通过经济学视角和方法讨论职业体育的制度问题,常常会得到无法在现实中验证的结果,在职业体育的研究中尤其如此。而从制度逻辑理论的视角来看,职业体育经济学的一系列研究无疑是将"市场"这一核心制度逻辑,视为职业体育制度发展过程中的唯一主体行为逻辑。显然,从社会学科多样性的角度来看,这种理论假设是不够完整的,因而,其解释力也是有局限性的。

第三节 职业体育制度安排分析框架

如上所述,基于新古典经济学的新制度经济学制度变迁理论和职业体育经济学制度研究理论,在思想内核上具有极强的相似性,即用"理性经济人"的假设去解释主体的行为动机,并依此对制度进行分析。但在现实世界之中,个体和组织通常会受到多种不同逻辑的观念的影响,正如法国思想家阿隆在《知识分子的鸦片》(L'Opium des intellectuels)中指出的:"……在任何一个社会里,无论是经济性质、政治性质还是宗教性质的机构或组织,其存在与发展都依赖于人们头脑中已有的各类观念。"(Aron,1957)因此,基于制度逻辑理论所提出的多种社会核心制度域的分析结构,笔者试图构建出一个新的框架,去分析不同国家职业体育竞技、转播、劳动力和政府扶持制度的发展和变革过程。

首先,制度逻辑理论的研究者(Friedland 和 Alford,1991;Thornton 等,2008;等等)普遍认为,进行个人或组织行为逻辑分析的基本理念在于,必须认识到个人和组织的行为是内嵌于整个社会制度背景之中的,其行为逻辑由自身所处的核心制度域决定,且会受到其约束。个体或组织可能处于某一特定的核心制度域之中,也可能处于多个核心制度域之间产生相互抵触的交叉域之中,此时,不同的核心制度逻辑之间的矛盾和统一在其行为中可以得到体现。因此,从制度逻辑理论的分析视角审视各国职业体育制度变迁的过程,可以提出一系列指向制度及相关主体本身的问题:职业体育领域的各主体分别受到哪些核心制度逻辑的约束? 主体与核心制度域之间的关联是在怎样的历史过程中得以建立的? 这些核心制度逻辑约束下的主体之间在职业体育发展过程中有着怎样的行为选择? 它们的行为选择对职业体育的制度设置产生了怎样的深刻影响? 对这些问题的回答,能够引导我们深入探求制度变迁的根本目的、原因和方式等。

其次,从已有体育经济学和新制度经济学的制度变迁研究的视角来看,在对具体的制度变迁历史进行分析时,除了基于之前对各国职业体育内部矛盾和主体行为逻辑的分析,也需要借鉴新古典经济学的分析方法,以及新制度经济学对制度变迁过程的分析框架,即"制度均衡—内部与外部环境变化—制度不均衡—产生变迁动力"的制度变迁过程,对具体的竞技、转播、劳动力和政府扶持制度的发展变革过程进行阐释。

基于以上观点,笔者认为,对职业体育联盟制度安排的研究,必然地包括对历史演进、主体行为和制度特征这三个层面的内容。具体来说,第一,需要对各个国家现代职业体育在起源和发展中嵌入现代社会核心制度逻辑的过程进行历史和哲学层面的分析,并提炼出不同国家职业体育制度安排起源和演进的深层原因——核心制度逻辑之间的矛盾。这一分析以及对矛盾的提炼作为解释各国职业体育主体多重逻辑的铺垫,能够在较长的历史跨度上提供对一种或多种核心制度逻辑如何与职业体育产生关联的宏观认识;基于此,才能够更为充分地理解不同国家职业体育各类制度安排的变迁中体现出的多种核心制度逻辑之间的对立与统一。第二,基于以上分析和认识,还需要对不同核心制度域中的职业体育相关主体的具体行为逻辑进行分析,并以此为后续章节分析制度变迁过程的逻辑起点和理论工具。第三,基于前两个部分的分析,本书要对职业体育联盟中的转播制度、劳动力制度、政府扶持制度等类型的重要制度之变迁过程进行再诠释,特别是在充分考虑到核心制度之间的矛盾,以及不同主体的行为逻辑的基础上,深入考察制度形成和演变的原因。第四,选取 U23 政策作为中国职业体育中的一项典型制度安排,通过一种基于各国海量数据的机器学习分析方法,对制度设计的绩效进行预测,并对现实中制度安排已经产生的影响进行分析,从而完成整个研究从理论到实际、从国际到本土、从演绎到实证的分析过程。

第四节　小　结

本章试图结合体育经济学理论、制度逻辑理论、制度变迁理论等经济学和社会学方面的相关理论，构建一个包含多重主体行为逻辑的制度分析框架，用于解释欧洲、美国和中国职业体育发展中重要制度安排与演进的过程。这一多重主体行为逻辑框架的引入，源于各国职业体育制度变迁中，不同主体相互作用机制及其过程的多样性，单一的行为逻辑难以对其进行充分的解释。多重主体行为逻辑的制度变迁分析框架，可以从两个主要方面加强理论对现实的解释力。

首先，将不同国家职业体育制度变迁中不同主体的行为逻辑作为分析的关键部分，可以提供相对清晰的讨论域。在本书所讨论的各国职业体育制度的变迁过程中，俱乐部、协会、联赛（盟）、媒体、各国政府以及欧盟委员会等主体都有着各自不同的目标函数以及行为模式，其在不同阶段和不同层面的相互作用，决定了制度变迁的具体路径，因此，整个变迁过程体现出多主体、多层次、多阶段的特征。在这样的背景之下，从不同主体的多重行为逻辑出发，可以为整个分析过程设置明确的讨论域，从而将讨论中的具体问题纳入主体所属的核心制度逻辑的交叉论域中，使得讨论的目的性和指向性更为明确，对实际情况的指导性也更强。

其次，对多重行为逻辑的划分还为应用多种已有理论解释问题提供了便利性。尽管社会科学本身有着追求简约（parsimonious）的倾向，新制度经济学中制度变迁理论的贡献者也反复试图用统一的理论框架解释问题，但由于现实中制度变迁过程的复杂性，仅仅通过一种中性的、超意识形态的、纯形式的制度变迁理论框架，很难彻底地解释整个过程的发生机制。比如，在本研究所讨论的各国职业体育转播与劳动力制度变迁过程中，既存在着主流体育经济学理论用新古典方法能够解释的"理性人"制度选择行为的逻辑，也存在着诺斯的国家理论所提及的政府强制行为的逻辑，同时也有着社会学中涉及的、协会及公共媒体等市民团体组织所遵循的、既非市场逻辑也非政府逻辑的"公共性"行为的逻辑，对这些主体在制度变迁中的行为的解释，必然地涉及多种理论在多个层次的应用。

需要指出的是，本研究构建这一多重主体行为逻辑分析框架的主要目的，并不在于探求一种可以广泛适用于多种现实领域的制度问题的分析框架，而在于充分整合和利用已有理论工具，深入观察各国职业体育竞技、转播、劳动力和政府扶持制度变迁的过程,近距离地审视在体育领域内,特别是职业体育领域内,在具体历史背景下各主体不同行为逻辑之间的相互作用,及其对制度的演化和创新所带来的影响,从而为发展我国的职业体育提供理论参考。

第三章　职业体育制度演进的内部逻辑

本章主要对不同国家现代职业体育在起源和发展中嵌入现代社会核心制度域的过程进行历史和哲学层面的分析,并基于此剖析各国职业体育内部的多种制度逻辑之间的矛盾,从而揭示制度变迁产生的根本原因。如前文所述,对这一过程的分析是解释职业体育联盟各相关主体行为逻辑的铺垫,能够在较长的历史跨度上提供一种对多种核心制度域与现代职业体育产生关联的宏观认识。需要说明的是,由于本研究的主题选择,以及足球作为众多现代体育项目中最具代表性项目的事实,本章以下部分用现代足球代替了一般意义的现代体育的概念进行论述;从讨论的适用性来说,以下论述同样适用于其他多数现代体育项目。

第一节　现代语境中的职业体育

从本质上来说,职业体育是现代体育的高级阶段,要深入理解职业体育发展的问题,就必然要追溯到现代体育的产生与发展的历史之中;同样,在制度逻辑理论之中,对现代社会核心制度域的阐释也大量借鉴了经典研究中对现代社会形成,特别是现代性和现代化等关键问题的论述。因此,本研究对社会核心制度与职业体育关系的分析,是从现代社会理论,尤其是现代化(modernization)及现代性(modernity)等核心概念出发。

对于现代化和现代性的界定和分析,长期以来存在着多种理论。在对现代化的理解方面,部分学者将工业化等同于现代化。如,Rübberdt(1972)指出,现代化就是工业化所带来的人类社会在物质生产方面的巨大变化。以罗斯托(Walt W. Rostow)为代表的发展经济学家则将单纯的物质生产带来现代化的理论,发展为整个经济的全面发展才能引致现代化的理论。更多的学者则从多个层面去分析现代化,包括物质的生产、人的精神变化以及社会制度变化等。如,Black(1976)提出,"(现代化)指自科学革命以降,人类知识的空前增加所引致的,人类历史演进中的制度设置不断改变以求适应新的知识与理念的过程"。Inkeles 等(1974)认为,只有当国家民众在心理、态度和行为上能够与现代形式的经济发展并进时，现代化才能够真正得到实现。总体而言，尽管在对现代化所涉及的层面存在争议，但研究者普遍认同现代化所体现出的过程性、物质性以及事业性，现代化必然是一个社会发展与变化的连续过程，而不只是一种临界状态的变更，而该过程中主要包含了技术进步带来的生产力水平提升、传统政治和经济制度的调整等事件集。

相比之下，现代性更多地强调一种精神方面的特征。研究者普遍认为，现代性思想孕育于西方启蒙运动时期、发展于工业革命时期，在现代社会的形成过程之中与不同国家和民族的现实相结合；现代性思想的核心是人类的个体自由和理性建构，由此，科学精神、人文精神、法治精神，以及自由、平等、民主等理念得以产生。值得注意的是，现代化的实现并不必然与现代性的思想相联系，现代化是可以直接通过制度和技术的模仿而实现的。Kolakowski(1990)曾指出，在不同国家的现代化过程中，现代性的思想和精神会有着不同程度的体现。世界历史上曾多次出现过现代化进程与民族主义、种族主义、极权主义等意识形态相结合的案例。只有当现代性思想在社会中得到普遍认同，且在一定程度上内化于人们的日常行为之中时，进入现代化的社会才转变为真正意义上的现代社会。

因此，尽管对欧洲现代足球起源的研究较多看重工业革命带来的影响(Cunningham,1980;Golby 等,1984;Bailey,1999;等等)，特别是工业革命为工人阶级创造的大量可以用于从事体育运动的闲暇时间，但笔者更倾向于认为：休闲时间和从事体育运动人数的增加，包括体育场馆设施等的建设，只是提供了一种"体育现代化"的必要条件，而并不能构成现代足球产生的充分条件；欧洲现代足球的产生应当如同西方现代社会的形成一样，是现代性的思想与体育融合后的产物，尤其是诸如公共领域、科层制、商业化等演变为现代社会核心制度域的现代性理念，为现代足球的诞生和发展提供了思想基础，也形塑了现代足球相关主体的行为逻辑。

第二节　市民团体与现代体育组织的发展

一、从公共领域到市民团体

作为理解现代性及现代社会特征的关键，公共领域的概念由德国哲学家哈贝马斯(Jürgen Habermas)最先提出。哈贝马斯在其研究中继承并发扬了汉娜·阿伦特(Hannah Arendt)的公共空间理论,对西方现代社会的形成和发展进行了历史社会学的分析。哈贝马斯认为,西方现代社会形成的一个重要标志是,来自不同社会阶层(最早为新兴中产阶级)的人逐渐开始进行一些自发性质的结社(associativity)活动,就共同感兴趣的话题展开思想交流。哈贝马斯将这种抽象意义上的组织形态称为公共领域,并将其定义为"一种介于家庭和政府之间的社会生活的区域(realm)……某种类似于公共舆论的东西可以在其中形成"(Habermas,1974)。公共领域最早以剧院、博物馆、音乐厅以及咖啡馆、沙龙等形式,出现在17世纪末和18世纪初的英格兰、法国,并逐渐演进为由自由的公民自发组成的"既非国家机构性质也非经济组织性质"(Habermas,1992)的社会组织和机构。从本质上来说,这些社会组织和机构便是制度逻辑理论中所谓的"市民团体"。典型的市民团体包括文化和学术社团、独立的媒体、运动和娱乐协会等,此外还包括职业团体、政治党派、工会等其他组织。

尽管由于思想过于理想化,哈贝马斯的学术地位颇有争议,但是他对于公共领域这一解释现代社会的关键概念的提炼和分析,被公认为具有跨时代的学术意义。研究者(Rankin,1990;Calhoun,1992;等等)普遍认为,公共领域,以及由其演化而形成的市民团体中所崇尚的身份平等、思想交流、自发结社与理性制定规则等,集中体现了自由、民主和公平的理念,是现代性思想在现实社会中最典型的体现。在大量市民团体不断出现的基础上,人们凭借相互之间的信赖、承诺的约定与实践进行彼此合作,形成现代意义上的市民权力(civic power),并依此而逐渐构建了维系现代西方社会的思想和制度,进而形成了脱离于政府权威之外的、具有高度自主性的现代市民社会(civil society)。

标志着现代足球起源的体育俱乐部,几乎在中产阶级公共领域出现的同一时期,由贵族阶级最先建立。Szymanski(2008)指出,这种俱乐部,特别是之后由俱乐部自发结成的体育协会,都属于明显的公共领域形成中的结社行为,这种结社行为源于"(有体育爱好的)社会个体在家庭之外寻求建立社交关系和组织的倾向",而俱乐部以及协会都是"有着这种倾向的人们在遵守一系列协定规则的前提下自发建立的组织"。因此,从本质上来说,体育俱乐部,以及由俱乐部组成的协会,都是典型的市民团体。与其他市民团体相比,现代足球俱乐部及协会的特点主要体现在两个方面:其一,人们主要通过组织和参与各类比赛来进行交流;其二,作为市民团体的俱乐部从出现伊始便具有明显的地域性,其团体成员基本都是当地的居民。

因为具备市民团体的属性,现代足球组织也同样崇尚成员之间平等、通过协商制定规则等市民团体所秉持的基本理念。尤其是在运用自身理性制定规则方面,如前文所述,现代性的重要特点之一,就是对人的理性建构能力的认同和倚重,人类可以凭借理性为世界立法,如,通过科学为自然立法,通过伦理为道德立法,通过艺术为趣味立法,等等。同样,在现代足球发展中,人们也凭借自身的理性为传统体育立法,通过协商、制定和遵守比赛规则,从与野蛮、暴力、政府、军事化以及贵族特权等有着密切联系的现代足球的原始形态中,提炼出了"公平竞争"这一明显带有理性化特征的现代社会的核心理念,并以此为基石建构了以竞技规则为主要内容的现代足球制度体系。也只有在这种强调公平的理性化的制度体系建立之后,现代足球才在真正意义上出现。Augustin(1997,2001)区分了传统体育与现代体育在多个方面的特征(见表3.1),显然,制度体系的明确性是现代体育区别于传统体育的主要特征。

表 3.1　传统体育与现代体育的主要区别

比较维度	传统体育	现代体育
管理形式	地区性的非正式组织管理	高度科层化的正式组织管理
制度形式	简单、非正式的制度,通常是传统习俗的延续	书面形式的、科层制管理体系下强制执行的正式制度
参赛规定	对场地条件、比赛时间以及参与者的规定比较模糊	对场地条件、比赛时间以及参与者的规定比较明确
制约因素	社会差异、自然条件等会对比赛造成很大影响	社会差异、自然条件等对比赛影响较小
身份界限	比赛参与者和观众界限模糊	比赛参与者与观众有着严格区分
裁判设置	没有专门的比赛监督者,或仅有非正式的比赛监督者	由特定机构指派的裁判担任正式的比赛监督者

资料来源:Augustin(1997,2001)

二、科层制与现代足球的自治性

Calhoun(1992)曾指出,市民团体一般会通过两个相互依赖而且同时发生的过程来维系并重新界定市民社会与国家的界限,一个过程是"社会平等与自由的扩展",另一个过程是"国家的重建与民主化"。第一个过程是前文所讨论的理性制定规则的方面,而国家重建和民主化的过程,则是指当市民团体进入政治领域之后,"国家治理的机构逐渐被崇尚理性的私人市民团体占据,并逐渐将其确立为公共权威"(Habermas,1991),并最终致使"(市民团体所代表的)中产阶级成功获得宪政国家的立法权(legislative power)"(Timothy,1993)。正如 Taylor(1995)所言,"透过自由结社,整个社会能够进行自我建构和自我协调……（这种自我建构和自我协调）最终能在很大程度上决定或影响国家政策的形成"。

对于现代足球来说,一方面,作为一项新兴的、具备明显休闲娱乐活动性质的社会现象,它并不像经济、政治等公共领域那样,因为存在一个"上层（统治阶级）控制并制定规则的领域"（Habermas,1991）而需要经历"市民团体占据国家公共权威领域并为之立法"（Gary,2002）的过程,加上现代性思想中所强调的平等和民主的理念,"体育自治"的思想和组织形式天然地内生于现代足球的初始形态之中。另一方面,现代足球也不同于绘画、音乐等艺术活动（艺术作品编码信息复杂）,以及马术、高尔夫等贵族性质的体育运动（需要较高的经济投入）,对不同阶级的参与存在着差异巨大的进入壁垒;相反,它有着允许多个阶级共同参与的包容性,在确定的规则之下,工人、学生、小企业主、政府官员等来自各个阶层的市民组成的俱乐部,都能够参与到比赛中,这种包容性使得现代足球能够超越国家、地域和阶层的差异而快速发展。

随着现代足球组织数量的快速增长,其内生的自治性体现出一种不断自我强化（self-enforcement）的效应,"俱乐部—协会"治理模式不断发展完善,管理者对越发庞大的参与者的监视和控制,使其仿照现代国家政府的治理模式构建了全面覆盖"国际—洲际—国家—地区"的科层式（hierarchical）足球组织的治理结构。现代足球因此逐渐成为一个由多个市民团体按照现代官僚体制的结构特征集结而成的组织,顶层（欧足联和国际足联）的管理者规定了各个层级管理机构的治理区域,各层级足协的主要职责是在其管辖区域内开展促进足球运动发展的相关活动;而自上而下的管理模式使得每一层级的管理机构都对下一层级的管理机构有着绝对的管理权,主体之间不存在分权和合作,俱乐部和球员处于最底部的层级,长期以来只能接受上层主体的管理,而极少参与到规则制定的过程中。这种绝对的层级制模式,也使得顶层的管理者拥有了绝对权力。

因此,国家政府的特征——科层式治理结构,也同样存在于现代足球的相关组织之中,尤其是洲际及国际足联这样顶层的管理组织。这种结构使得职业足球组织共同价值的核心理念同时以自发和强制的形式存在于职业足球领域内,也在一定程度上加剧了日后商业化演变下的主体之间的理念冲突。

三、作为市民团体的现代体育的核心价值

现代性思想所强调的人的理性和自由,实际上是一种对欧洲传统价值的"世俗化"(secularization)(Swatos 等,1999)。中世纪以来一直存在的那种宗教对人的精神世界的统治,在这一世俗化的过程中逐渐被瓦解,"那些(宗教所宣扬的)终极的、最高的价值,或者遁入神秘生活的超验领域,或者走进了私人之间直接的交往之中";同时被逐渐瓦解的,还有欧洲漫长历史中各个民族之间无数次战争与反抗下形成的"持续的民族和地区之间的敌对氛围"(Heilbroner 等,2012),以及旧世界残留的阶级立场意识所引致的阶级冲突等。取而代之的是对一种对世俗价值的追求,即追求个体现世的生活,特别是物质生活的富足。Weber(1958)称这一世俗化的过程为"祛魅"(disenchantment)。"祛魅"的过程彻底释放了人们对物质、资本、利润的欲望。在这一过程中,"一切封建的、宗法的和田园诗般的关系都破坏了。……人和人之间除了赤裸裸的利害关系,除了冷酷无情的'现金交易',就再也没有任何别的联系了"(马克思,恩格斯,2009)。马克思的判断略微极端,许多传统的精神和价值并没有彻底消失,它们中的一些依然存在于现代社会之中,另一些则在世俗化的过程中寻找到了新的载体。

诞生于 19 世纪的现代足球,本身并不带有传统社会那种禁锢人性的宗教色彩,也就不存在这一"祛魅"的过程;相反,在现代足球的发展之中,人们不断将上文所述的传统精神、价值观以及意识形态等,投射在其文本里。其中既涵盖了如"宗教的虔诚、骑士的热忱、小市民的伤感"(马克思,恩格斯,1972)等在世俗化过程中被蔑弃的传统精神,也包括一些基于历史形成的有关阶级、种族、地域等多种"慢慢被现代理性消解和撕扯"(Chernilo,2007)的意识形态,从而使得有着不同精神诉求的人们围绕现代足球形成了各种自我形象(auto typification,表现为观众对符合自我精神诉求的队员、球队等的形象构建)和异己形象(hetero typification,表现为对不符合自我精神诉求的队员、球队等的形象构建)。按照人类学家Frazer(1959)建构的"巫术—宗教—科学"的人类精神进化三阶段理论,所有这些传统精神、价值诉求和意识形态等,都属于欧洲人从中世纪的宗教精神向现代科学精神的进化过程中,遗留在日常生活中的一些传统精神碎片;在现代足球所提倡的"公平竞争"的理念和规则的约束下,在现代性精神现代化过程之中,这种"反时代而行"的方法,赋予了现代足球远超竞技本身的多重价值和功能(Frazer,1990)。

值得注意的是,在这一过程中,部分现代足球组织在保留市民团体属

性的基础上，也受到宗教和家庭这两种核心制度域的影响。它们中的一些是基于支持者共同的宗教信仰而建立的俱乐部，如苏格兰的流浪者和凯尔特人俱乐部，分别由新教徒和罗马天主教徒建立；另一些则是由当地的大家族控制，如意大利的尤文图斯。这两种社会核心制度的嵌入进一步加强了市民团体核心价值在联结其成员方面的影响力。

　　当上述精神层面的内容内嵌于现代足球之后，作为市民团体的现代足球相关主体，便不再仅仅坚守作为体育组织而具有的"公平竞争"的核心价值，而是基于其团体成员的共同精神诉求，形成了多样化的特殊核心价值。这种核心价值与市民团体的行为策略——提升地位、成员荣誉感以及加强团体行为的影响——相结合之后，便产生了以"获胜最大化"为主要特征的行为模式。这种对胜利的追求不仅包含了原始形态的体育中人们（包括参赛者和观众）所具有的纯粹身体征服的意愿，也包含了人们，特别是观众，基于其认知中的自我形象与异己形象的对立，而产生的征服意愿的延伸。这种意愿的延伸实际上是一种经历了两次移情的心理投射过程。首先，观众通过移情于具体的人（运动员），在观看比赛的过程中，通过自身对他人心理过程的把握，经历其在比赛中的意识和主体性，从而获得类似于亲身参加比赛对抗过程的心理体验；其次，观众将自己的价值诉求和意识形态等移情于抽象的物（即作为意义符号的球队或俱乐部），通过第一种移情中获得的体验，进一步获得一种自我价值诉求和意识形态与他人价值诉求和意识形态之间进行对抗的体验，从而获得一种更为强烈的精神上的满足感。在欧洲的许多国家，俱乐部在当地的球迷群体不仅仅基于对球队竞技表现的支持，同时也会有着明确而统一的政治主张或宗教信仰，足球俱乐部俨然成为维系这些共同价值的纽带。

　　尽管研究者并没有明确提出现代足球作为市民团体所具备的核心价值的问题，但许多学者围绕现代足球在多个方面的社会影响进行了深入的解读。如，Elias 等（1986）曾指出，"现代足球的典型符号表征（symbolic representation）是，它能够在一定程度上取代战争的意义，而通过一种非暴力和非军事化的方式来实现国家之间的对抗……并赋予竞技场上的胜利以更大的意义"。Rowe（2004）则认为，"（现代足球）既可以使人们对自身所属的阶级、地域、种族等因素产生强烈的身份认同，又可以使整个国家的公民产生一种超越以上因素的强烈集体意识（collective consciousness）……在当代社会，很少能有一种社会现象具有这样的功能"。显然，研究者所提出的现代足球具备的这些符号表征或社会功能，都可以被视为现代足球市民团体追求"获胜最大化"核心价值延伸出的丰富内涵。

第三节 市场制度逻辑与欧美职业体育不同发展路径

一、职业体育中市场制度逻辑的出现与发展

除了主要组织所具备的市民团体的属性、"反祛魅"过程所带来的核心价值以及科层制的治理结构之外,商业化的理念也是现代足球发展的重要基石之一。

如前所述,在现代社会形成的过程中,现代性思想所强调的对传统价值的"世俗化",引致了人们对资本和利润的追求。马克思曾深刻地指出,资本是现代社会文明的体现,是现代性的根源,也是资本主义社会的主宰(马克思,恩格斯,1995)。现代性思想对传统等级社会的解构是建立在资本唯一主体的基础上的。而资本运作所依赖的资本主义市场,作为现代西方社会的重要组成部分,其出现既是人们追求世俗价值的结果,也和俱乐部与协会的建立一样,是理性结社行为的体现。人们对市场在推动社会发展中的作用推崇至极,这种自由主义经济思想引致的价值观,即所谓的"市场原教旨主义"。

多位研究者对商业化与现代体育早期的发展进行了探究。Harvey(2004)阐释了商业行为对英国早期的赛马、板球以及足球等运动发展的重要性。人们在组织俱乐部的同时,通过一些商业化的运作来提供俱乐部发展的部分资金,尽管早期支付门票观赏比赛的多为社会中上层阶级,但这种支付行为很快扩大至其他阶级与运动项目之中。Vamplew(2007)则认为,商业化的影响不仅体现在比赛的收入方面,在现代体育发展初期,与体育赛事有着密切关联的博彩业的发展,也极大程度地促进了早期各运动项目规则的制定和完善。

值得注意的是,在很长的历史时期内,由于现场体育比赛的内容难以复制与传播,现代体育市场化的进程滞后于其在吸引参与者、形成核心价值和强化自治体系等方面的发展,与其他主要产业相比,更是处于一种"文化活动属性远强于经济活动属性"的状态。仅有的一些市场化行为,也仅限于维持相关组织及人员的基本经济收入。直到20世纪80年代末期,现代媒体的发展提供了大量复制和广泛传播足球比赛的技术后,商业化才逐渐成为推动各国职业体育产生重大制度变革的主要动力。然而,当现代传媒的发展大幅推动了各国职业体育的商业化时,人们却发现,商业化开始

全面而彻底地影响现代体育组织对共同利益的追求,多个方面的矛盾不可避免地产生了。

首先,在商业化理念的渗透之下,职业体育相关组织的行为愈发体现出追逐经济利益最大化的特征。这一现象突出表现在部分俱乐部的商业化运营模式上,比如:大量聘用外籍球员代替本土球员,以降低球队工资支出,从而减少运营开支,或通过国际球员的影响力开拓国际市场;提高现场比赛门票价格和转播比赛的观看价格,将经济压力转移到球迷身上。此外,在职业足球的产业价值大幅提升之后,越来越多试图获得经济利益的国际资本不断进入职业足球之中。而在这些资本收购俱乐部的过程中,部分投资者利用财务杠杆进行收购,并将债务转移至被收购的俱乐部身上,使得俱乐部在被收购之初便承担了沉重的债务,需要通过自身运营来进行偿还(Szymanski,2006b,2009)。这些市场化的行为从追求经济利益最大化的角度来看无可厚非,但从传统俱乐部作为市民团体的角度来看,其对团体成员利益的忽视和利用,显然是一种对传统价值的违背。

其次,在商业化的进程之中,运动员和俱乐部的商业价值日益受到推崇,这使得现代足球发展过程中被赋予的多种价值和意识形态逐渐衰微,甚至面临着坍塌。Zimbalist(2001)指出,商业化如同"具有连锁效应的网络,将过度的媒体渲染、夸张的公众关注以及运动员身份在商业方面的滥用注入足球之中,而运动员在教育和精神方面的社会价值消失殆尽……他们已经无法正确地参与到足球中"。Katie(2013)认为,传统的欧洲足球是"基于一系列不同价值观而建立的……这些价值观与商业化所崇尚的'金钱至上'的单一准则之间,存在着巨大的冲突"。一系列围绕体育生成的相关产品,如花边新闻、人物传记、商业电影、代言产品等,逐渐解构、消耗甚至吞噬了运动员和俱乐部原有的社会意义,使其不再是以市民团体及其成员的身份而存在,而更多作为一种资本主义市场中的消费符号而存在。

最后,商业化带来的财富的积累,也引发了收入分配公平方面的问题。事实上,由于所在国家和城市、成立时间以及发展方式等方面的差异,各国职业体育俱乐部之间在组织规模、球员质量、俱乐部会员数量等方面一直存在着不平等的情况。在很长一段历史时期中,来自发达国家大工业城市的俱乐部在国内联赛和欧洲比赛中的成绩远远强于其他俱乐部(Kuper等,2010)。在职业足球产业价值大幅提升之前,竞技水平的差异并不会直接引致俱乐部在经济收入方面的差别;而在竞技成绩与经济收益产生直接联系之后,大俱乐部和中小俱乐部之间在经济上的差距日益明显,俱乐部在竞技实力上的差距也因此进一步扩大,大俱乐部"赢者通吃"(winner takes all)的现象愈演愈烈。作为由各国足协共同组成的市民团体,欧足联的治理目标是实现各国足球事业的共同发展,但欧足联试图通过制度设计来缩小差距的行为,却影响了大俱乐部的利益,因而遭到大俱乐部的极力反对。正如 Goldmann(1973)所言,"资本市场的扩大必然地导致个体在经济上的不平等,并引发私有产权和社会平等的冲突……因而对现代社会订立的制度结构和制度建立的过程产生巨大的冲击"。反映在职业足球领域,便是与以"公平竞争"为核心理念的现代足球精神产生了严重冲突。

二、"获胜最大化"与"获利最大化"价值取向的分化

对现代体育俱乐部和协会作为一种市民团体的形成过程、核心价值以及其与资本主义市场的矛盾的探求,除了可以从根源上把握职业体育的内部矛盾,也有助于更透彻地理解体育经济学经典研究中,对职业体育组织"获胜最大化"与"获利最大化"的假设。

职业体育经济学研究的一个核心问题是,如何对职业体育运动队的行为动机进行假设。尽管大部分体育经济学的研究者(Sloane,1971;Fort,2010;等等)在分析职业体育俱乐部的目标函数时,倾向于用"获利最大化"来解释北美职业体育俱乐部的行为动机,用"获胜最大化"来解释欧洲职业体育俱乐部的行为动机,并用升降级制度的存在来解释这一动机。然而,对于"升降级制度从何而来"的问题,研究者却一直未给出正面的回答。一个明确的历史事实是,在现代足球的发源地英国,最初制定赛制的各俱乐部代表设计了杯赛性质的足总杯(the FA Cup,开始于 1863 年),而并非有升降级制度的联赛。相比于联赛,杯赛赛制的最大特点——每场比赛淘汰一个对手,最终只有一支球队获得奖杯——显然是一种更符合参赛者对"获胜体验"的终极追求的制度设计,而从 1888 年开始施行的包含升降级的联赛赛制,则更类似于一种结合了分层设置的获胜体验(各级别之间通过升降级制度实现球队流动)、相对固定的参赛球队(各个级别的球队数目相对固定,尽管存在升降级,但不会有球队因降级而丧失比赛资格)以及更为稳定和连贯的赛程设置(赛季中所有球队两两之间进行单场循环或主客场循环比赛)的比赛制度。

这一事实毫无疑问会指向一种判断——"获胜最大化"是先于升降级制度的出现而存在的,升降级制度的出现并不是组织者为了制造参赛者对胜利的追求而设计,而是一种由适当程度的获胜体验、球队存在的稳定性以及比赛安排的连贯性相结合的产物。Szymanski(2010)甚至指出,"联赛足球的诞生不过是为了给俱乐部带来财务方面的稳定"。因此,如果我们

仅仅用升降级制度的存在来解释"获胜最大化",显然无法对这一制度产生背后内嵌于欧洲职业体育之中的核心价值形成深刻的认识,并且很可能在一定程度上模糊了竞赛制度的出现与"获胜最大化"出现之间的逻辑关系;从而也就难以解释,为什么职业体育组织会在欧洲和美国分别演变出不同的行为动机,而在职业足球的收入不断增加、可预见的潜在收入极为丰厚的客观现实下,有效率的经济组织和制度为何在大多数欧洲国家迟迟难以得到建立。

事实上,在 Sloane(1971)提出欧洲足球俱乐部投资者和管理者秉持"获胜最大化"行为理念假设的经典文献中,他已然对这一现象进行了如下的阐释:"……很明显,欧洲足球俱乐部的投资者和经营者并不是因为对金钱的期望才投资或从事足球这一行业。他们有着心理上的诉求,包括对权力的欲望(urge for power)、对名望的渴求(desire for prestige)、对团体认同的偏好(propensity to group identification)和与团体忠诚相关的一系列感情(related feeling of group loyalty)……足球俱乐部是基于一系列传统而存在的,而俱乐部在它所处的、带有独特地域特征的社会结构(social structure of particular locality)中的位置,则是这一系列传统形成的源泉。这一系列原因,加上俱乐部支持者的热情,孕育了一种特殊的效用:不是追求利润最大,而是在保持偿还能力的前提下获得竞技上的成功。"

Sloane(1971)对"获胜最大化"产生原因的解读显然是超越于经济学理论的,遗憾的是,他并没有更深入地探求他自己提出的地域特征、社会结构、历史传统等问题,而是直接以"获胜最大化"作为假设建立了效用函数,以分析欧洲足球俱乐部投资者和管理者的行为。尽管这一认识逻辑从经济学角度来说并无不妥,但"获胜最大化"的假设很难通过经济模型进行分析。事实上,Sloane(1971)在其研究的结论中也明确指出,"获胜最大化"的假设也仅仅是"在解释欧洲足球的现象时,也许能够比'利润最大化假设'提供一些更接近事实的推断"。如果一种简化的理论假设能够使研究者获得更深刻的认识,那么我们可以赞同其合理性与必要性;相反,如果在面对明显更为复杂的多重价值判断时,却固执地选择某一个假设而忽略其他方面的问题,则很可能会使得理论与现实之间产生难以自圆其说的断层。

从这个意义上来说,本书对制度逻辑理论的引入和使用,以及基于这一理论对欧洲职业体育组织作为市民团体的形成过程及其核心价值生成之历史原因的解读,恰恰为理解部分国家职业体育俱乐部所秉持的"获胜最大化"行为动机提供了一种超越于纯粹经济学范畴的阐释。当我们从市民团体核心价值的角度去审视欧美体育时，便不难发现两者差异产生的根源。在美国，正如 Heilbroner 等（2008）在《经济社会的起源》（*Making of Economic Society*）中指出的，"（美国）民族融合的大目标，短暂的国家历史，以及阶级立场意识的缺失……使得国内的资本主义一直处于一种统一的政治环境之中，容许庞大而无障碍的市场顺利发展"。这就使得美国的职业体育俱乐部难以形成类似欧洲俱乐部那种具有强烈地域、传统或宗教特征的核心价值，转而去寻求其在资本主义市场上的地位，从而逐渐形成了"获利最大化"的行为特征。在欧洲，职业足球商业化程度最高的英国，恰恰位于英伦半岛之上，在地缘和文化方面都与欧洲大陆相分离。尽管苏格兰、北爱尔兰等地区依然存在着一定的民族矛盾，但其主要国土的居民在语言和习俗上并没有产生历史性的分割，抑或是相互猜忌的民族恩怨，这对英国市场经济的发展起到重要作用，也使得英国足球的商业化程度远超其他欧洲国家。本书第四章对国家政府行为逻辑的讨论中将详细阐释民族国家等问题。

第四节　我国职业体育发展的核心矛盾

值得注意的是，就我国的体育经济学研究来说，目前大量的研究还处于前期工作阶段，其目标应当是确立符合中国社会特点的体育经济发展模式，其中必然涉及历史、文化、道德传统等因素。因此，除了基于西方国家的制度实践给出的制度建议之外，当我们从社会核心制度的角度审视欧美职业体育发展的深层矛盾、从历史的角度和思想的层面去理解各国职业体育制度变迁的过程时，还可以得到微观层面制度分析以外的结果，也可以基于此对中国职业体育的现状进行更深刻的反思。

首先，不同于西方现代体育起源于市民团体的历史，中国职业俱乐部以及运动协会大多脱胎自政府的体育部门，从诞生之初便具有明显的官僚机构的特征，特别是协会作为地方以及国家层面的管理机构，有着明显的追求政绩最大化的行为动机，而并不具有作为市民团体的职业体育俱乐部所承载的历史传统价值。其次，在很长的历史时期内，我国政府对私营媒体的严格管制，以及人们较低的消费能力和保守的消费意识，使得职业体育的产业价值迟迟难以实现，俱乐部投资者大多追求球队胜利为母公司带来的广告效应，而并不直接将俱乐部视为能够带来经济利润的投资对象。因而，我国职业体育的矛盾主要体现在政府层面的政绩最大化（即国家队和省市代表队胜利最大化等)与俱乐部层面的社会影响最大化(即俱乐部投资者寻求胜利最大化和联赛发展规范化等)之间的冲突,而并非欧洲大多数国家职业足球中存在的市民团体与资本主义市场之间的矛盾,抑或美国职业体育中的劳资矛盾。这种矛盾在欧洲足球中同样存在,表现为协会与俱乐部之间关于选拔球员参加国家队的冲突,但是,不同于欧洲国家足球协会的市民团体属性,中国大多数体育协会的政府机构属性使其具有绝对的管理权,从而进一步激化了矛盾。俱乐部所有者和管理者一直寻求的"管办分离",既摆明了重置协会管理权的需求,也是实现职业体育发展的必然趋势。

过往数年中,在体育消费市场日益发达的现实下,职业体育俱乐部投资者追求自身利益最大化的行为特征日益凸显,职业联赛运营与管理主体的独立性诉求愈发强烈。而落后于现代化进程的中国现代市民社会的演进,也已经开始对体育组织的发展造成影响;事实上,在中国南方一些省市已经出现的民间体育组织,从本质上来说与欧洲现代体育发轫时出现的俱乐部和协会有着相似的属性。因此,在中国职业体育未来的发展中,政府、社会团体、追求"胜利最大化"与"利润最大化"的企业等主体将共同存在,在诸如运动员限薪、俱乐部名称中性化改革、职业联盟运营和管理等问题上,必将进行一系列的博弈。而对这些主体行为动机和策略的深入分析,以及在此基础上结合我国政治和经济体制改革的现实,对如何加快形成竞争有序的体育赛事市场、有效引导社会力量参与职业体育发展、改变政府管理职能和方式等问题的探索,也将成为中国体育产业发展之路上体育学研究者所肩负的历史使命。

第五节　小　结

本章对制度逻辑理论中所提出的现代西方社会核心制度及其与职业体育之间关系的历史演进作了分析。笔者认为,公共领域的思想与原始形态的体育之结合,引致了现代体育以及俱乐部和协会等相关组织的产生,并使得这些组织自诞生之初便具备了市民团体这一社会核心制度的特征;而在现代社会发展的过程中,多种传统价值依附于大多数的体育组织之上,形成了职业体育独特的核心价值——获胜最大化和成员利益最大化。然而,自20世纪90年代以来,在媒体私有化导致职业体育产业价值迅速提升之后,资本主义市场所崇尚的获利最大化和个体利益最大化的行为动机,与各国职业体育中的传统核心价值产生了不可调和的矛盾,这种矛盾也推动了各国职业体育相关主体在过往约 30 年的时间内不断协商和博弈,进而使得职业体育制度产生变革。

第四章　职业体育相关主体行为逻辑

第一节　职业体育中的多主体治理结构

大多数职业体育的研究者（Morrow，2003；Tomlinson 等，2005；Ascari 等，2006；Baroncelli 等，2006；Szymanski，2006b；Drut，2012；等等）都认为，在职业体育发展的早期，类似于英国足总（Football Association，以下简称FA）的组织结构及其对英国国内足球的管理模式，在几乎所有开展现代体育的西方国家内得到了施行。具体来说，起源于体育协会的英国足总，其主要任务包括制定国内比赛联赛的各种规则、组织联赛（由下属机构英国足总联赛委员会主要负责）以及足总杯和联赛杯（the League Cup）等国内杯赛，并通过招募俱乐部队员组成国家队与其他国家进行比赛。

在很长的历史时期内，欧洲国家的足球协会几乎对一切国家内部的足球相关事务施行单方面的管理。尽管它们本身并不具备政府机构的属性，但在管理权的绝对化方面，其与政府部门并无差异，甚至在部分事务的决断上更具有主导权。欧洲国家足球协会具备的市民团体的身份，使得其在管理中的目标导向并未与同为市民团体的俱乐部产生较大分歧。随着足球运动在整个欧洲以及世界范围内的迅速发展，传统的英国式的治理模式开始出现一些变化。根据欧盟委员会以及部分欧洲职业足球的研究者（European Commission，1998；Commission of the European Communties，2007；Szymanski，2004；Gardiner 等，2009；等等）的分析，这种治理模式上的变化分为两个阶段。

首先，在治理变革的早期，出现了洲际及国际的治理组织。这些组织出现的初衷是组织跨国级别的比赛，并统一各国的竞赛规则。"俱乐部—国家足协—洲际足联—国际足联"的金字塔式治理结构逐渐形成，在这一结构之中，俱乐部处于国家足协的管辖之下，而国家足协则由欧足联统一进行管理，整个足球领域治理结构的顶层机构是国际足联。欧盟委员会指出，"职业足球代表了一种典型的传统欧洲体育的模式……科层式的金字塔结构中,俱乐部、地区足协、国家足协、洲际足联依次构成了整个结构"(European Commission,1998)。欧盟委员会用"科层式"来描述这种结构,显然对职业足球顶层治理结构有着深刻的认识。

值得注意的是,在这一阶段的治理结构中,多主体共同参与治理的结构尚未形成,相反,传统的科层式的治理特征得到了强化,金字塔式治理结构实际上是一种典型的规定了明确权力界限的科层式治理结构。顶层(欧足联和国际足联)的管理者规定了各个层级管理机构的治理区域,各层级足协的主要职责是在其管辖区域内开展促进足球运动发展的相关活动;而自上而下的管理模式使得每一层级的管理机构都对下一层级的管理机构有着绝对的管理权,主体之间不存在分权和合作,俱乐部和球员处于最底部的层级,长期以来只能接受上层主体的管理,而极少参与到规则制定的过程中。这种绝对的层级制模式,使得顶层的管理者拥有了绝对权力。

这一治理模式一直持续至 20 世纪 80 年代末期。在此前几乎全部的欧洲国家里,俱乐部的一切试图跨越权力界限的行为,都会受到协会谨慎的抑制。欧盟委员会在 1998 年的报告中明确指出,"国家和洲际的管理者拥有垄断权力,并倾向于利用这种权力维持其管理权"(European Commission,1998)。在欧足联于 2005 年发布的官方声明中,也进一步表达了维持这种治理模式的愿望:"欧足联以及整个欧洲足球界应当合力发展各层面的足球——国家队、职业、半职业及业余——共同构建欧洲职业足球的金字塔模式。特许经营、强制进入等现象不应当发生在欧洲的底层与顶层相连接的金字塔结构之中。美国的职业体育模式只适用于美国的情境之中,而欧洲的体育协会和联合会,则承担着组织各个层面体育比赛以促进体育发展的关键责任。这不仅是一种保证财务稳健的做法,更是在竞技、道德、治理等方面实现团结一致的保证。为了达到这一非常重要的目标,各方须共同维护职业足球金字塔结构的存在。"(UEFA,2005)

直到媒体私有化带来了球迷数量和转播收入的双重增长之后,部分大俱乐部的运营开始呈现出商业化的特征,协会与俱乐部(特别是拥有全球影响力的大俱乐部)之间的利益冲突开始不可避免地显现。这种冲突的根源在于,俱乐部对经济利益的攫取,是一种根植于现代性内部的资本逻辑与市民团体所追求的共同利益、集体行动等逻辑之间的本质矛盾。自此,欧洲职业足球的治理变革进入第二阶段,多个治理主体开始谋求治理结构中的地位。

首先,俱乐部不再满足于传统治理结构中的底层地位,它们通过组建全部或部分脱离于足协管理的联赛有限公司,来"挑战传统模式的合法性,并获得商业方面的权利"（Holt，2007），或者"在财务管理，特别是控制支出方面，进行合适的制度设置，从而加强财务的稳定性"（Ascari 等，2006）。相比于无法摆脱市民团体这一属性的各级协会，俱乐部和联赛可以相对自由地按照各自的发展目标转换其组织性质。特别地，大俱乐部之间也形成了跨国组织，体现了企业在跨国的空间范围内寻求市场垄断地位的行为特征。这种组织从开始的 G14 集团（G14 Group），发展到后来的欧洲足球会论坛（European Club Forum），直到现在的欧洲足球俱乐部协会（European Club Association），其目标一直都是为大俱乐部谋求最大化的利益。

其次，各国政府也不断参与到职业足球的治理之中。在欧洲，政府在很大程度上扮演着一个协调各种社会力量之间冲突的角色，而由于职业足球本身具备的经济属性和社会属性影响极为广泛，政府需要在多个方面对其进行干预、管制和扶持，以平衡各个方面的利益相关者对于自身利益的追求。

此外，欧盟在欧洲一体化的目标下不断强化的单一欧洲市场（single European market）理念，使其越来越多地对职业足球相关经济问题进行制度干预。Parrish（2003）指出，欧盟针对职业足球的态度一直在将其看作一种需要管制的经济活动，还是一种需要法律保护的社会—文化活动之间摇摆。在 2007 年发布的《欧盟体育白皮书》（*European Union White Paper on Sport*）中，欧盟委员会更正了之前主张体育自治的说法，认为"将整个欧洲的体育限制在一个统一的模式之中是不切实际的"（Commission of the European Communities，2007）。Garcia（2009）认为，欧盟的态度变化，以及一系列的制度干预，明确地说明了其参与职业足球治理的决心。在这样的发展趋势之下，正如 Henry 等（2004）的描述，"欧洲足球那种旧有的、自上而下的科层治理模式，已经逐渐转变为一种复杂的关系网络，拥有不同利益诉求的主体之间相互沟通、合作、博弈、角力，争取各自的最大利益"。职业体育新的多主体的治理结构已经形成，图 4.1 描述了这种基于传统金字塔结构的多主体治理结构。

从图 4.1 中可以看到，处于传统金字塔治理结构底层的球员、俱乐部和联赛等个体和组织，逐渐形成了新的治理主体，包括国际职业足球运动员联合会（International Federation of Professional Footballers，图中标注为 FIF Pro）、G-14 集团、欧洲足球会论坛、欧洲足球俱乐部协会以及各国的联赛公司等。这些组织与俱乐部、联赛（盟）、协会（包括国家、洲际和国际层面），以及各国政府和欧盟政府一起构成了欧洲职业足球新的多主体治理结构。本章将依次分析这些主体在发展中形成的行为逻辑。

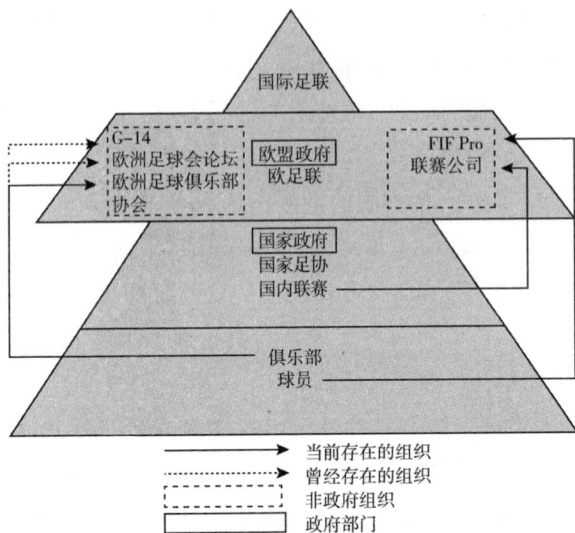

图 4.1　欧洲职业足球的多主体治理结构

第二节　职业体育俱乐部的行为逻辑

俱乐部是现代体育金字塔结构的基础部分。欧洲顶级职业足球俱乐部普遍有着较长的历史，并大多以法律实体的形式存在。Cornes 等（1996）从经济学的角度定义了俱乐部，认为俱乐部是一种自发成立的团体，其中的会员可以从以下方面获得共同利益：降低生产成本、会员的个人资源（如社会地位等）、具有排他性收益的商品等。在欧洲足球领域内，如前文所述，传统的俱乐部除了具有如上所述的降低生产成本（初期便于组织比赛）、向会员提供比赛（通常是通过较低的价格出售或提供较好的观赏位置）、与球员以及其他俱乐部会员接触的机会等利益之外，更多地体现作为一种具有市民团体特征的组织而具有社会方面的价值。因此，从历史上来看，欧洲职业足球俱乐部的典型组织形式是会员制，俱乐部通过向会员收取年费来维持俱乐部运营，并赋予会员投票选举管理层的权利，在俱乐部的年会（annual general meeting，简称 AGM）上公开选举负责俱乐部日常运营的人员，并讨论俱乐部的运营事务。欧盟委员会将俱乐部的主要职责表述为：向俱乐部所在地的居民提供参与体育的机会，促进不同性别运动员的发展，推进欧盟范围内全民体育（sport for all）的发展（European Commission，1998）。

然而，随着职业足球产业价值的不断提升，俱乐部在其主要目标和组织形式方面也发生了巨大的变化。在多数欧洲国家,职业足球俱乐部循着不同的路径进行演进,其中具有代表性的是西班牙、英国和德国这三个国家的俱乐部。

一、不同国家职业体育俱乐部的组织形式的变迁

(一)西班牙职业足球俱乐部的组织形式

在目前欧洲主要职业足球联赛之中,传统会员制俱乐部的组织形式在西班牙的一些俱乐部身上得到了最完整的保留。巴塞罗那足球俱乐部(FC Barcelona)是其中一个典型。截至 2008 年 6 月 30 日,巴塞罗那俱乐部共拥有 162979 名注册会员,会员通过缴纳会费获得选举董事会成员、主席、经济管理委员会等俱乐部管理层的权利。董事会成员的数量为 14～21 名,负责管理俱乐部日常运营的相关事务。拥有类似结构的西班牙职业足球俱乐部还有皇家马德里、奥萨苏纳、毕尔巴鄂竞技等三家。

事实上,在西班牙足球历史上,所有俱乐部曾经都是以这一组织模式存在的,但在 1990 年的西班牙俱乐部改制中,其他西班牙俱乐部由于财务问题而被要求转制为有限责任的公共体育公司(public limited sports company,西班牙语为 sociedad anonima deportiva,以下简称 SAD)。SAD 与普通的有限责任公司有较大的区别,根据 Ascari 等(2006)的分析,其特点主要体现在以下几个方面:(1)仅有拥有西班牙国籍的个人或公司能够持股;(2)不允许任何个人或公司在超过一家俱乐部中拥有超过 1% 的股份;(3)任何股权方面的变动都需要经由西班牙足球联盟的审查与批准;(4)按照私法和商业法,俱乐部的管理者对于其行为给公司或利益相关者造成的损失负责;(5)参加西班牙国内比赛的俱乐部,将被视为公共性质的公司;(6)SAD 不能够进行分红,除非它的合法累计存款(legal financial reserve)达到了过去三个会计年度平均开支的一半。由此可见,尽管俱乐部组织结构发生了变动,但较之于普通公司,公共体育公司还是具有一定的特殊性,其市民团体的性质在一定程度上得到了保留。

(二)英国职业足球俱乐部的组织形式

在英国,职业足球俱乐部组织形式的变革领先于欧洲其他国家。英国足总早在 1981 年便允许职业俱乐部雇用全职董事从事俱乐部的经营活动,由此,英国成为欧洲最先正式支持职业俱乐部商业化运营的国家。

从 1983 年开始,英国的职业足球俱乐部陆续通过进入证券市场融资寻求发展。到了 20 世纪 90 年代末期,由于英超在世界范围内影响力的扩

大,加之英国本身具备的完善金融体系,几乎全部英超俱乐部都成为上市公司,而越来越多的外国资本也借此进入了英超俱乐部。当时的研究者普遍认为,外资的进入虽然可以带来管理经验、市场渠道等优势,但也不乏不良债务、短期行为等风险。2004 年,在英国政府的要求下,英国足总以及英超联赛公司等多个职业足球管理主体联合发布了《职业足球俱乐部所有者审核条例》(*Fit and Proper Person Test*),强化了对拥有职业俱乐部 30％以上股份的所有者的审核。

值得注意的是,外资的进入使得英超俱乐部逐渐转变为私人所有的企业。2001—2007 年,14 家英超俱乐部相继退出了证券市场。截至 2010 年,仅有 2 家足球俱乐部保留了上市公司的资格。如表 4.1 所示,2012—2013 赛季时,有超过半数的英超俱乐部由海外资本控制主要股份,并且这种变化呈现出明显的上升趋势。在所有 2018—2019 赛季的英超球队中,只有 6 家俱乐部的主要控股资本来自英国。这 6 家俱乐部分别是伯恩利、西汉姆联、哈德斯菲尔德、托特纳姆热刺、布莱顿和纽卡斯尔,其他球队的主要控股资本则来自 9 个国家。值得注意的是,该赛季中,南安普敦和伍尔弗汉普顿流浪者俱乐部的主要控股资本均来自中国。

表 4.1　2012—2013 赛季与 2018—2019 赛季英超俱乐部主要控股资本

主要控股资本(拥有 51％ 以上股份)来源	俱乐部数量/个	
	2012—2013 赛季	2018—2019 赛季
英国	9	6
美国	6	4
俄罗斯	1	2
马来西亚	1	1
阿联酋	1	1
瑞士	1	0
埃及	1	0
中国	0	2
意大利	0	1
伊朗	0	1
巴基斯坦	0	1
泰国	0	1

数据来源:根据英超俱乐部官网相关资料整理

(三)德国职业足球俱乐部的组织形式

1998年之前,所有的德国体育俱乐部都是注册协会(eingetragener verein),这是一种德国式的非营利性质的组织,俱乐部的所有收益都必须重新投入体育事业之中,同时,与其他会员制俱乐部一样,会员可以在很大程度上参与到俱乐部的决策之中。在1990年之后,由于电视转播收入的快速增长,以及随之而来的多方面收入的提升,俱乐部商业化运营的动机也越发强烈。在这样的背景之下,以财务稳定和俱乐部长期发展为主导思想的德国足球协会(German Football Association)于1999年发布条例,允许俱乐部将男子职业足球队独立出来成立公司,但是,独立出来成立的组织必须有51%以上的股份属于原俱乐部。这就使得德国职业足球俱乐部保留了会员制的特点,保证了原俱乐部对于公司化的职业足球俱乐部的影响力,使其避免受到债权人、贷款者、少数利益相关者等的控制,确保外来资本收购、俱乐部大量借贷赌博式经营等短期行为不会发生,从而在一定程度上维持了联赛的竞争秩序。在当时欧洲的任何其他国家之中,这种所有权的控制都是不被允许的。

尽管该条例在德国国内长期以来受到部分俱乐部的质疑,但德国政府对此一直持支持态度。2011年,汉诺威96俱乐部向德国联邦法庭提起诉讼,要求德国联赛委员会废除"50+1"条例。德国仲裁法庭在调查分析之后,并没有废除该条例,而是要求德甲联盟实施新的"50+1"政策,即在原本的外来投资者严禁持有俱乐部大多数股份的政策之外,增加特殊条目,允许所有参与俱乐部经营超过20年的企业掌握俱乐部51%以上的股权。

德国政府通过法律形式确认了"50+1"政策的合理性,德国职业足球俱乐部的任何商业决策都必须经由会员投票通过方可施行,这从根本上杜绝了外资收购俱乐部,以及俱乐部追求短期成绩而负债经营等情况的发生。截至2012—2013赛季,德国职业足球俱乐部中,除了勒沃库森和沃尔夫斯堡两家俱乐部因为其赞助商拜耳公司和大众汽车公司连续赞助并参与俱乐部经营超过20年而获得了企业控股的豁免之外,其余俱乐部均由原俱乐部控股51%以上。

于是,在"50+1"政策的规制之下,包括拜仁慕尼黑在内的部分德国职业足球俱乐部成了一种德国式的公共有限公司(Aktiengesellschaft,以下简称AG),AG拥有双董事会结构,其中监管董事会(Aufsichtsrat,简称监事会)在股东大会上选举产生,而负责管理的执行董事会(Vorstand)成员由监事会负责挑选和监管。

但伴随着近年来由红牛集团控股的莱比锡 RB 俱乐部（RasenBallsport Leipzig e. V）的崛起，德甲联赛的相关制度受到了严峻的挑战。一方面，德国足协禁止球队官方名称中出现赞助商的名字，但红牛集团将球队命名为"草地足球"（RasenBallsport），缩写成 RB，与红牛集团（Red Bull）的缩写相同；另一方面，为对抗德甲联赛的"50＋1"政策，俱乐部没有任何官方渠道可以成为莱比锡 RB 俱乐部的会员，并设置了高达每年 800 欧元的会费，是拜仁慕尼黑俱乐部会员年费的十几倍。这阻碍了大多数球迷成为莱比锡 RB 俱乐部会员的意愿。即使球迷有意愿申请成为俱乐部的会员，俱乐部管理层也可以拒绝任何申请，并且不对此进行解释。这就使得莱比锡 RB 俱乐部直到 2013 年也仅有 9 名会员，且均为红牛集团的员工。直到升级至德乙联赛，乃至德甲联赛后，莱比锡 RB 俱乐部才迫于舆论压力逐步扩充会员至 300 余人，但仍然仅有不到 20 名会员拥有投票权。

二、不同组织形式下俱乐部的行为选择

基于前文的阐述，我们可以看到，在欧洲足球的长期发展之中，职业足球俱乐部演进出了多种组织形式。目前，常见的职业足球俱乐部组织形式包括三种：私人所有制、股份公司制、会员所有制。为了考察不同的俱乐部组织形式的影响，我们假设三家有着不同组织形式的职业足球俱乐部有着相同的收入和支出，从而从经济学的角度进一步分析不同组织形式下不同范式的产权结构所带来的不同激励，以及不同激励下俱乐部作为理性人的行为选择。

Milgrom 等（1992）认为，产权结构的差异源于剩余控制权和剩余索取权的分配，也就是对未在契约中进行规定的决策权的分配，而成为俱乐部的剩余所有者，通常意味着对一切债务、开支以及合同义务内的支出后的剩余收入有着绝对的控制权。当俱乐部以典型的私人企业的模式运营时，俱乐部的所有者拥有全部的剩余权，同时也要承担个人决策带来的财务方面的影响。然而，集中所有权在职业足球领域还存在另一个方面的影响。由于职业足球的广泛影响力，所有者的决策在许多时候也会将其置于公众舆论之中，球队的支持者、当地政治家、媒体等都会对所有者的决策进行讨论，表达支持或提出批评。对于所有者来说，得到社会的承认无疑是其经营俱乐部的效用之一，而各方的指责则会产生负效用。这些正效用和负效用都不是由俱乐部的利润带来的，而是由球队的成绩决定的，并且多数情况下呈现出正相关的关系。图 4.2 显示了俱乐部所有者在球队胜率和球队利润方面的权衡（trade-off）。如图所示，假设俱乐部的利润会随着俱乐

部胜率的增加在某一点达到最大值,然后开始出现下降,并且最终为负值。不同俱乐部所有者的无差异曲线不仅取决于俱乐部的利润,也受到俱乐部成绩所带来的公共舆论的影响。

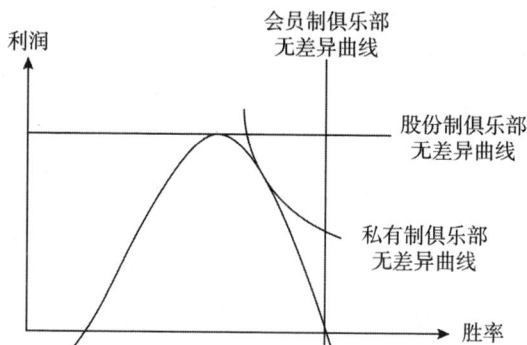

图 4.2　不同组织形式下俱乐部的无差异曲线

在实行股份公司制的俱乐部组织形式中,股东通常不拥有剩余控制权。一方面,尽管股东握有一定的权利,比如投票选举董事会、修改公司的相关章程等,但其投票和选举的权利受到严格的限制:在雇用经理人、制订商业发展计划、决定门票价格、签约球员等方面,股东不具有任何直接的权利。另一方面,股东有着按股份分配的剩余索取权,在俱乐部付清债务、缴纳税款等之后,剩余利润需要在股东之间进行分红。因此,在股权分散的有限公司结构的俱乐部中,这种剩余控制权和剩余索取权的分离,使得作为投资人的股东仅仅需要考虑其投资在经济方面的市场收益情况,而不会直接从关于俱乐部作为市民团体引发的公共舆论中获得正面或负面的效用。在投资者看来,足球俱乐部的股票与汽车制造、化工、银行、保险等其他行业的公司股票并无区别,其一同构成了投资者的多元投资组合的选项,并且与其他行业企业的股票一样,可以在次级市场上进行自由交易。从图 4.2 也可以看出,在股权分散的股份有限公司结构的足球俱乐部中,股东的无差异曲线是与 x 轴平行的直线,并且在绝大多数情况下,其值为利润最大化时的取值。因此,现代匿名股东制度下的职业足球俱乐部,其管理者的首要任务是维护股东的利益,而不是追求球队比赛成绩的最优化。

在会员所有制的职业足球俱乐部中,俱乐部通常是非营利性质的,会员通过民主程序选出有任期限制的管理层。在会员制模式之下,任何俱乐部运营所产生的经济利润都不能进行分配,而只能够重新投入俱乐部的运营中。也就是说,会员制俱乐部的剩余控制权属于全体会员,剩余索取权则根本不存在。因此,会员的效用只会来自球队的表现,以及由此而产生的公共舆论。Dietl 等(2007)指出,在会员制俱乐部中,由会员选举产生的管理者有着过度投入的动机,因为他们并不需要"为俱乐部的财务问题承担责任,相反,一旦赌博性的经营获得成功,他们却可以作为球队光荣历史的重要参与者而被铭记"。因此,在图 4.2 中,会员制俱乐部的无差异曲线是与 y 轴平行的直线。当然,在大多数情况下,会员的预期是俱乐部将所有收入都用于提升球队竞技表现,或承担偿还能力范围内的债务,而很少能接受俱乐部承担破产风险而大幅投入。而在私人所有的俱乐部中,所有者的偏好可能是重视俱乐部的利润,也可能是重视俱乐部的成绩以及其对公共舆论的影响。

此外,我们也需要分析三种组织形式对球迷群体的影响。Stigler 等(1977)认为,消费者从对某一种产品的使用中获得的效用不仅取决于当次的消费,也在一定程度上取决于此前对该商品的"消费积累"(consumption accumulation),也就是之前对同一产品的消费的体验,典型的依赖过往消费体验的产品包括音乐、艺术品、菜肴、酒、文学作品等,可称之为"鉴赏物品"(connoisseur goods)。Adler(1985)在 Stigler 等的"鉴赏物品理论"的基础上指出,过往的消费体验之外,一起参与这种"鉴赏消费"的消费者的意见以及消费过程中的互动也能够在很大程度上影响消费体验。显然,忠于某一球队的球迷是一种典型的符合"鉴赏物品理论"的消费者,一个长期关注某一特定球队的球迷,在观赏比赛,以及其间与其他球迷的互动中,可以获得远高于偶然观赏比赛的观众的消费体验。

这种"鉴赏消费"还会在消费者改变消费习惯时产生影响。Hirschman(1970)在对消费者忠诚的研究中指出,在通常情况下,如果生产者在其提供的产品和服务上未能满足消费者的要求,消费者会选择"退出服务",并转向其他的服务和产品供应者,但消费者对品牌的忠诚度会在很大程度上影响其行为。对于球队的支持者来说,其忠诚度不仅意味着长期观赏球队比赛,也意味着该球迷有着大量的"消费积累";如果他在球队表现低迷时选择改变支持的球队,则长期积累的针对该球队的"消费积累"将无法产生效用,所以,消费者的"退出服务"行为在球迷群体中是极为少见的。Hamil 等(2000)发现,球迷群体倾向于通过"发表意见"来代替"退出服务",而对于会员制俱乐部中那些拥有投票权的球迷来说,更是可以选择投票的方式来支持或反对某一管理者本人或某一球队的发展计划,而无论是选择"发表意见"还是进行投票,其行为本身都会加强消费者的"消费积累"。

因此,在三种组织形式的俱乐部中,会员所有制俱乐部无疑能够让支持者获得最多的"消费积累",因为会员除了长期观赏球队的比赛之外,本身还有着参与决定俱乐部经营的部分剩余控制权,这两个方面的体验都能增加其对俱乐部的忠诚度。对于赞助商来说,这种忠诚度显然是他们希望看到的,并且由于会员制俱乐部的非营利性质,赞助商也不用顾虑自己的投入会被剩余索取权拥有者获取,而是会全部用于发展俱乐部本身。故而,可以预见的是,对会员利益的重视会成为会员制俱乐部和联盟制度设置的主要特点,其表现包括低票价以及低转播价格等(而在转播出售方面,如果转播权采取集体出售的方式,显然公共舆论和会员投票都会约束俱乐部或联盟最大化转播收入的行为,而更多会要求通过公共频道播出;当采取单独出售方式时,情况则较为复杂,本书第五章将对相关问题进行进一步分析);在股份制的俱乐部中,股东利益主导着俱乐部的制度设置,其行为逻辑更倾向于市场化,而并不会顾及球迷群体的利益;在私人所有的俱乐部中,其所有者的偏好会决定俱乐部的行为逻辑,在当前国际资本大举进入欧洲职业足球的背景下,追求获胜和获利的投资人是同时存在的。

在美国,情况与欧洲有着本质的区别。以 NBA 为例,NBA 当前共有30 支球队,分属东部联盟和西部联盟,每个联盟由三个赛区组成。NBA 球队的变动较少,有着强烈的球队历史传承和文化色彩,球迷忠诚度较高,球迷的主场文化较浓厚。球队中,教练员是竞技方面的主要负责人,但出于对商业价值的追求,俱乐部老板和经理通常是重大问题的决策者,尤其是经理,不仅需要负责商业开发和运营方面的工作,还需要花费大量时间在运动员和教练员的选择、雇用和解雇等工作上。每支球队为自身商业价值的最大化做出薪酬、转会、雇用等决策。虽然整个 NBA 联盟致力于实现利益均衡、竞争均衡,但是每支球队有着自己的商业利益追求,可能与联盟利益并不一致。联盟内不同发展水平的球队存在利益差别,导致了资方内部的利益不均衡。

第三节 体育运动协会的行为逻辑

欧洲的足球协会分为地区、国家和洲际三个层级,各个层级的协会负责各自区域内的足球相关事项,根据欧足联的陈述,国家足总协会的功能主要包括以下内容:(1)组织管辖区域内的职业和业余比赛,促进管辖区域内的公民对足球运动的参与,尽力消除因性别、宗教、种族、政治等问题而导致的运动参与歧视;(2)促进草根比赛的发展,并推进积极的价值观,包括公平竞争、反种族歧视以及创造安全的比赛环境等;(3)在不影响比赛本身的情况下,寻求商业方面的发展,并本着团结一致的原则,将通过比赛获得的收入,重新分配和投入管辖内的各级别比赛与俱乐部的发展中,特别注重对亟须支持的地区和协会的帮助;(4)促进反兴奋剂运动的推广,保护传统体育精神、运动员健康以及比赛的公平性。特别地,作为整个欧洲范围内职业足球发展的宏观管理者,欧足联自身的职责还包括以下几条:(1)作为欧洲足球运动发展的代表,恰当地反映不同利益相关者的需求;(2)维持与其他洲际足联的良好合作关系;(3)对涉及欧洲足球发展的议题,有合适的意见反映和决策形成的模式(UEFA,2005)。因此,对于包括地区、国家和洲际层级的足协来说,其所追求的治理目标要远比俱乐部繁杂,其中至少包括公平、平等、团结、职业与业余的共同发展等多个议题,需要领导、服务和改善足球运动涉及的各个方面的利益相关者和各类价值。

此外,如前文所述,在欧洲职业足球的传统治理结构中,科层式的特点十分明显。首先,基于明确区域划分的层级设置模式,规定了各个层级管理机构的治理区域,各层级的足协或足联的主要职责是在其管辖区域内开展促进足球运动发展的相关活动。其次,自上而下的管理模式使得每一层级的管理机构都对下一层级的管理机构有着绝对的管理权。在这一模式下,主体之间不存在分权和合作,俱乐部和球员处于最底部的层级,长期以来只能接受上层主体的管理,而极少参与到规则制定的过程中。与此同时,体育运动本身对公平、平等、统一规则等理念的强调,以及体育精神中对商业化行为天然的排斥,进一步强化了欧洲足球领域内的科层制治理。科层制的组织特征也进一步强化了协会,特别是欧足联这样的洲际层面的协会,对其治理下国家协会以及俱乐部进行管理的力度。

第四节　职业体育联盟的行为逻辑

资本主义市场这一核心制度域对传统欧洲职业足球的影响,除了体现在职业俱乐部组织形式的变化方面之外,还表现在联赛公司的出现。联赛公司最早出现在英国。1992 年,英国足总和英国足球联赛委员会(Football League)通过了《创立会员协议》(*Founder Membership Agreement*),允许英格兰甲级联赛俱乐部单独成立英格兰足球超级联赛,联赛采用完全由各俱乐部控股的公司制,并通过选举产生公司的经营者与董事会,拥有独立于英足总和联赛委员会的商业开发权。英国职业足球管理者在这一阶段的制度设置中建立了清晰的顶级联赛俱乐部(联赛)的产权结构,最大可能地降低了合同的不完全性,并给予俱乐部(联赛)良好的制度激励,为此后英国职业足球产业的迅速发展打下了坚实的政策基础。

不同于英超公司成立所基于的对商业利润的追求,大多数欧洲国家顶级联赛管理机构成立的初衷是加强对俱乐部的财务管理。比如,Ascari 等(2006)在阐释西班牙职业足球发展历史时指出,传统的会员制俱乐部在财务管理,特别是控制支出方面,缺少合适的制度设置,俱乐部极易出现明显的过度开支,从而带来财务上的不稳定,这种情况在顶级联赛俱乐部中尤为明显。西班牙政府因此于 1990 年出台了《体育法 10/1990》(The Ley del Deporte),要求成立西班牙前两级职业足球联赛的管理机构西班牙职业联盟(Liga Nacional de Futbol Professional,以下简称 LNFP),并赋予了LNFP 职业联赛的商业运营权。

类似的情况同样出现在德国,联赛管理公司德国足球联赛协会于2000 年成立,并于同年建立了全资附属子公司德国足球联盟(Deutsche Football League,以下简称 DFL)。DFL 的主要机构包括股东大会、董事会和监事会。从 2001 年开始,DFL 负责德国甲级和乙级联赛的运营,其宗旨是维护和加强职业足球在德国的运作,代表所有 36 支球队处理公众和媒体事务,负责比赛运营与授权、国内和海外的推广。此外,DFL 还负责德甲和德乙电视、广播和互联网的转播分配。

不仅各个国家顶级联赛出现了联赛公司,欧洲范围内的大俱乐部也形成了跨国组织。从本质上来说,这种跨国组织的形成是一种企业在跨国的空间范围内寻求市场垄断地位的行为。从 20 世纪 80 年代中期欧洲国家媒体私有化的影响开始波及职业足球产业,到 21 世纪初职业足球俱乐部新的收入结构基本确立,在经历了十余年的动态发展之后,各国职业足球国内市场格局已然形成,各国的大俱乐部先后完成了在国内市场收入渠道的建构,其国内收入的份额也基本划定。此时,在市场逻辑的驱动之下,俱乐部需要寻求新的经济收入来源,而这种需求也使其试图将经济活动的空间拓展至整个欧洲层面。

事实上,转播技术的发展早已消解了大俱乐部比赛在跨国传播方面的技术屏障,俱乐部在洲际层面的比赛越发体现出巨大的经济价值,如表4.2所示,从 2000 年开始,欧足联在欧洲赛事方面的收入开始快速增长,到2016 年,欧洲赛事给欧足联带来的收入已经超过 21 亿欧元,而且这里面还未包括各俱乐部门票出售方面的收入。

表 4.2　1992—2016 年欧足联欧洲比赛收入

单位:百万欧元

年份	1992 年	1996 年	2000 年	2004 年	2008 年	2012 年	2016 年
收入	40.9	147.3	229.9	855.2	1350.9	1390.9	2123.8

　　在这样的市场化背景之下,欧洲大俱乐部之间自发成立的组织从开始的 G14 集团,发展到后来的欧洲足球会论坛,直到现在的欧洲足球俱乐部协会,其目标一直都是为大俱乐部谋求最大化的利益;而公平竞争这一欧洲现代体育的核心精神,在商业化理念的冲击之下,已然成为大俱乐部追求跨国利润的观念衍化物。因此,联赛(盟)以及大俱乐部组成的跨国组织,其主要行为逻辑是寻求经济方面的可持续发展,特别地,大俱乐部组成的跨国组织还会寻求其对欧洲层面比赛收益的绝对支配权。

第五节　政府的行为逻辑

一、制度逻辑理论中的国家

　　在对政府的行为逻辑进行分析之前,我们需要对制度逻辑理论中"国家"的论域进行一定的论述。在制度逻辑理论中,理论贡献者使用了"state"一词,而非"country"或者"nation"。其本质区别在于,"country"和"nation"更多强调地理或民族意义上的国家,而"state"语义中的国家,更强调其作为一种带有治理功能的政治实体的属性(governing political entity),其核心权力集中于中央政府各机构以及全国性立法执法机构的决策部门(周雪光等,2010)。因此,本研究中的政府,在其所指上对应着制度逻辑理论中的"国家",在讨论之中,既包括美国、英国、德国、法国等传统意义上的国家的相关机构和部门,也包括被认为是"超国家层面"的欧盟层面的相关机构和部门。

二、国家政府的行为逻辑

　　按照制度逻辑理论的观点,国家政府是一种重分配机制,这一机制具有官僚制的控制方式,其行为的主要目标是增加社会福祉,巩固政府的管理者地位。不同国家政府对职业体育的制度扶持主要体现出两种行为逻辑,分别是对职业体育经济价值和社会价值的重视。

（一）职业体育的经济价值

职业体育产业价值的实现，依赖于国家政府在发展经济方面的执政理念，特别是政府对于经济发展中的公平和效率问题的判断，影响到职业体育发展中相关制度的设置。

从整个西方世界，特别是欧美发达国家的发展历程来看，从 20 世纪 80 年代开始，新自由主义的经济思想对各个国家的发展路径产生了深刻的影响。第二次世界大战之后，欧美国家普遍奉行凯恩斯主义的经济政策，这一类政策强调政府对经济的干预和对有效需求的管理，并主导了美国以及欧洲发达国家将近 40 年的国家垄断资本主义发展。但在 20 世纪 70 年代，特别是 1973 年的第一次石油危机之后，整个资本主义世界出现了政府规模膨胀、财政赤字增加、企业税负加重等问题，并引发了高通胀率、高失业率以及低经济增长速度等现象，许多欧美国家陷入了被称为"滞涨"的经济发展困境之中。凯恩斯主义者施行了一系列的诸如区别对待的征税方案、限制工资和物价水平、对失业工人进行培训等措施，但收效甚微。

当时一些发达国家的领导人已经意识到了凯恩斯主义的缺陷。1976年，英国首相卡拉汉（James Callahan）在工党大会中指出："政府曾习惯通过花钱摆脱经济危机，或者靠着减税和扩大政府开支来增加就业。但我现在需要坦白，这个方法行不通了，即使在它曾经管用的时候，它能起的作用也是将更多的通货膨胀注入经济之中，再造成更高水平的失业。"工党于同年制定了货币目标，但之前多届政府的行为积累使得改革难以如预期般顺利，在 1979 年的英国大选中，撒切尔夫人领导下的保守党取代了工党，成为英国新的执政党。而在美国，里根（Ronald W. Reagan）政府也于 1981 年成立。这两个国家的领导者不约而同地选择了新自由主义理论作为制定经济政策的主要理论依据。

Chomsky（1999）认为，新自由主义建立在古典自由主义的理论基础之上，是一个强调以市场为导向，并且包含了企业私有化、价格市场化、贸易全球化等主要观点的思想和理论体系，在这个体系之下，"相当一批私有者能够得以控制尽可能多的社会层面……从而获得最大的个人利益"。新自由主义包括了众多学派的思想与理论，其中，影响最大的是以哈耶克（Friedrich A. Hayek）为代表的伦敦学派、以弗里德曼（Milton Friedmann）为代表的货币学派，以及以卢卡斯（Robert E. Lucas, Jr.）为代表的理性预期学派。总体而言，在经济方面，新自由主义的政策取向主要包括三个方面。一是自由化，哈耶克指出，自由是经济效率的前提，"若想要社会停滞不前,最好的办法莫过于为人们生活的各个方面设置各类平均标准(average standard),或者仅容许成功者达到略微高于平均标准的程度,这在人类历史上屡见不鲜"(Hayek,2013);二是私有化,在新自由主义者看来,私有化是让人们"能够以个人身份来追求个人目标和需求"(Hayek,2009),这就充分地保证了人们对自身利益的追求,进而成为推动经济发展的基础;三是市场化,新自由主义者反对国家以任何形式干预经济发展,而将市场视作配置资源的唯一的有效手段。在自由化、私有化和市场化的经济思想的影响之下,新自由主义的政治理论毫无疑问地走向了否定公有制、否定社会主义以及否定国家干预的理论路径之中。

实际上,新自由主义的兴起适应了当代资本主义从国家垄断向国际垄断发展的需要,把自由化、私有化以及反对国家干预等在 20 世纪 30 年代已被证明会导致经济危机的思想进行重新的系统化和理论化。Harvey(2005)指出,新自由主义者"不过是换了一种说法,用'个人自由''人权'等概念作为理论发展的基础……并以此主导了新的资本主义全球化"。从20 世纪 80 年代开始,由美国和英国主要推进的新自由主义经济模式,开始在跨大西洋的经济整合发展中发挥主导作用,发达国家的右翼政党陆续成为执政党,并且在 90 年代后逐渐引领了国际垄断资本的全球一体化过程。

尽管如此,在欧洲国家,特别是西欧主要发达国家之中,政府对新自由主义经济模式的态度仍然存在区别,这种区别体现在各国政府不同的政治文化之中。英国是最早也是最彻底地推进新自由主义经济改革的国家之一,从 20 世纪 70 年代末开始,撒切尔政府摒弃了对原有体制框架内的修补,以全新的制度安排来改变社会经济发展的路线。私有化是撒切尔政府进行经济调整的重要方面,是政府改变其经济战略的关键步骤。Wiltshire(1987)将撒切尔政府的私有化方式概括为四条:(1)把国有化企业以及公共机构的所有权转移到私人手中;(2)在国有企业及公共机构中引进竞争机制;(3)为降低成本,取消了原先由公共部门所执行的功能,或承包给私人企业;(4)原先由公共部门免费提供的服务向公众收费。

与英国政府相似的是美国政府。在美国,政府不直接参与职业体育相关制度建设,对职业体育发展主要起宏观调控的作用。市场调控自身是有缺陷的,制度的发展难免受到市场自身局限性的影响,政府主要通过法律法规、行业规范、管理条例等对联赛进行规制。虽然没有特定的针对职业体育的法律制度,但仍存在大量影响职业体育薪酬制度的法律规范,例如《谢尔曼法案》《美国 1913 年税法》《联邦贸易委员会法》《国家劳工关系法》

等,都与球员薪酬制度演进的方向密切相关。在市场经济下,政府不能直接干预联赛具体事务,因此,具体制度的演进受政府影响有限。在诸如NBA工资帽等职业体育薪酬制度的演进过程中,政府只是一个外部引导力量。

相比英国和美国,德国从一开始便在新自由主义的道路上谨慎许多。尽管部分学者把作为德国社会市场经济模式理论渊源的弗赖堡学派归于新自由主义理论阵营之中,但其理论的原则和主张还是与哈耶克等人的理论有着明显的区别,弗赖堡学派理论主要贡献者欧根(Walter Eucken)明确提出了国家干预经济的必要性,建议政府实施多元所有制的政策主张,并指出国家的干预重点在于限制利益集团、整饬经济秩序以及促进经济与社会政治系统化三个方面(Eucken,1989)。对德国经济模式进行研究的学者普遍认为,德国的政治经济体现出典型的"管制资本主义"的特点,国家(联邦政府和地方政府)倾向于对产业发展中可能出现的不良发展进行纠偏,包括经济发展中的一些短期行为、生产或消费所带来的外部效应、可能引发社会冲突的不合理的收入与财产分配现象、与国家的宏观目标(充分就业、稳定价格水平、国际收支平衡以及适度经济增长等)产生偏离的现象等。在这样的政治和经济环境之中,德国职业足球的管理者也倾向于以长期、健康与公平的发展思路解决职业足球产业发展过程中的问题,而德国政府也通过政策设置对这一发展理念进行了确认和巩固。

王鹤(2007)根据欧盟主要成员国在公平与效率方面的发展状况,区分了四种经济发展模式:公平与效率俱佳的北欧模式,主要包括斯堪的纳维亚半岛的丹麦、瑞典、芬兰等国家;公平好、效率略差的欧洲大陆模式,包括德国、法国、比利时、荷兰、奥地利和卢森堡等国家;效率较好、公平差的盎格鲁—撒克逊模式,包括不列颠半岛的英国、爱尔兰等国家;公平与效率都差的南欧模式,包括南欧的意大利、西班牙、葡萄牙和希腊等国家(见表4.3)。

表4.3　欧盟国家经济模式分类

经济模式		效率	
		低	高
公平	高	欧洲大陆模式	北欧模式
	低	南欧模式	盎格鲁—撒克逊模式

资料来源:王鹤(2007)

不同国家政府的执政模式在很大程度上影响了其国内职业足球的发展。一方面,政府对私有化的态度,决定了各个国家媒体私有化以及俱乐部私有化的进程,从而影响了职业足球的产业化;另一方面,政府对公平和效率的兼顾与否,又决定了其在转播出售、收入分配、联赛运营等方面的制度设置。本书在后续章节将详细讨论不同国家政府在相关制度方面的设置。

(二)职业足球的社会功能

职业足球除了具备极高的产业价值之外,也因其特殊的核心价值而具备了社会功能。在对职业足球社会功能的阐释中,一个重要的方面是,现代民族国家的理念与现代体育的获胜最大化逻辑的结合,对政府行为选择产生的影响。

现代国家的研究者普遍认为,民族国家的建构是现代化的重要标志。对民族国家的理解需要分别从民族与国家这两个概念出发。按照 Anderson(1983)和 Smith(1986)的定义,民族是一个在伦理、领土、语言等方面有着强烈的文化共性以及统一的符号体系的社会集体(social collective),该社会集体中的人群通常也具有种族方面的统一性;而国家,按照 Weber(1958)的定义,则是指在一定的地理范围内,对一定的人群施行统治的制度装置(apparatus)。Lerner 等(1960)指出,在现代化的过程中,欧洲国家抛弃了传统的以神权为基础的政治理念,而将民族自治与国家政权相结合,创造了一种 Anderson(1983)所谓的"想象的共同体",赋予新的国家伦理上的正当性,带来了民族国家这一现代社会主要的国家存在模式。在这种模式中,民族提供了整合了文化意识形态的集体认同,而国家提供了对内和对外的治理与安全。为了不断巩固其存在,民族国家政府的管理者通常会有大量强化意识形态的行为,主要包括通过教育、宣传以及与其他民族国家进行对抗等形式,凸显本国文化对内的一致性和包容性,以及对外的相对于其他民族国家的独特性,从而加强国民对于自身"共同命运"(shared fate)(Anderson,1983)的认识。Pickering(2001)称这一过程"既是强调统一的,又是突出对立的",在这一过程中,国家内部的矛盾和冲突可以在民族主义的语境中被淡化,而各种社会资源在有效动员之下持续地流向政府设定的领域。

在欧洲,现代体育的发展与现代民族国家的崛起具有很强的同步性,毫无疑问,在前文所述的欧洲现代体育的"体育精神"中,天然地包含了球队对其所代表的民族或国家的象征意义。人们对于自身所属的民族与国家的认同感,在观看比赛的过程中可以得到不断地巩固和强化,这种效果不仅在球队获得胜利时存在,即便是一场惨痛的失利,也时常能够被渲染出悲剧式的感染力。同时,将体育比赛作为民族国家之理念宣传工具的优势还在于,政府可以利用体育比赛本身具有的消费产品、娱乐活动、社会现象等多重属性,根据宣传的需要,将人们对体育比赛的解读控制在适当的语义范畴内:在一般情况下,保证其影响力的边缘足以触碰到人们对民族与国家的认同感,而又不会触发过于激进的民族主义情绪;在有特殊政治需要的时期,又可以将其化作强有力的民族主义的宣传工具,从而实现国民凝聚力的快速提振。

除了通过与其他国家球队的比赛提升国家认同感之外,体育还可以对内发挥"民主化效果"(De Knop 等,1998),也就是通过体育比赛这一非暴力的对抗方式,提供社会矛盾宣泄的出口,使得国家内部的对立情绪得到缓解。现代民族国家的研究者(Rex,1995;Theophanous,2011;等等)认为,"族群认同"(ethnic identity)是现代民族国家内部的主要矛盾,其原因在于,在民族国家的大概念之下,仍然存在着许多异质性的亚层次或低层次认同,包括血缘、宗族、地域、阶层、人种等方面。相比于民族国家所提倡的"共同命运"式的身份认同,族群认同更为具体和真实,因此,不同的人群围绕着这些认同形成了各自的族群,而族群之间的差异性在现代国家发展过程中的不断扩大,造成了族群之间矛盾的产生和对抗的出现。特别地,欧洲范围内的许多拥有独立民族的地区,如英国的苏格兰地区,以及西班牙的加泰罗尼亚地区等,在现代民族国家形成的过程中,由于种种历史原因未能建立起独立的民族国家,而是被迫归属于某个由其他民族所建立的民族国家中央政府的管理之下,尽管其中部分地区已经拥有一定程度的自治权,但其地区的人民依然有着强烈的建立独立民族国家的情结,部分地区的民族独立运动甚至持续至今。而这些地区的球队,包括地区性的代表队以及具有一定历史和影响力的体育俱乐部(特别是足球俱乐部),也因此而承载了该地区人民对于独立民族国家的乌托邦式的幻想。在这样的社会背景下,中央政府对地区俱乐部运营的支持,或者是允许地区性质的代表队出现在国际大赛中(如同属英国的苏格兰、威尔士、北爱尔兰等独立民族地区,以及塔希提、开曼群岛、法罗群岛等欧洲国家的殖民地,都可以派出地区代表队参加世界杯等国际赛事),可以将原本可能在其他方面体现的民族独立情绪引导至体育比赛的宣泄渠道之中,提供一种有效的社会冲突的缓解方式。

英国政府在其 2011 年发布的《英国足球治理报告》(*Football Governance*)中阐明:足球比赛,不论是职业俱乐部之间的联赛,还是国家队之间的比赛,其影响不仅仅体现在作为人们日常生活中消费的文化产品和休闲服务,更在于对教育、健康、社会融合等各个方面所带来的深刻影响。多位社会学和体育学的学者也发现,职业体育产业所产生的社会效应的补偿性差异较为显著,地域归属感、民族自豪感、社会和谐程度等促进国家内部和谐与稳定的非市场化收益指标,在职业体育发达的国家和地区,相比其他地区大都呈现出较高水平。因此,体育比赛在整合民族国家内部文化、消解内部矛盾以及区别外部文化等多个方面,都可以起到其他社会文化活动难以比拟的作用。

从 20 世纪 80 年代末期开始,欧盟的快速发展以及随后的苏联解体,使得意识形态全球化的思想一度压制了包括民族国家在内的多种强调社会意识形态冲突的理论,部分研究者(Ohmae,1995;Appadurai,1998;等等)甚至指出,民族与族群、阶级等传统意识形态的消亡已经不可遏制地发生,而民族国家的政治体制也已经到了消失的边缘,取而代之的是资本投资、产业化、消费等围绕现代市场而发展出的理念。但是,历史的发展并没有按照这些学者的设想进行,欧盟发展中不断出现的欧洲国家之间的矛盾,以及全球范围内依然存在的大量的国家或地区之间由民族、族群或阶级问题引发的对抗,使得研究者再次意识到这一系列理念的重要性。Robinson(2004)和 Falk(2005)先后指出,即便在全球化市场的时代,将一切事物商品化的价值取向也未能如部分人所预料的那样,成为消弭国家界限、阶级对立、族群差异等的共同价值观,这些理念依然在很大程度上影响着政府在政治和经济等方面的决策,并且这种影响将会持续较长时间,而欧洲各国政府对于体育在意识形态维护方面的重视也不会在短时间内消失。

因此,除了在不同的经济发展策略下针对职业体育发展进行的相关制度安排之外,本研究所论及的部分欧美国家也都在职业体育领域实施了诸多扶持性政策。如西班牙政府对职业足球的两次国家援助、意大利和德国政府对职业足球俱乐部场馆建设的巨额投入、英国的足球信托基金等,都是通过补助、税收、政府担保等方式,降低了作为准公共品供给者的职业足球俱乐部的供给成本,使得国民能够更好地享受职业足球赛事,同时也更好地履行了政府补助准公共品的职能。在本研究后续部分所论及的多数制度设置方面,政府的制度干预都体现出了对职业足球社会影响力的充分考虑。

三、欧盟的行为逻辑

欧盟被大多数研究者认为是全世界范围内实施区域一体化的跨国组

织的典型。Hix(1999)等将欧盟的发展战略概括为五个方面:(1)提供统一的内部市场,并确保其中的竞争自由受到保护;(2)平衡经济增长与价格稳定,在充分就业和社会进步的高度竞争性社会市场经济和高水平保护与改善环境质量的基础上致力于欧洲的可持续发展;(3)促进科学与技术进步;(4)同社会排斥和歧视现象进行斗争,促进社会正义、男女平等、代际团结,保障儿童权利;(5)促进经济社会和地方联结以及成员国之间的团结。正是由于欧盟的存在,政府机构对欧洲体育的管制同样体现在跨国层面,这也成为欧洲职业足球发展过程中的一个重要影响因素。

结合欧盟对其管理区域内国家的经济与社会发展目标的定位,研究者(Tokarski 等,2004;Garcia,2011;等等)普遍认为,欧盟政府与欧洲职业足球之间的关系较为复杂,主要可以归结于三个方面。首先,从历史方面来看,直到 2007 年《里斯本条约》(*The Lisbon Treaty*)签订(2009 年正式生效),欧盟才有了可以直接适用于体育方面的基本条款,而在之前的几十年时间里,欧盟在处理与体育相关的问题时,并没有可以直接依据的条款,每次制度干预都需要通过单独的判例实施。其次,从组织本身的复杂性来看,由于欧盟是一个超国家和多机构的组织,在其决策过程中,需要充分协调各国家和机构对体育问题的看法,从而必然经历较为繁复的过程才能完成一次制度干预。最后,从组织行为的逻辑来看,欧盟对体育相关问题的判断标准主要涉及两个方面,即体育作为社会—文化活动的影响,以及体育作为产业的经济价值,这也要求欧盟必须在充分考虑其特殊性后再进行制度干预。

事实上,从研究者对欧盟与体育之间关系的分析中可以看到,无论是历史方面还是组织本身的原因,其根源都是体育作为社会—文化活动的性质,与其在 20 余年来愈发凸显的产业性质之间的对立和统一。20 世纪 90年代之前,由于体育产业化程度较低,而体育组织本身的非政府属性和非营利性又决定了其对体育作为社会—文化活动而产生的影响会给予高度关注,这种关注与欧盟本身的目标重合,因此,早期欧盟对体育的制度干预很少。20 余年来职业足球产业的快速发展,以及欧盟在欧洲一体化的目标下不断强化的单一欧洲市场理念,使得欧盟越来越多地对职业足球相关经济问题进行制度干预。这些制度干预的出发点是关于经济的,但欧盟内部各机构,如欧洲法院(European Court of Justice)、欧盟委员会(European Commission)以及欧洲议会(European Parliament)等,也会围绕体育的不同属性进行"针对制度干预的干预"。

因此,本研究在剖析欧盟的行为逻辑时,基于职业足球作为社会—文化活动和经济活动的双重属性,选择从发展社会文化和促进欧洲一体化两个方面进行阐释。从社会核心制度逻辑的角度来看,这两个方面也是市民团体与资本主义市场两大社会核心制度域在跨国层面的拓展。

(一)作为社会—文化活动的职业足球

1997 年,欧盟委员会在《阿姆斯特丹条约》后的《体育宣言》(*Declaration on Sport*)中指出,体育的重要性体现在其巨大的社会影响力上,特别是在形成身份认同和团结民众方面。因此,欧盟委员会对体育方面的问题"因其特殊性而给予专门的考虑"。1999 年,欧盟委员会向欧洲理事会(成员国首脑级)提交了《赫尔辛基体育报告》(*Helsinki Report on Sport*)。在报告中,欧盟委员会表示,在处理体育相关问题时,需要在整个欧盟法规政策的框架下,"从维护欧洲传统的体育结构,并保持欧洲的社会功能的视角……对体育在教育、文化、社会等方面的影响给予充分的考虑"(European Commission,1999)。2007 年,欧盟委员会发布了《欧盟体育白皮书》,明确提出,以职业足球为代表的欧洲职业体育,在促进公共健康、推进青少年全面发展、增强公民意识、加强社会融合与社会平等、抵制种族主义与暴力、发展对外交流以及促进可持续发展等七个方面起着重要的作用,并将其归类为"体育的社会角色"(the social role of sport)。在同年签署的《里斯本条约》中,欧盟第一次正式将体育相关问题写入条款中。欧盟委员会指出,"(欧盟政府)需要对推进欧洲的体育相关问题发展做出贡献,在这个过程中,欧盟会充分考虑体育的特殊性,特别是体育治理结构、志愿者行为以及体育对社会的意义和教育功能……(欧盟)需要着眼于整个欧洲层面而发展体育,推进体育竞赛中的公平和开放,以及体育治理主体之间的合作,保护运动员特别是青少年运动员道德的完整性"。

(二)职业足球与欧洲一体化

洲际层面政府机构的存在是欧洲政治的重要特征。图 4.3 显示了1965 年《建立欧洲各大共同体统一理事会和统一委员会的条约》(*Treaty Establishing a Single Council and a Single Commission of the European Communities*)发布以来,欧洲层面机构变化的大体情况,从早期先后出现的欧洲煤钢共同体(European Coal and Steel Community,以下简称ECSC)、欧洲经济共同体(European Economic Community,以下简称EEC)以及欧洲原子能共同体(European Atomic Energy Community,以下简称 EAEC),到 1967 年成立的欧洲各大共同体(European Communities,以下简称 EC),再到 1993 年《马斯特里赫特条约》(*Maastricht Treaty*)通

过后正式成立的欧盟,欧洲层面的政府机构逐渐从贸易实体转变为经济和政治联盟,其对欧洲国家制度影响的强度和广度也不断提升。

尽管欧盟不断地增加其成员国数量,扩大其在欧洲的影响力,但由于一系列历史与文化方面的原因,许多欧洲国家,特别是东欧国家,仍然没有加入欧盟。在这样的背景下,欧盟需要通过一些其他方式来扩大自身的影响力,并加快欧洲一体化的进程。拥有 55 个成员国的欧足联在其治理区域的幅员、人口等方面远超仅有 27 个成员国的欧盟,因此,欧盟在施行欧洲一体化的过程中,可以通过欧足联这样的组织,来最大化其制度的波及范围,从而加快整个欧洲一体化的进程。

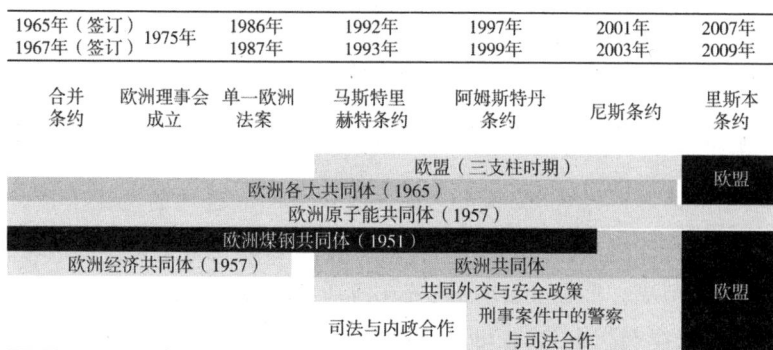

1965年（签订） 1967年（签订）	1975年	1986年 1987年	1992年 1993年	1997年 1999年	2001年 2003年	2007年 2009年
合并 条约	欧洲理事会 成立	单一欧洲 法案	马斯特里 赫特条约	阿姆斯特丹 条约	尼斯条约	里斯本 条约

欧盟（三支柱时期）　欧盟
欧洲各大共同体（1965）
欧洲原子能共同体（1957）
欧洲煤钢共同体（1951）
欧洲经济共同体（1957）　欧洲共同体
共同外交与安全政策　欧盟
司法与内政合作　刑事案件中的警察与司法合作

图 4.3　不同时期欧洲层面的顶层机构变化

因此,欧盟通过实施针对职业足球的相关法律政策,对各国政府制定和实施相关制度进行一定的干预,从而加快欧洲一体化的进程。从法律实施的角度来看,作为一个超国家组织,欧盟的法律效力优先是其组织内各成员国必须遵守的基本原则。对于违反欧盟条约的政策或行为,无论在该国法律中是否有规定,欧盟法律都可以适用;如果该类政策或行为得到了欧盟委员会的豁免,则成员国管理者不得再依据国内法律对其予以禁止;而在欧盟委员会的调查过程中,成员国管理者也必须暂时中止其法律程序,直到委员会做出判决之后再议。

在体育方面,尽管欧盟早在 1974 年就有专门针对体育的判例,但当时并未在判决中进行过多干预。欧盟第一次通过法律对职业足球(体育)进行干预是 1995 年的博斯曼转会案,自此以后,欧盟多次介入职业足球各方面的管理之中。研究者普遍认为,欧盟的政策法规对职业足球产业的影响主要表现在三个方面:内部市场、合理竞争、国家援助。表 4.4 列举了欧盟针对职业足球产业的主要案例及判决。

表4.4 20世纪90年代后欧盟关于职业足球的主要案例及判决

关注领域	主要案例	判决要点
内部市场	博斯曼转会(1995);里昂球员转会费(2008)	取消合同到期球员转会费制度;球员国籍限制根据情况适当调整;禁止针对不涉及体育的球员培养项目收取转会费
合理竞争	欧洲冠军联赛转播(1999—2003);德国足球联赛转播(1999—2005);英国足球联赛转播(2002—2004)	尽管可能存在对已有欧盟条约的违背,但在考虑足球运动特殊性的前提下,不反对集体出售转播权,前提是合同年限、转播场次等方面达到一定的要求
国家援助	法国政府补助(2001);意大利俱乐部财务政策(2004)	对涉及公共福利的政府补助予以认可,而较多涉及经济领域的行为则需进一步审核

资料来源:根据相关文献整理

从以上内容可以看出,尽管已有多次针对职业足球的法律干预,但欧盟委员会并没有形成固定的干预模式,也不会轻易对职业足球是否违反欧盟条约做出判决。事实上,欧洲法院在博斯曼转会案判决后曾指出,"……(在相关的法律判决中)很难彻底地割裂职业足球在经济方面与体育方面的关联"(Van den Bogaert,2005)。欧盟委员会指出,在考虑体育的附加价值的前提下,未来参考欧盟条款制定的体育方面的政策应是基于事实的政策制定,对欧盟内部各个国家涉及体育的案例判决也应当予以具体分析,而不能简单地参考相关判例进行决断;并且,欧盟委员会鼓励各国进行有益于实践的交流(Commission of the European Communities,2007)。

正因为欧盟在制度上相对宽松的规制,各国可以根据国内的政治体制、经济状况、技术水平、自然资源等因素制定和实施相应的政策,这也造成各国在政策导向性、政策实施方式和手段上存在着一定的差异,这些差异在很大程度上决定了其国内职业足球产业发展的不同路径。

第六节 小 结

本章在前文分析的基础上,进一步探讨了各国职业体育各主体的行为逻辑,包括俱乐部、协会、联赛(盟)以及政府等。首先,俱乐部的行为逻辑在资本主义市场逐渐渗透职业足球的过程中发生了巨大的变化。原本普遍存在于各国职业体育领域的会员制俱乐部日益减少,而公司制已成为欧洲俱乐部的主要组织形式。具体到行为逻辑上,私有制、股份制以及会员制俱乐部又呈现出不同的特征。其次,协会在很大程度上保留了市民团体的属性,其行为更多注重成员的共同利益,但在洲际和国际层面,足联组织在演进过程中形成了科层制的特征,其行为也日渐官僚化。再次,传统意义上仅作为赛制存在的联赛,在市场化过程中逐渐实体化,成为由各俱乐部共同成立的公司,其行为目标是实现联赛经济价值的最大化。最后,在政府层面,各国政府对职业体育经济价值的认同,会受到其施政模式的影响,而由于职业体育所具备的特殊社会功能,各国政府会重视对其发展的扶持;在欧盟层面,欧盟政府既将职业足球视为促进欧洲一体化发展的手段,也将其视为实现欧盟社会稳定的工具。

第五章　职业体育转播制度

第一节　职业体育与媒体转播

在全球范围的体育职业化和商业化过程中，媒体，尤其是电视媒体，起到了主要的推动作用。一方面，媒体为体育比赛提供了极为广阔和便捷的传播渠道。在媒体进入体育赛事之前，体育比赛的存在受到"在场可得性"（presence availability）（Giddens，1990）的限制，即体育比赛为特定的时间下发生在特定地点的活动，空间延伸度极低，具体场景长期局限于面向在场者的直接呈现。而现代媒体的诞生，使得体育比赛可以延伸至从体育场馆中分离出的几乎无限的"虚化的空间"中，从而创造或增强了媒体覆盖地域内的观众与体育运动员、运动队等之间的各种社会关系，"在场可得性"不再是体育比赛导致社会关系形成的关键限制条件。在更为广泛的空间和时间之中得到延展的体育比赛，也为运动员、俱乐部等主体带来了更大的影响力和受众市场，从而获得了更多的关注和高额的转播收入，并由此带来商业赞助等多方面收入的提高。根据国际足球联合会（Fédération Internationale de Football Association，以下简称 FIFA）的统计，在观众人数方面，仅 2010 年南非世界杯决赛的现场电视转播，在全球范围内就有 9.09 亿的累计观众人数（FIFA，2010）。此外，根据普华永道会计师事务所（PwC，2019）的统计，作为全球最大的体育市场，北美体育产业市场的规模已达到 710 亿美元。其中，媒体版权收入已经在 2017 年正式超越门票销售额，成为北美体育产业最重要的细分市场，超过了 200 亿美元。另一方面，体育的影响力也促进了媒体的发展，观众愿意向转播体育比赛的媒体支付节目费来观赏高水平的体育赛事节目，而广告商也愿意向其支付广告费，从而在比赛中播出产品广告。根据尼尔森公司的调查，从 2010 年第四季度到 2011 年第三季度，美国所有电视台广告总收入的 26％来源于体育比赛中播出的广告。因此，体育经济学和社会学的研究者经常使用"联合体"（complex）来描述媒体与体育的关系，比如，"体育—媒体联合体"

(sports-media complex)(Jhally,1989;Helland,2007)、"体育—媒体—贸易联合体"(sports-media-business complex)(Evens 等,2013)以及"媒体—体育—文化联合体"(media-sports-culture complex)(Rowe,2004)等。"联合体"最早是由美国前总统艾森豪威尔(Dwight D. Eisenhower)提出,他在1961 年用"军工联合体"(military-industrial complex)来描述军队和工业企业之间的关系(Adams,1968)。后来,"联合体"一词被用于描述两种产业之间因关系密切而同时发展和获利的情况。毫无疑问,体育产业和媒体产业之间的关系符合"联合体"所描述的情况。

在职业体育领域,电视转播规模的大幅增长也同样带动了整个产业由单一的传统结构向商业化的现代结构的转型。Budzinski 等(2008)对职业体育产业收入来源进行了分类,提出了职业体育俱乐部的五个主要收入来源,包括:球迷购买现场比赛的各类门票,转播方购买比赛内容的电视转播权,广告客户购买球场、球衣、训练场等各类广告空间,球迷购买俱乐部特许经营的周边产品,以及他人租用比赛场地。他们进一步指出,电视转播不仅给俱乐部带来了高额的转播收入,还在推动其他收入提升方面发挥了巨大的作用。

因此,本研究首先对各国职业体育的转播制度变迁进行考察,根据之前提出的分析框架,本章包括以下几个部分的内容:职业体育早期转播制度状况、转播制度的初始变迁动力、转播制度设置的经济学分析、各主体的行为选择及其对转播制度变迁的影响、转播制度变迁的特征分析。

第二节　早期各国职业体育转播制度

一、公共服务电视制度

与本研究之前所论及的欧洲现代社会以及现代体育的发展过程相似,"市民团体"的理念也对欧洲电视业的发展产生了深远的影响。这一源于古希腊奴隶主民主制度的理念,在近代欧洲中产阶级兴起的过程中得到了发展,并在之后欧洲不断兴起的社会运动影响下,逐步渗透进欧洲国家的市民意识和现代政治制度之中,其表现包括政府在制度设计中对公共利益的重视(如公共福利、公共服务等制度)以及公众对政治的积极参与等。Habermas(1962)认为,"公共"的理念代表着一种独立于政府的、允许人们在其中以平等的社会个体身份进行自由的交往的时间和空间的存在。

Rawls(2001)则认为,公共概念的核心在于"公共理性",它决定了现代社会的基本道德与政治价值,因而也就直接影响了民主政府与其公民之间的关系,以及公民与公民之间的关系。

不同于现代体育发展中与公共理念的逐渐融合,20世纪50年代电视在欧洲出现时,公共理念便已根植于其中,电视频道(包括其播出的内容)虽然在技术上被视为稀缺资源,但在社会理念上已被视为公共资源,属于全体人民。同时,第二次世界大战的历史也使得各国政府认识到媒体在影响意识形态方面的作用,以及避免政治权力利用媒体的必要性。在此基础上,包括英国、德国、法国在内的欧洲主要国家都形成了一种"具有欧洲特色"的公共服务电视广播(public service broadcasting,以下简称PSB)制度。英国学者Price等(2003)概括了欧洲公共广播电视体制的三个基本特性,即普遍性、多样性、独立性。普遍性强调广播电视能够让其所在国家的每一位公民都收听(看),这是一种象征着公平和民主的公共资源,不能因为公民在政治或者经济地位上的不同而区别对待;多样性强调节目设置的丰富性以及目标群体的多元化;独立性则要求电视广播不受政府或者商业机构的控制,能够让各方观点和意见得到自由表达。Evens等(2013)进一步细化了PSB的准则,包括但不限于:(1)电视节目应当覆盖全国范围;(2)电视节目应当考虑社会各个群体的观赏需要,特别是少数群体与弱势群体;(3)电视节目的传播者(broadcasters)需要对其与国家认同和社会的特殊关系有足够的认识,并致力于推进这两者的发展;(4)电视节目的传播者应坚持独立性,与特权阶层特别是政府保持距离;(5)电视媒体的发展资金应当来源于公众,而不是特定的个人或群体。

在公共服务电视广播时代,这些准则在欧洲的大多数国家都得到了很好的体现,欧洲政府的管理者秉持"公共空间"和"公共理性"的理念,将电视广播作为一种促进市民文化和民主表达的工具,认为一切形式的政治权力都不应当直接参与电视台的运营和内容的选择。政府和学者在不同场合都表示了对这一问题的认同。英国政府认为广播电视服务的地位和职责应该符合公共服务的原则,并明确规定英国广播公司(British Broadcasting Corporation,以下简称BBC)的主要职责是"维持市民社会的准则、维护公民的权利、传递国家的形象"(Department for Culture,Media and Sport,2006)。Levy(2004)指出,即便是欧盟委员会试图影响成员国的广播电视业,也会被视为带有重大政治意义的阴谋。这种公共性也可以从各国的治理机构对公共电视台播出广告的制度约束上反映出来。如表5.1所示,本研究主要考察的几个职业足球发达国家,不管是公共频道还是私人频道,其广告播放时间都有着严格的限制，特别是在公共频道之中，对广告时间的管制相当严格。

表 5.1　欧洲部分国家电视频道广告时间管制

国家	广告时间管制
英国	BBC 不允许播放广告；Channels 4[1] 以及 ITV 每小时可以播出 7.5 分钟广告；BSkyB[2] 每小时可以播出 9 分钟广告
德国	公共频道每天播出广告不超过 20 分钟，私营频道每小时不超过 12 分钟
意大利	公共频道平均每小时可以播出 2.4 分钟广告，最多不超过 7.2 分钟；私营频道平均每小时可以播出 9 分钟广告，最多不超过 10.8 分钟
西班牙	公共频道每小时播出广告不超过 2.3 分钟；私营频道每小时不超过 12 分钟

注：[1] ITV，独立电视台（Independent Television）。

　　[2] BSkyB，英国天空广播公司（British Sky Broadcasting）。

资料来源：根据各国电视台网站信息整理

二、早期各国职业体育转播制度安排

　　尽管早在 20 世纪 30 年代欧洲部分国家便开始进行个别场次的足球比赛转播，但在有限的频道资源以及严格的内容管制之下，直到 50 年代中后期，足球才开始有规律地出现在欧洲国家的电视播出内容中。然而，当时几乎所有欧洲电视台都是公立或国有性质，在私营媒体被禁止运营的转播市场上，这些公共媒体处于绝对的买方垄断地位，是否转播、转播时间长度以及转播费用的多少，决定权都掌握在公共电视台手里。

　　德国是最早开始播出足球节目的国家。1958 年，联邦德国国家电视台（Arbeitsgemeinschaft der Rundfunkanstalten Deutschland，以下简称 ARD）与德国足协达成协议，每个月播出不超过两场的德国俱乐部比赛（Mikos，2006）。1961 年，ARD 又开始播出《本周比赛》（Sportschau）节目，内容主要是一些比赛的进球集锦。1963 年，德甲联赛正式成立；同年，德国第二公共电视台（Zweite Deutsche Fernsehen，以下简称 ZDF）也开始播出《体育实况》（Das Aktuelle Sport-Studio）节目。ARD 和 ZDF 于 1965 年与德国足协达成新的协议，两家公共电视台每周各获得 3～5 场录播的比赛内容，并向足协支付一定的转播费用。表 5.2 显示了 1965—1988 年德国公共电视台支付的转播费用。

表 5.2　德国联赛 1965—1988 年部分转播合同

单位:百万马克

赛季	总额
1965—1967	0.1
1967—1968	0.8
1968—1969	1.7
1969—1970	2.3
1974—1975	3.6
1979—1980	5.9
1984—1985	10.0
1987—1988	18.0

注:数据来源于 Evens 等(2013);部分年份数据缺失

在法国和英国,类似的情况同样存在。法国职业足球的转播始于 1968 年。尽管俱乐部和足球管理机构获得了自主出售比赛内容的权利,但由于法国电视一台(French Television 1,以下简称 FT 1)、法国电视二台(Antenne 2)以及法国电视三台(France 3,以下简称 FR 3)等三家公共电视台对转播市场的垄断,转播价格一直处于较低的水平。例如,1978 年 FT 1 转播法国足球甲级联赛时,其转播合同仅为每年 30 万法郎(约合 5 万欧元)(Jeanrenaud 等,2006)。在英国,1964 年,BBC 第一次在周六晚播出英格兰足球联赛的集锦类节目《今日比赛》(*Match of the Day*),BBC 因此向当时负责联赛运营的英格兰联赛委员会(League Committee)支付了 3000 英镑的费用,由四级联赛的 92 个俱乐部平均分配,每家约 34 英镑。如表 5.3 所示,直到 1988 年之前,英国联赛的转播合同价值都处于较低的水平。

表 5.3　英国联赛 1983—1988 年转播合同

年份	合同年限	转播方	合同总额/百万英镑	年平均/百万英镑	场次	场均/百万英镑
1983	2	BBC/ITV	5.2	2.6	10	0.3
1985	0.5	BBC	1.3	2.6	6	0.4
1986	2	BBC/ITV	6.3	3.1	14	0.2
1988	4	ITV	44.0	11.0	18	0.6

Todreas(1999)将这一历史阶段称为"电视台垄断时期"。在职业体育发展较早的美国,随着数字电视技术和私营媒体的发展,这一阶段在 20 世纪 70 年代末结束。美国广播公司(American Broadcasting Company,以下

简称 ABC)、全国广播公司(National Broadcasting Company,以下简称 NBC)、哥伦比亚广播公司(Columbia Broadcasting System,以下简称 CBS)以及稍晚成立的福克斯广播公司(Fox Broadcasting Company,以下简称 Fox)和美国娱乐与体育节目电视网(Entertainment Sports Programming Network,以下简称 ESPN)等 5 家全美最大的媒体集团,从 20 世纪 70 年代开始便垄断了美国绝大部分的体育转播市场,向职业体育联盟支付了高额的转播费。占据美国体育转播市场最大份额的 NFL,在 1982—1985 年与 ABC、NBC 和 CBS 签订的转播合同金额已经达到 14 亿美元,即便是商业化进程相对滞后的 MLB,在整个 70 年代的单赛季转播收入都能够达到千万美元以上,在 80 年代更是实现了快速增长,在 1990 年时,其转播年收入已经超过 6 亿美元(见图 5.1)。

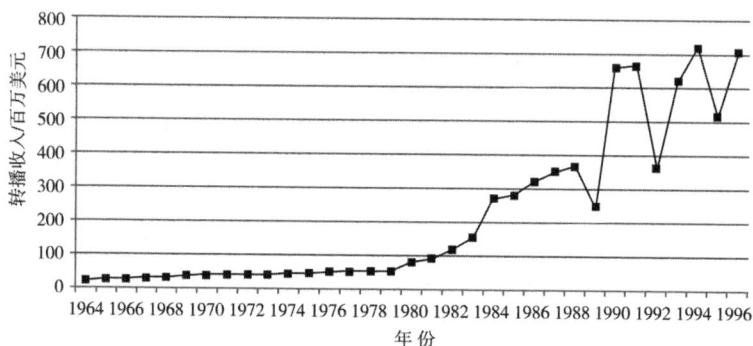

图 5.1　1964—1996 年美国职业棒球大联盟电视转播收入

但在欧洲,公共电视台的垄断一直持续至 20 世纪 90 年代初期。如前文所述,在这一时期,欧洲职业足球俱乐部的主要产品是在体育场内进行的比赛,主要经济来源为比赛门票收入,以及少量转播收入、政府补助和当地企业赞助。该模式被职业体育研究者称为 SSSL 模式(spectator-subsidy-sponsors-local,即"门票—补助—赞助—本地政府支持"模式)(Andreff 等,2000)。以英国为例,1974 年英国甲级和乙级联赛的 44 家职业俱乐部年平均营业收入为 87.2 万英镑,其中门票收入为 72.9 万英镑,其余收入来自政府补助或商业赞助。到了 1988 年,这两项收入分别增长到 127.8 万英镑和 114.7 万英镑,收入最高的曼彻斯特联队,在 1987—1988 赛季的收入为 757.7 万英镑,其中门票收入为 477.5 万英镑。相比之下,在 2013—2014 赛季,即便是英超联赛排名末位的加迪夫城队(Cardiff City),仅国内转播方面就获得了 6270 万英镑的收入。

第三节 媒体私有化与转播双边市场的形成

一、媒体私有化后的欧洲职业足球

与大多数产业的发展相似,欧洲职业足球产业的快速发展也源于技术和制度的变革。在技术上,电视转播技术,特别是付费电视(pay TV)技术的成熟,使得职业足球比赛产品的大范围传播和有偿获得成为可能;在制度上,从 20 世纪 70 年代末开始,主张贸易自由化、价格市场化和私有化的新自由主义经济思潮逐渐在欧洲主要国家兴起,欧洲主要国家陆续对本国经济进行调整。事实上,在大多数欧洲国家施行新自由主义政策的初期,职业足球的问题远远排在经济改革的重要问题之后,但各国政府的一系列发展经济的政策对日后欧洲职业足球的发展产生了极其深远的影响,特别是各国右翼政府普遍大力实施的国有企业私有化改革中对广播电视和电信领域的结构性改革,致使封闭多年的欧洲电视行业开始向市场开放,在数年之后给整个欧洲职业足球带来了新生。

从 20 世纪 70 年代末期开始,在欧洲的大部分地区(东欧地区除外),商业广播电视的开放使得私人电视台的数目快速增加,公共电视台逐渐失去对电视业的垄断地位。这种变化最先发生在意大利,在接下来的几年中,德国、英国、西班牙、法国等国的电视行业陆续实现了不同程度的私有化。意大利宪法法院于 1976 年裁定了私人开办地区性商业广播电视的合法性;德国联邦法院于 1981 年裁定私人可以经营广播电视,到了 80 年代中期,商业广播电视已经形成了与公共广播电视鼎立的格局;比利时政府于 1982 年开始允许开办私营商业广播电视;法国政府于 1982 年允许开办私营商业广播电台,1985 年第一个私营商业电视台 Canal+ 开始运营,而较为全面的私营商业广播电视的法律框架也在 1986 年得到进一步确立。英国、荷兰、挪威、西班牙等国家的私有化和商业化则较晚进行。

在私有化的初期,各国的审查制度依然对私营媒体的播出内容有着严格的控制,而职业足球比赛因其受众群体的广泛性和自身内容的特殊性,成为各私有电视台竞逐的稀缺资源。体育媒体的多位研究者(Tonazzi,2003;Gratton 等,2007;Evens 等,2013;等等)指出,体育比赛,特别是足球比赛,拥有多个方面的特征,使得其成为电视转播中极受欢迎的内容。第一,它是一种具有强烈的时效性的内容,大多数观众对直播比赛的不确定性有着巨大的兴趣,直播的体育赛事具有不同于普通录制播出节目的吸引力。第二,体育比赛的可替代性非常低。考虑到体育比赛的类型、参与球队和运动员之间的差异,一旦观众形成了观赏某一球队的习惯,其他电视内容对体育比赛的替代性是极低的。第三,比赛本身具有稀缺性。高质量的体育比赛无法进行简单复制,有一定影响力的比赛大多是经过长时间的发展而形成的经典赛事,具有很强的稀缺性。第四,相比于其他受欢迎的节目,体育比赛不仅具备健康的节目内容,还能吸引更为广泛和相对固定的观众。特别地,Messner 等(2005)指出,体育比赛节目的主要观众群体包括消费能力突出的青少年以及中年男性群体。这一特征正符合许多广告商的期待。研究者(Pope 等,2000;Koo 等,2006;Biscaia 等,2013;等等)发现,在大型体育赛事中,包括汽车、饮料、服饰、酒类等主要针对青少年和中年男性的消费品广告的投放可以显著地提升目标群体对品牌的认知、购买意向以及忠诚度等。第五,体育比赛的安排具有很强的计划性。大多数具有影响力的体育比赛,组织者都能够提供准确的比赛时间安排。对于转播方来说,这样的计划性为他们安排播出时间提供了很大的便利;对于观众来说,这也有利于养成观看的习惯。

职业足球所具备的这些有利于转播方播出和吸引广告商的特征,使得它们很快成为电视台争相竞逐的节目资源。以法国为例,在媒体私有化开始不久的 1990 年,法国的 4 家主要的公共电视台和私营电视台(TF 1、Canal+、Antenne 2 以及 FR 3)全部购买了法国职业足球比赛的节目内容,而法国全部电视台当年收视率最高的 40 个节目中,足球比赛直播便占据 9 个。

二、体育转播双边市场的形成

对体育转播双边市场的认识是理解体育转播制度变迁的基础。体育经济学者(Szymanski,2006a;Noll,2007;Budzinski 等,2011;等等)普遍认为,职业体育赛事转播是一个双边市场(或多边市场),存在着"比赛权所有者—转播方""转播方—观众""转播方—广告客户"等多对供求关系,主要包括上游市场和下游市场两个部分。上游市场指比赛所有权市场,转播方作为比赛转播权的购买者,与比赛转播权所有者进行谈判,支付转播费并获得相应比赛内容的转播权;下游市场是转播和广告收入市场,转播方则是比赛内容的出售者,通过向观众出售比赛内容(包括付费点播、付费频道等形式)获得节目费,并向广告客户出售观众的注意力,从而收取广告费。图 5.2 展示了双边市场的供求关系。

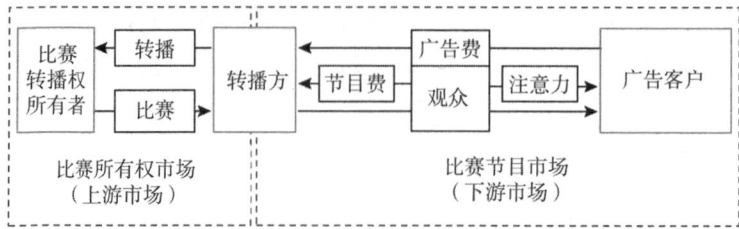

图5.2 体育比赛转播的双边市场

转播制度的设置同时存在于这两个市场。在上游市场,主要涉及的问题包括单独或集体谈判制度、转播收入分享制度、转播独占性制度等;在下游市场,主要涉及转播收费制度、跨国转播制度等。Szymanski(2004,2006a,2006b)对美国和欧洲职业体育转播的双边市场进行了分析,总结出了两种体系之间的差异(见表5.4)。

表5.4 欧洲与美国职业体育转播市场主要差异

比较维度	欧洲	美国
主要运动项目	相对单一	多项
项目管理组织	国家—洲际—国际协会、联赛	俱乐部联合管理的独立联盟
竞赛形式	国内联赛、杯赛、洲际赛事	单一联盟内的比赛
俱乐部目标	偏向胜利最大化	偏向获利最大化
跨国转播	欧盟市场	国内单一市场
转播方	国有、公共、私营电视台并存	私营电视台

资料来源:Szymanski(2004,2006a,2006b)

Andreff(2008)在双边市场理论的基础上进一步分析了职业体育转播市场的类型,并分析了每种市场中转播权出售价格与观看转播比赛价格的变化。在上游垄断市场(monopoly,或称卖方垄断市场),单一的比赛转播权所有者向多家相互之间存在市场竞争关系的转播方出售非独家转播权。这种情况下,比赛转播权出售者的收入最高,消费者观看比赛的价格也最高,典型的情况包括国际奥委会(International Olympic Committee,以下简称IOC)出售奥运会的转播权、国际足联出售世界杯比赛转播权等。在下游垄断市场(monopsony,或称买方垄断市场),多个比赛权所有者向单一的转播方出售独家转播权。这种情况下,比赛的转播权收入降低,观看比赛的价格可能较高。在媒体私有化之前,欧洲大多数国家的国有电视台处于市场垄断买家的地位,而在媒体私有化普及之后,下游垄断市场在职业体育发达国家已经较为少见。在下游寡头垄断市场(oligopolistic monopoly),单一的比赛转播权所有者向有限个数的购买者出售非独家转播权。这种情况下,比赛的转播权收入低于第一种情况,但观看比赛的价格最低。这在欧美国家较为常见,尤其是在联赛(盟)集体出售转播权的情况下。在双边垄断市场(bilateral monopoly),单一的比赛权所有者向单一转播方出售独家转播权,这种情况下,比赛的转播权收入通常低于第一种情况,而观看比赛的价格与下游垄断市场相似。

Andreff(2008)同时指出,在任何一种市场之中,比赛转播权出售者和购买者的谈判能力都会起到一定的作用,特别地,谈判能力的决定因素往往不只存在于直接进行交易的双方的经济层面,而且还会涉及间接主体的经济和政治力量。除此之外,双边市场中的各主体行为,还会受到国家和欧盟层面的相关政府机构的管制,这就意味着,对转播制度变迁的考察需要充分考虑各主体的行为逻辑。

第四节　转播权出售制度

在职业体育转播市场化的过程中,俱乐部和联赛管理者首先面临的问题是选择转播权的出售方式。在大多数职业体育发达国家的实践中,转播出售包括单独出售和集体出售两种方式,前者是指各球队或俱乐部自主出售主场比赛电视转播权,后者则是指联赛(盟)内所有球队达成协议,由某一特定组织负责出售所有比赛的电视转播权,并对转播出售的收入实行一定方式的分配。需要注意的是,拥有比赛转播单独出售权的几支球队之间,也可以通过达成协议而进行小规模的集体出售,但通常情况下,仅当该联赛(盟)内所有球队都参与到同一个集体出售协议时,该联赛(盟)才会被认为实行转播集体出售制度。

一、转播权出售制度的经济学分析

Noll(2007)认为,在职业体育联盟中,集体出售转播权并进行收入分享,是平衡联赛球队实力的有效方式,但同时他也指出,集体出售可能会导致垄断方面的问题,其本身也并不是收入分享的必要条件。从经济学的角度来说,值得分析的问题是,何种出售模式能够给出售者带来更高的转播收入。我们通过经济模型以及交易成本理论来分析这个问题。基于多位学者(Cave 等,2001;Szymanski,2006b;Tainsky,2009;等等)分析职业体育转播问题的经济学模型,我们假设转播方对比赛的需求为 q_r,且 q_r 为价格 p_r 的函数:

$$p_r = \alpha - \beta q_r \qquad (5.1)$$

对于所有球队来说,无论是选择单独出售还是集体出售,在转播设备、场地要求等方面可能出现的开支都是相等且相对固定的,因此,我们将其视为固定成本。在集体出售制度之下,由于市场上只存在一个卖家,出售者处于卖方垄断的位置,在不考虑固定成本的情况下,交易中卖方只需要确定出价最高的一个或多个买方,因而可假设出售方所承担的、主要以谈判的交易费用形式存在的出售比赛的边际成本为 0,也就是说,联赛(盟)作为整体,每多出售一场比赛的边际成本不变且为 0,此时,利润最大化的均衡点是边际收入为 0 处,根据公式 5.1,总收入 $p_r q_r$ 有最大值时,p_r 和 q_r 取值分别为:

$$p_{r1} = \frac{\alpha}{2}, q_{r1} = \frac{\alpha}{2\beta} \qquad (5.2)$$

而在俱乐部单独出售转播权的制度安排之下,俱乐部(球队)是分散的决策个体时,必须与转播权的购买者进行单独谈判。此时,在转播市场上会形成一个契约网络,有关交易的可编码化信号会构成一种非人格化交易模式,表现在职业体育领域里,就是产品的相关信息(通过球队的排名、阵容、比赛双方近期表现等反映的产品质量)以及观众相关信息(通过收视统计等方式测量而获得的偏好和需求)在买方与卖方之间的自由传递,以及买方和卖方基于这些信息而进行的有限次数的重复博弈。值得注意的是,相比于其他产业,职业体育比赛的相关信息公开程度很高,上述球队排名、阵容、表现等信息的不对称极少会在转播权的出售和购买方之间存在,因此双方在交易过程中的重复博弈也只会进行非常有限的次数。对于转播方来说,其可以结合球队的相关情况以及观众的收视选择,在很短的时间内做出购买选择,并且在绝大多数情况下,其选择都是指向有大俱乐部参加的比赛的集合。

因此,在单独出售制度之下,大俱乐部出售比赛的谈判成本依然接近于 0,但是对于比赛质量处于劣势,且很难通过制造信息不对称而获得交易优势的中小俱乐部来说,从集体出售到单独出售,意味着其所处的垄断市场转变为完全竞争市场,在谈判中需要面对相似水平的俱乐部所提供的比赛的竞争,出售比赛的谈判成本显然大于 0。此时,如果将联赛(盟)内所有球队视为一个整体,对所有比赛按照转播价值进行排序,并假设转播方按照转播价值递减的顺序做出购买选择,则在出售比赛时,会出现两个比赛集合,分别是垄断市场比赛(大俱乐部参加的、在单独出售与集体出售制度下谈判成本都接近于 0 的比赛)、完全竞争市场比赛[中小俱乐部参加的、在集体出售制度下由联赛(盟)决定而在单独出售制度下面临完全竞争市场的比赛]。垄断市场比赛的数量少于完全竞争市场比赛,其在单独出售制度下的交易情况与集体出售制度下相似,而在完全竞争市场比赛的交易中,由于中小俱乐部之间的竞争必然会导致大于 0 的交易成本,假设交易成本分摊至所有比赛的出售上,则每场比赛的平均价格等于主要由谈判成本构成的比赛成本,假设其值为 φ,此时:

$$\alpha - \beta q_r = \varphi \tag{5.3}$$

因此,在均衡点时,有:

$$p_{r2} = \varphi, q_{r2} = \frac{\alpha - \varphi}{\beta} \tag{5.4}$$

相比集体出售制度下的比赛价格和数量:

$$p_{r1} = \frac{\alpha}{2}, q_{r1} = \frac{\alpha}{2\beta} \tag{5.5}$$

仅当 $\alpha < 2\varphi$ 时,集体出售才会带来低价格和高数量。事实上,α 是转播方购买第一场比赛的边际价格,在一般情况下,必然有着极大的取值,使得 $\alpha > 2\varphi$ 能够成立。而在 $\alpha > 2\varphi$ 的情况下,如图 5.3 所示,单独出售转播权时,交易的均衡点在 E_2,此时价格等于成本 φ,出售比赛的数量为 q_{r2};而在集体出售时,交易均衡点在 E_1,此时价格为 p_{r1},而出售比赛数量为 q_{r1},$p_{r1}q_{r1} > p_{r2}q_{r2}$。因此,我们可以发现,在单独出售的情况下,出售比赛的数量会上升,而价格会下降,总收入会少于集体出售制度下的情况。

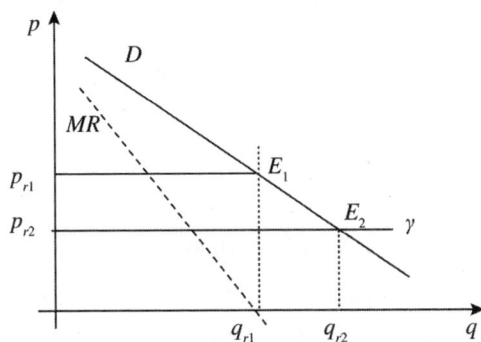

图 5.3 集体出售与单独出售电视转播权

此外,需要注意的是,导致总收入变化的主要是中小球队之间的比赛;也就是说,中小球队在单独出售制度下会以较低的价格出售更多的比赛,从而使得总收入降低。考虑到大球队在单独出售情况下必然会减少其比赛转播收入分享,我们可以推断,单独出售导致的结果除了联赛(盟)转播总收入的降低,还有中小球队收入的降低和大球队收入的提高。

综上,可以发现,相比单独出售,集体出售制度可以给联赛(盟)带来多个方面的优势。第一,这一选择赋予了联赛(盟)在上游市场中的卖方垄断地位,避免了完全竞争市场中各俱乐部通过单独谈判达成契约的情况,从而降低了主要表现为谈判成本的交易成本,提高了比赛出售的平均价格,实现了转播权出售收入的最大化。第二,集体出售转播权使得联赛(盟)在一定程度上可以自主选择转播比赛的场次,便于其根据现场比赛上座率的变化情况调整转播内容。第三,集体出售可以避免单独出售中大球队通过其强势的谈判能力在转播权谈判中挤压小球队生存空间的情况,并通过转播收入的再分配调整各队的收入差距,在一定程度上有利于维持职业体育的竞争均衡。因此,集体出售转播权是实现联赛(盟)作为整体收益收入最大化,并维持联赛(盟)内各球队竞争均衡水平的合理制度选择。但选择集体出售而不是单独出售制度,也可能会给其他主体带来福利损失。一方面,集体出售制度下,联赛(盟)会对比赛数量和价格获得控制权,如果观众选择观看相同数量的比赛,则需要支付更高的转播费,而在支付相同的转播费的前提下,只能收看较少的比赛。对于观众来说,这无疑是一种福利损失;相比之下,单独出售制度可以使得观众获得更多的观看选择和支付更低的观赏费用。另一方面,从俱乐部的角度来说,如果存在收入再分配机制,则大俱乐部的收入在集体转播制度下会下降;而如果实行单独出售制度,则中小俱乐部的收入会下降。

二、转播权出售的核心问题:产权归属

在从经济学角度分析了职业体育比赛转播权出售制度的相关问题之后,我们可以看到,从本质上来说,这是一个产权归属的衍生问题。《新帕尔格雷夫经济学大辞典》将产权解释为"一种通过社会强制实现的、对特定的经济物品之用途进行选择的权利"(约翰·伊特韦尔等,2016)。Furubotn等(1972)分析了通过产权获得收入的四种典型模式:一是使用物品,并限制他人对物品的使用,二是从对物品的使用中获得利润,三是改变物品的性质,四是按照自身的意愿出售物品以获得利润。Barzel(1997)在此基础上提出了经典的产权的三项基本内容,即对物品的使用权、转让权以及收入权。显然,在职业足球转播权方面,无论比赛内容所有权是归属于俱乐部、协会还是其他比赛相关主体,其最终目的都是对比赛内容进行转让,因为这些主体本身并不具有通过转播比赛获得收入的能力,也无法从观看比赛中获得收益;因而,收入权和使用权对作为比赛主体的比赛内容所有者来说,并不具有太大的实际意义,而对于商业性质的转播方来说,能够在多

大程度上获得对比赛内容独占性的所有权则至关重要,如果多个转播方同时拥有比赛转播权,显然会影响转播方的收入。因此,确定转播权出售制度的关键在于,明晰谁拥有通过转让比赛内容而获得收入以及对收入进行分配的权利。

综合多位研究者(Haynes,2007;Szymanski,2009;等等)的论述,对职业体育比赛转播权归属的判断主要包括四种观点。首先,如果参考要求比赛现场观众购买门票的逻辑,比赛场地的所有者显然拥有在其场地上进行的比赛的转播权。其次,比赛球队的所有者也可以是比赛转播权的拥有者。在欧洲,主队的所有者和比赛场地的所有者通常为同一个人或组织,在这种情况下,不会产生转播权所有者归属的矛盾。然而,如果转播权完全归属于主队,则客队肯定会认为制度存在不公平,作为比赛生产者之一,客队也应当获得至少一部分的转播权。这一问题通常是通过联赛内各球队协商而解决。在欧洲,球队之间一般在各自主场拥有比赛的收入权。再次,球员也可以是转播权的所有者。球员的肖像权,即依法禁止他人在没有得到许可和(或)支付费用的前提下使用个人的形象的权利,是这一观点形成的主要依据。在职业体育的发展过程中,球员和俱乐部在这一观点上达成了共识,即球员作为个体的肖像权归属于球员本人或由球员指定的代理人,而由多位球员构成的球队的形象,其肖像权归属于球队(Haynes,2007)。最后一种关于转播权归属的观点认为,体育比赛的组织者是此权利的拥有者。当比赛组织者同样是球队或运动场的所有者时,这一观点显然是成立的,然而很多情况下,体育比赛的组织者并不拥有球队或者运动场,而只是运动项目的管理机构(如足协)或各球队共同组建的管理机构(如联赛公司),此时,转播权归属于组织者的观点显然无法成立。

因此,对于俱乐部来说,大俱乐部和中小俱乐部对于不同出售方式的态度会产生较大的区别。大俱乐部倾向于单独出售转播权,从而获得更高的转播收入;中小俱乐部则倾向于集体出售转播权,从而缩小与大俱乐部之间的收入差距。对于俱乐部所组成的国家或洲际足球协会来说,由于其本身的公共性,当它拥有联赛的比赛内容的转让权和收入权时,选择集体出售并进行一定程度的收入分享,能够最大限度地实现转播出售外部性的内部化;特别地,在欧洲,几乎所有国家的足协都会从联赛转播权的出售中获得相应部分作为运营费用,其具体形式包括支持公益基金发展、提供青少年体育经费等。因此,协会的制度选择必然地指向集体出售。对于联赛(盟)来说,集体出售可以获得最大化的转播收入,这些收入在经过适当的再分配之后,可以在一定程度上维持联赛(盟)中各支球队之间的水平均衡,从而提高联赛(盟)的竞争程度,并带来更多的观众和收入。因此,联赛(盟)的制度选择同样必然地指向集体出售。对于政府的相关机构来说,一方面,如前文所述,集体出售可能构成垄断行为,产生卖方垄断的市场,对合理的市场竞争秩序的形成造成阻碍;另一方面,强制施行的集体转播制度也可能对俱乐部的相关权利造成损害。因此,不同国家的政府相关机构会在大俱乐部、中小俱乐部、观众、联赛(盟)整体等主体利益之间进行选择和平衡,这必然会是一个各主体之间不断博弈的过程。

三、各国转播权出售制度的具体安排

在私有电视台进入职业体育转播市场的初期,几乎所有国家的职业足球俱乐部和联赛(盟)管理者都选择了集体出售转播权。其主要原因在于,在转播市场开放的初期,作为个体的俱乐部尚未具备单独进行转播权出售谈判的能力和经验,在市场中与媒体进行有效的转播谈判的成本极其高昂;而传统上作为联赛(盟)管理者的协会,天然地成为转播谈判的主体,则可以节省许多交易成本。

然而,由于俱乐部之间在转播安排偏好、球队水平以及其他禀赋方面存在着不可避免的差异,当球队独立谈判能力逐渐提升,而市场上有出价能力的媒体数量不断增加之后,球队单独出售转播权的愿望会愈发强烈,集体出售转播权初始阶段各支球队达成的默契也会渐渐失去其约束作用。此时,不满集体出售制度而试图终止合同的大俱乐部逐渐出现,而联赛(盟)、协会以及国家和欧盟政府,也会围绕着这一系列问题进行博弈并形成相关的制度设置。

(一)美国

在美国,早期的职业比赛转播谈判是由各支球队单独进行的。1950年,美国橄榄球大联盟(National Football League,以下简称 NFL)的洛杉矶公羊队(Los Angeles Rams)和华盛顿红皮队(Washington Redskins)成为最早出售整个赛季全部比赛转播权的两支球队。在单独出售制度实施一段时间之后,联盟逐渐意识到集体出售的重要性。1953 年,NFL 试图进行转播权的集体出售,但美国政府认为此举违反了《谢尔曼法》(Sherman Act),构成了卖方垄断的商业行为,限制了俱乐部之间的竞争。直到 1961年,美国政府出台《体育转播法》(Sports Broadcasting Act),对职业体育联盟提供了反垄断豁免,允许其进行转播权的集体出售(Gratton 等,2007)。

自此以后,美国各大职业体育联盟成为转播市场中的垄断卖方,开始

与电视台签订集体转播协议。占据美国体育转播市场最大份额的 NFL 在 1982—1985 年与 ABC、NBC 和 CBS 签订的集体转播合同金额已经达到 14 亿美元,而 2014—2021 年的集体转播合同价值更是达到了 426.5 亿美元;MLB 在 20 世纪 70 年代的单赛季集体转播收入已经达到千万美元以上,在 20 世纪 80 年代之后又实现了快速增长,在 1990 年时,其集体转播合同的价值已经超过每年 6 亿美元,而其与 ESPN、Fox 以及特纳广播公司 (Turner Broadcasting Station,以下简称 TBS)签订的 2014—2021 赛季转播合同金额总值已经超过了 105 亿美元(Shakstad,2014)。

值得注意的是,美国职业体育联盟中,各队还可以在一定的地理区域内进行有限制的单独出售。例如,在 NBA 中,除了联盟选择一部分比赛,与大电视台签订的全国转播集体协议外,各支球队还可以将未纳入全国转播协议的比赛出售给当地电视台,并在以球馆为中心、半径 70 英里的范围内进行比赛直播。显然,这种制度安排的多样性更符合美国的地理特征,也在一定程度上提高了美国职业体育联盟商业开发的水平和稳定性 (Anderson,1994)。

(二)英国

在英国,政府的相关机构倾向于支持集体出售转播权。自 1992 年英超联赛成立之后,联赛现场比赛的电视转播权一直采取集体出售的形式,由英超公司统一负责转播权的谈判。1999 年,英国公平贸易办公室 (Office of Fair Trading)曾向英国限制贸易行为法庭(Restrictive Practices Court)起诉英超联盟,认为英超联盟集中出售电视转播权的行为属于垄断,减少了球迷作为消费者可能看到的比赛数量,并造成转播价格的上涨。限制贸易行为法庭驳回了起诉,认为英超联赛作为一项服务产品,是由各个俱乐部共同生产的,单个俱乐部出售转播权不能体现整个联赛的价值;此外,集中出售转播权的价格高于各俱乐部单独出售的价格,且转播收入可以在各俱乐部间进行较为均衡的分配,以保持联赛的吸引力与竞争强度,这又从另一方面保障了消费者的利益。此后,虽然英超联盟的集体出售转播权行为又数次受到质疑和起诉,但英国政府一直采取支持的态度,并没有强制更改集体出售转播权的模式,而只是在参与竞价的电视台数目、转播合同年限、每赛季转播场次以及转播节目形式等方面提出要求。

英国政府针对集体出售转播权制度的政策干预,体现了对职业足球管理者的市场化行为的支持。如表 5.5 所示,从 1992 年英超联赛成立开始,其每一赛季的电视转播收入都高于同时期欧洲其他国家联赛的电视转播收入。此外,如表 5.6 所示,在海外转播收入方面,英超在近年来也实现了大幅度的增长。

表 5.5 英超联赛 1992—2016 年转播合同情况

合同年份及转播方	赛季转播量/场次	转播合同价值/亿英镑			
		国内现场比赛	国内集锦	海外	单赛季平均
1992—1997 年	60	1.9	0.2	0.4	0.5
转播方[1]		Sky	BBC	多个	
1997—2001 年	60	6.7	0.8	1.0	2.1
转播方		Sky	BBC	多个	
2001—2004 年	110	12.0	1.8	1.8	5.2
转播方		Sky	ITV	多个	
2004—2007 年	138	10.2	1.1	3.2	4.9
转播方		Sky	BBC	多个	
2007—2010 年	138	17.1	1.7	6.5	8.4
转播方		Sky/Setanta	BBC	多个	
2010—2013 年	138	17.7	1.7	14.4	11.3
转播方		Sky/ESPN	BBC	多个	
2013—2016 年	154	30.2	1.8	20.0+[2]	17.0～20.0
转播方		Sky/BT	BBC	多个	

注:[1]表中所列转播方,Sky,英国天空电视台;Stetanta,爱尔兰塞坦塔体育台(Stetanta Sports);ESPN,娱乐与体育电视网(Entertainment and Sports Programes Network);BT,英国体育电视台(BT Sports)。

[2]由于海外转播谈判涉及转播方较多,尚未达成全部协议,这里仅为估算值。

资料来源:根据英超官方网站资料整理

表 5.6 英超 2010—2016 年部分海外转播权出售情况

单位:百万英镑

国家	2010—2013 年	2013—2016 年
美国	42	157
中国	31	38
印度	28	91
新加坡	190	190
泰国	38	202
越南	6	22
韩国	30	32

国家	2010—2013 年	2013—2016 年
印度尼西亚	25	50
日本	22	30
马来西亚	65	139

资料来源:根据英超官方网站资料整理

(三)西班牙

在西班牙,政府于 1990 年出台了《体育法 10/1990》(*The Ley del Deporte*),一方面,要求成立西班牙前两级职业足球联赛的管理机构西班牙职业足球联盟(Liga Nacional de Futbol Profesional,以下简称 LNFP),并允许 LNFP 对职业足球联赛的转播权进行集体出售;另一方面,要求所有西班牙职业足球俱乐部改制为有限责任的公共体育公司,而皇家马德里、巴塞罗那、毕尔巴鄂竞技以及奥萨苏纳四家职业俱乐部由于财务状况良好,仍旧保持其会员制俱乐部的体制。在该法案出台之后,西班牙职业联盟与 Canal+ 以及部分公共性质的地方电视台达成了 1990—1998 年的集体转播协议,该协议总额约为 540 亿比塞塔(约合 3.25 亿欧元),包括了甲级、乙级联赛以及西班牙国内杯赛的相关内容。

然而,在 1993 年,西班牙竞争法庭(the Spanish Competition Court)宣布集体转播权出售为非法,从 1993—1994 赛季开始允许俱乐部单独出售转播权(Evens 等,2013)。自此以后,西班牙所有职业足球俱乐部均单独出售电视转播权。作为西班牙影响力最大的两家俱乐部,位于西班牙中央政府所在地马德里市的皇家马德里俱乐部,以及位于加泰罗尼亚自治区首府巴塞罗那的巴塞罗那俱乐部,在单独出售转播权的机制下,占据了西班牙国内转播收入的主要部分。以西甲官方公布的 2018—2019 赛季电视转播收入分配为例,两家俱乐部分别获得超过 1.5 亿欧元的比赛转播收入,而转播收入最少的是韦斯卡俱乐部,仅获得 4420 万欧元。

(四)意大利

在意大利,1999 年之前,与大多数欧洲国家类似,意大利职业足球的电视转播权由意大利职业足球联盟(Lega Calcio)统一出售,这也是传统的足协治理模式的延续。1996 年,意大利政府实施了《586/1996 法案》(*Law 586/1996*),解除了其在 1981 年发布的《91/1981 法案》(*Law 91/1981*)中对职业俱乐部不允许盈利的限制,允许职业体育俱乐部进行商业化的运作,俱乐部的利润也可以不用全部使用于发展体育事业。意大利政府允许职业俱乐部商业化运营的政策,提升了大俱乐部对潜在经济收入的期望,也引发了职业足球利益相关者对转播收入所有权的博弈。

1999 年 1 月,意大利政府反垄断部门(Italian Antitrust Authority)通过了《十五号法案》(*Decree Law No. 15*),允许所有的职业足球俱乐部直接与转播方进行电视转播权的谈判。多位意大利足球的研究者认为,单独出售转播权政策的实施是政府迫于大俱乐部及其背后的利益集团的压力所致。如表 5.7 所示,意大利顶级联赛俱乐部大多数由国内家族企业或个人控股,特别是控制大俱乐部的贝卢斯科尼家族(famiglia Berlusconi)、洛蒂托(Claudio Lotito)、阿涅利家族(famiglia Agnelli)等,在意大利国内拥有较强的经济和政治影响力。

表 5.7 2012—2013 赛季意甲俱乐部主要控股者

主要控股者	俱乐部数量/个
本土家族企业	8
本土个人	9
本土个人与本土企业共同控股	1
外资企业	2

资料来源:根据相关资料整理

单独出售转播权造成了意大利职业足球俱乐部之间转播收入差距日益加大、职业联赛整体转播收入相比其他联赛增速放缓的情况。2006 年,意大利政府对部分大俱乐部控制职业联赛的行为进行了司法介入,并于 2007 年通过了《106/2007 法案》(*Law 106/2007*),规定从 2010—2011 赛季起,联赛转播权必须以集体谈判的方式由意大利职业足球联盟统一进行出售,并且制定了削减大俱乐部转播收入而增加中小俱乐部转播收入的分配办法。从现实情况来看,这一政策的实施带来了两个方面的效果,首先,电视转播的整体收入出现了大幅的增长,在转播权单独出售的 2009—2010 赛季,意甲联赛的国内转播总收入为 7.63 亿欧元,而在恢复集体出售转播权的 2010—2011 赛季,转播总收入则达到了 9 亿欧元。其次,在总体转播收入增长的同时,收入分配也更为合理,在 2005—2006 赛季,整个意甲转播收入的 52% 由排名前四的球队获得,而在集体转播制度实施的第二年,即 2012—2013 赛季,排名前四位的球队转播总收入比例下降到了 36%,球队之间的收入差距得到了大幅度的减小。至 2018—2019 赛季,尤文图斯以 8500 万欧元的分成占据排行榜首位,其次是国际米兰的 8300 万欧元,AC 米兰、那不勒斯和罗马俱乐部也各自分得超过 7000 万欧元的收入。获得最低分成的弗洛西罗内和恩波利俱乐部分别有 3600 万欧元和 3900 万欧元的分成,收入最高球队的分成只是收入最低球队分成的 2.4 倍(Deloitte,2019)。

(五)欧盟对职业足球集体转播出售的制度干预

在职业足球产业的迅速发展之下,职业足球比赛的相关媒体产业成为产业内部乃至欧盟经济的一个重要组成部分。然而,在欧盟层面,《欧盟运行条约》(*The Treaty on the Functioning of the European Union*,以下简称 TFEU)将媒体的相关问题归到了文学和艺术创造,以及文化和语言多样性的类别下;仅有的具有约束力的欧盟法案《视听媒体服务指令》(*Audiovisual Media Service Directive*)只适用于在欧盟范围内建立和运营媒体的权力方面,除了前文所涉及的重要赛事方面的条例之外,并不涉及其他方面的问题。因此,时至今日,涉及职业足球的团结一致、比赛所有权以及多样性的问题,更多的规制还是处于国家层面。尽管如此,在欧盟竞争法方面,却有着大量的应用于媒体部门的判例,包括反垄断、兼并控制以及国家援助等方面,欧盟的这一系列判例及其应用,构成了欧洲层面对职业足球转播制度的约束。总体而言,欧盟主要有过三次有影响力的判决,分别是针对欧洲冠军联赛(UEFA Champions League)、德国足球联赛以及英国足球联赛。

2003 年,欧盟对欧洲冠军联赛的转播提出了一系列要求,主要包括四个方面:(1)电视转播权必须公开招标;(2)对不同的内容实行分别计价,允许多个转播方购买;(3)有限的转播合同时间(不超过三年);(4)不得制定任何涉及自动延长转播期限的条款(Ungerer,2003)。在欧盟委员会的干预之下,欧足联修改了原先的转播出售制度,主要包括五个方面:(1)欧足联保持针对欧洲冠军联赛比赛直播的集体出售权,主要转播内容分为两个直播包,提供给转播方选择;(2)对于没有被转播方挑选的比赛内容,欧足联有优先出售的权利,当欧足联未能在规定日期之前出售比赛内容时,各俱乐部获得这些比赛内容的出售权;(3)新的转播合同将为新媒体提供获得播出内容的机会,包括网站、移动媒体运营商等通过网络进行传播的各类媒体;(4)俱乐部作为个体,首次获得独立开发延迟播出的比赛、过往比赛的录像等内容的权利;(5)欧足联不会签订超过三年长度的转播合同,并且会通过公开招标选择合适的转播方(European Commission,2003)。

2005 年,欧盟对德国职业足球联赛集体出售的相关制度进行了规制,主要包括五个方面:(1)联赛的转播权需分拆为不同的转播包,通过公平的竞价过程出售,任何转播协议不得超过三年期限。(2)对于转播包的具体分类,规定如下:第一和第二转播包为现场直播内容,必须同时面向免费和付费频道进行招标;第三转播包为免费频道播出内容,包括至少两场德甲比赛直播,以及本轮比赛的集锦;第四转播包是德乙联赛直播内容和部分集锦内容;第五转播包提供本轮比赛的重播或集锦;第六转播包是对比赛的网络直播;第七转播包是通过网络播出的本轮比赛集锦;第八转播包是在移动终端上对各类比赛的直播或延迟播出;第九转播包是在移动终端上播出比赛集锦。每家俱乐部都可以在比赛结束 24 小时之后,一次性向免费频道出售比赛相关内容,但购买方必须是欧洲经济区(European Economic Area)范围内的电视台。(3)比赛结束一个半小时之后,每家俱乐部都可以在网络上提供不超过 30 分钟的比赛集锦。(4)每家俱乐部都能够向欧洲经济区内的移动运营商提供比赛集锦。(5)在赛季第一比赛日结束的第 14 天后,如果前述的比赛转播包的内容未能出售,或已出售的内容未被购买者使用,俱乐部可以自主开发未使用的比赛内容,联赛公司也有权同时进行非独家的商业开发(European Commission,2005)。

2006 年,欧盟对英超联盟集体出售的相关制度进行了规制。其主要内容与欧盟对德国足球甲级联赛集体出售的要求相似,主要包括确保出售过程的公平和公开、设置更为平衡的转播包、禁止单一媒体购买超过一定比例的比赛内容、加强新媒体对比赛的传播力度等。

可以看到,在这三个判决之中,欧盟委员会都认为,集体出售转播权构成了一种违反《欧盟运行条约》第 101 条第 1 款的行为,属于对竞争的水平层面的限制,阻碍了俱乐部进行转播权的单独出售,也就在价格、服务、转播方式创新以及产品内容方面造成了垄断。但同时,欧盟委员会也承认,集体出售的形式能够大幅降低媒体和俱乐部的交易成本,对于转播权的购买者来说,可能符合其利益,并且利于建立联赛的整体品牌。因此,欧盟委员会在这些判决中都首先接受了这一出售形式,但是要求出售者做出一定的调整,包括缩短合同时间、公开媒体招标程序、保留俱乐部出售部分比赛的权力(主要是欧洲层面的赛事)以及归还未出售比赛的转播权给俱乐部等。同时,在英超联赛的判例中,还引入了"禁止单一买家"的条款,不允许俱乐部将全部现场比赛的转播内容出售给唯一的转播方。

欧盟的决定为欧洲国家竞争管理机构建立了可供参考的模式,在之后的时间里,多个国家据此建立了相似的制度。例如,2012 年,德国国家竞争管理局(the German National Competition Authority)接受了德国足球职业联盟的市场开发计划,按照欧盟判决的主旨,要求德国足球职业联盟以公开透明的模式进行招标,并向两个及以上的转播购买者提供非捆绑的现场比赛转播包,以及向公共频道提供比赛集锦等内容。

(六)中国

在我国,职业体育联赛转播权在较长时期内都是由国家及各地方的公共电视台低价购得。具体来说,国家电视台通常通过集体协议的方式,获得影响力较高的职业体育比赛的转播权,而部分地方电视台则通过单独谈判的方式,获得一些当地俱乐部比赛的转播权。这一现象的产生有着两个方面的历史原因:首先,鉴于我国特殊的广电管理体制,公共电视台尤其是国家级公共电视台,在传播范围、转播技术、观众数量、购买能力等方面处于绝对的优势地位;其次,作为联赛管理者的运动协会,以及行为尚未完全市场化运营的职业俱乐部,也并未将获得高额转播收入作为自身管理和经营的目标。这种低价出售的方式使得职业体育联赛的市场价值难以实现,也在很大程度上限制了我国职业体育的发展。

以2015—2016赛季CBA为例,CCTV 5累计播出CBA比赛共149场(包括直播、录播和重播),较上个赛季增长34.2%;累计收视规模达到9.06亿人次,比上个赛季增加1.6亿人次,增长21.6%;CCTV 5直播平均收视率0.6%,增长17.6%;最高单场收视率1.38%,为2012年以来最高。然而,CCTV每年转播CBA比赛所付出的转播费用最高只有100多万元,且转播场次极为有限,而各地方电视台由于都面临着较大的经营压力,很难将7点档的黄金时间用来直播CBA比赛。在2015—2016赛季,北京、辽宁、山西、上海及广东等地的CBA俱乐部在地方电视台进行部分比赛的转播,但是地方电视台并不支付转播费用,甚至有部分电视台需要俱乐部提供制作人员的部分开支。

此外,在新媒体版权方面,盈方公司从2005年开始获得了CBA的商务开发权,网易在2008年从盈方公司购买CBA联赛3年的新媒体独家版权,总价值约为1500万元。2011年,网易与盈方的合约到期,搜狐和PPTV共同拿下CBA 3年的版权,每年的价格也不超过1000万元。2014年,搜狐和PPTV与盈方续约3年,每年的版权费约为2000万元,加上乐视的互联网电视平台转播费用,每年CBA在新媒体版权方面的收益约为2500万元。新媒体的进入给CBA联赛发展带来了新的渠道和影响力。以2015—2016赛季为例,CBA官方网站每日平均浏览量达1122万人次,增长1.4%;视频每日平均播放量为171万人次,增长2.4%;视频全赛季累计播放总量达1.3亿人次,增长3.2%;PPTV全赛季视频播放量达6.3亿人次。

在足球方面,2004 年中超联赛成立之初,上海文广以 1.5 亿元的价格购得 2004—2006 年的中超转播权。然而,此后反复出现的假球和黑哨丑闻影响了联赛的转播价值。2007 年,上海文广以 5 年 7000 万元的价格续约中超联赛转播权,每年价格仅为前一合同期的 1/3 左右。2012 年合同到期之后,CCTV 以 730 万元的价格购得中超 2013 赛季转播权。2014年,逐渐回暖的中超联赛转播价值开始回升,CCTV 的转播合同提高到了1000 万元。2015 年,转播费进一步上涨到 7000 万元。

随着以网络媒体为代表的新媒体的快速崛起,我国体育转播市场的发展进入了新的阶段。借助不断扩大的影响力和日益增长的购买力,新媒体逐渐打破了原有的转播市场格局,公共电视台在上游市场中的买方垄断地位不复存在;同时,不断推进的协会实体化与联赛公司化,也使得以往公私产权嵌套下转播权出售的非市场化模式逐步转变为更趋向市场化的集体协议竞价出售的模式。在 2015 年底,随着多家新媒体参与竞价,以及中超联赛不断提高的竞技水平和影响力,中超联赛 2016—2020 年的电视公共信号制作和媒体版权以 80 亿元的高价售出,中超联赛的发展获得了前所未有的媒体关注。

在未来发展中,管理者应当立足我国国情,借鉴国外经验,促进转播权出售制度安排的合理化和规范化,更好地实现职业体育赛事的市场价值。具体来说,首先,需要对集体转播合同年限进行适当规制,尤其是在我国职业体育联赛处于快速发展的背景下,过长年限的转播合同很可能无法匹配合同期内联赛转播内容市场价值的变化,对联赛主体或转播方来说,都会带来一定的风险。其次,需要对参与竞价的媒体数量和性质,以及转播内容最终的购买者数量进行一定规制,防止出现买方垄断、恶意竞价等不利于市场价值实现的行为。最后,对于不同类别的职业体育赛事,要充分考虑运动项目的特殊性,通过合适的出售制度安排来实现其市场价值。例如,对于比赛场次较多的项目,除了重要场次坚持集体出售之外,允许其他场次进行特定地域范围内的单独出售,以更好地实现俱乐部在当地的市场价值。此外,在转播比赛数量、转播渠道选择、转播权二次交易等方面,也应当进行相应的制度设置,更好地促进我国职业体育的市场化发展。

第五节　转播收入分享制度

当职业联赛(盟)选择实行电视转播权的集体出售后,转播收入的分享便成为获得收入之后的主要问题。在大多数的职业体育联盟(盟)之中,管理者都会施行某一特定类型的收入分享策略,以平衡各支球队之间的收入水平。Késenne(2007)将收入分享定义为"一种对收入的分配或者重新分配,其本质是将一支球队的收入分配给其他球队"。在北美职业体育联盟之中,收入分享涉及球队的多项收入,比如,在 NBA 中,除了全国电视转播收入和联盟整体商业运营收入的分享外,所有球队在常规赛阶段和季后赛阶段的门票收入都要上缴一定比例给联盟,由联盟向各球队发放出场费(比赛奖金),以及裁判、赛区工作人员开支和补助等。而在欧洲职业足球领域,收入分享长期以来并不存在,直到转播收入成为职业足球主要收入来源之后,基于集体出售转播权的收入分享才开始在各个国家出现,并逐渐成为转播制度设计中的一个重要问题。

一、转播收入分享的经济学分析

对收入分享的经济学研究始于 Rottenberg(1956)和 Quirk 等(1974),在 20 世纪 90 年代之后,Quirk 等(1992)、Szymanski(2003)、Késenne(2007)等又对不同模式下的收入分享进行了分析。在综合前人研究的基础上,本研究试图通过一个简单的模型来分析欧洲职业足球领域的转播收入分享,尤其是转播收入分享对联赛整体收入以及联赛竞争水平的影响。

在欧洲主要联赛中,转播收入的分享一般采取"先平均分配,后按成绩分配"的方式进行,因此,本研究的分析主要集中在平均分配的部分。从本质上来说,这是一种类似于"收入池分享"(revenue pool sharing)模式的分配方式,所有俱乐部在转播收入中提取一部分构成收入池,再进行平均分配。因此,我们假设存在一个有 n 家俱乐部的联赛,并确定分配指数 k,每家俱乐部保留 k 部分的收入,而提取 $(1-k)$ 部分的收入进行分享,则有:

$$R_a^s = kR_a + \frac{(1-k)}{n}\sum_{b=1}^{n}R_b = kR_a + (1-k)\overline{R}, 0 \leqslant k < 1 \qquad (5.6)$$

其中,R_a^s 是 a 队的全部转播收入,$\overline{R}$ 是每支球队平均分得的转播收入。当球队的目标是利润最大化时,我们需要考察球队的边际收入关于分配指数 k 的偏导,从而判断市场清空均衡点(即各队边际收入的均衡点)随着分配指数变化而移动的情况。根据竞争均衡的经典研究的结论（Marburger，1997；Késenne，2007；等等），如果大俱乐部的需求曲线向下移动的幅度超过小俱乐部需求曲线向下移动的幅度，则整个联赛的竞争均衡情况会得到改善，反之亦然。因此，我们首先考察收入分享下的边际收入情况：

$$\frac{\partial R_a^s}{\partial t_a} = k \frac{\partial R_a}{\partial t_a} + \frac{(1-k)}{n} \sum_{b=1}^{n} \frac{\partial R_b}{\partial t_a} \tag{5.7}$$

由于欧洲职业足球自从"博斯曼法案"实施以来已经形成了相对自由的跨国转会体系，因此，我们假设任何球队在购买和出售球员资源时，不会直接对其他球队的球员资源产生影响。式 5.7 可变为：

$$\frac{\partial R_a^s}{\partial t_a} = k \frac{\partial R_a}{\partial t_a} + \frac{(1-k)}{n} \frac{\partial R_a}{\partial t_a} + \frac{(1-k)}{n} \sum_{b \neq a}^{n} \frac{\partial R_b}{\partial t_a} \tag{5.8}$$

$$\frac{\partial(\partial R_a^s / \partial t_a)}{\partial k} = \frac{\partial R_a}{\partial t_a} - \frac{1}{n} \frac{\partial R_a}{\partial t_a} - \frac{1}{n} \sum_{b \neq a}^{n} \frac{\partial R_b}{\partial t_a} = \frac{\partial R_a}{\partial t_a} - \frac{1}{n} \left(\frac{\partial R_a}{\partial t_a} + \sum_{b \neq a}^{n} \frac{\partial R_b}{\partial t_a} \right)$$
$$\tag{5.9}$$

对于以上公式来说，其结果必然为正。这就意味着，转播收入的"收入池分享"会使得所有球队减少在球员方面的投入，且对于进行收入分享之前占有较少球员资源的球队来说（通常是小市场球队），其投入降低的程度要大于收入分享之前占有较多球员资源的球队（通常是大市场球队），这就导致了竞争均衡程度进一步降低。按照竞争均衡的一般理论，整个联赛转播出售价格也会随之降低。

当联赛中的球队追求获胜最大化时，情况会发生一定的变化。对于追求获胜最大化的球队来说，其平均净收入（net average revenue，以下简称 NAR）会决定其在运动员投入方面的均衡点，因此，其在分享收入后的 NAR 为：

$$NAR_a^s = \frac{1}{t_a} \left[kR_a + \frac{(1-k)}{n} \sum_{b=1}^{n} R_b - c_a \right] = \frac{1}{t_a} \left[kR_a + (1-k)\overline{R} - c_a \right], 0 \leqslant k < 1$$
$$\tag{5.10}$$

其中，c_a 为俱乐部雇用球员的平均成本。求 NAR 关于分配指数的偏导，得：

$$\frac{\partial NAR_a^s}{\partial k} = \frac{1}{t_a}(R_a - \overline{R}) \tag{5.11}$$

很显然，$(R_a - \overline{R})$ 的正负决定了分配指数对球队行为的影响。对于大市场球队来说，其收入是必然高于联盟平均分配收入的，此时，$(R_a - \overline{R})$ 为正，说明当需要分配的比例提高时，这类球队对运动员需求会下降；而对于小市场球队来说，$(R_a - \overline{R})$ 通常为负，说明当需要分配的比例提高时，这类球队对运动员需求会提高；如果存在 $R_a = \overline{R}$ 的球队，则其行为不会受到收入分配的影响。

结合以上的分析，我们可以看到，对于追求获胜最大化的俱乐部来说，大俱乐部和中小俱乐部对于转播收入分享的态度必然存在差异。大俱乐部更希望取消收入分享制度，从而提高本俱乐部的收入，并提升竞技实力；小俱乐部则希望通过分享提升自己的经济与竞技实力。对于协会来说，由于其本身的公共性，当选择集体出售的方式之后，必然会选择进行一定程度的收入分享，并且这种分享不仅是单一级别联赛球队之间的，更是倾向于跨级别联赛之间的。对于联赛来说，转播收入分享可以在一定程度上维持联赛中各支球队之间的水平均衡，从而提高联赛的竞争程度，并带来更多的观众和收入。因此，联赛的制度选择同样必然地指向收入分享。对于政府来说，如果支持转播权的集体出售，则必然也倾向于实施联赛收入分享，但具体问题应当由球队、联赛以及协会之间通过博弈和协商解决，政府无权强迫联赛或协会施行特定比例的分享制度。

二、典型国家转播收入分享制度实施现状

在大多数施行比赛转播权集体出售的欧洲国家，都有着相应的收入分配制度，但各个国家在分配比例和具体分配方式上存在着较大的区别。

英国是转播收入分配实施最早的国家，其转播收入分配包括两个主要步骤。首先，如表 5.8 所示，从转播总收入中支出包括降落伞款项（Parachute Fee）、其他级别联赛分配款项、足球基金会（Football Foundation）款项、英格兰足球协会联赛（Football Conference，业余性质的联赛）款项等方面的资金，用于促进整个英国职业足球的发展。

其次，在英超获得的款项中，50% 的收入将在 20 支球队之间进行平均分配（equal share），25% 的收入按照整个赛季转播比赛的场次进行分配（facility fees），剩余 25% 的收入按照最终联赛排名进行分配（merit payment），而海外转播（overseas）收入部分则全部平均分配。其中，按照成绩分配的部分中，第一名获得该部分奖金的 10%，往后每一名递减 0.5%，最后一名获得 0.5%。在这样的收入模式下，球队之间的差距很小。表 5.9 显示了 2010—2011 赛季英超转播收入分配情况，转播收入最高的曼联队与转播收入最低的布莱克浦队的收入比例仅为约 1.5∶1.0。

表 5.8　2010—2011 赛季英超运营收入使用明细

转播费用途	占比/%
英超球队分配款项	77.9
降落伞款项	5.1
英冠、英甲、英乙分配款项	4.6
英冠、英甲、英乙青训款项	0.3
足球基金会款项	1.0
英格兰足球协会联赛款项	0.2
安置退役球员款项	0.9
英格兰职业球员协会(PFA)款项	1.4
职业比赛裁判办公室(PGMO)款项	0.2
其他开支(包括联赛运营管理开支、比赛转播设备购置等)	8.4

数据来源:根据英超官方网站资料整理

表 5.9　2010—2011 赛季英超转播收入分配

单位:百万英镑

球队	平均部分	场次部分	成绩部分	海外部分	总计
曼联	14.0	13.5	15.1	17.9	60.4
切尔西	14.0	11.6	14.4	17.9	57.7
阿森纳	14.0	11.6	12.9	17.9	56.2
曼城	14.0	10.2	13.6	17.9	55.5
利物浦	14.0	12.1	11.4	17.9	55.2
托特纳姆热刺	14.0	9.2	12.1	17.9	53.1
埃弗顿	14.0	7.3	10.6	17.9	49.6
阿斯顿维拉	14.0	8.2	9.1	17.9	49.1
富勒姆	14.0	5.8	9.8	17.9	47.4
桑德兰	14.0	6.3	8.3	17.9	47.4
纽卡斯尔	14.0	8.7	6.8	17.9	47.3
西布罗姆维奇	14.0	5.8	7.6	17.9	45.1
斯托克城	14.0	5.8	6.1	17.9	43.6
博尔顿	14.0	5.8	5.3	17.9	42.9
布莱克本	14.0	5.8	4.5	17.9	42.1

续表

球队	平均部分	场次部分	成绩部分	海外部分	总计
维冈竞技	14.0	5.8	3.8	17.9	41.4
沃尔夫汉普顿	14.0	5.8	3.0	17.9	40.6
西汉姆联	14.0	7.8	0.8	17.9	40.3
伯明翰	14.0	5.8	2.3	17.9	39.8
布莱克浦	14.0	5.8	1.5	17.9	39.1

注:引用时对数值进行了修约,修约后各栏数值之和与"总计"栏数值略有出入,但这并
　　不影响数据的准确性。后同

数据来源:根据英超官方网站资料整理

　　随着英超商业化水平提高,特别是海外转播收入区域的扩展和开发,英超联赛的整体转播收入进入高速增长期。2018—2019 赛季,英超联赛单赛季的转播收入总分配额已经达到 24.6 亿英镑,每支球队平均转播分配超过 1.2 亿英镑。表 5.10 显示了 2018—2019 赛季英超转播收入分配情况。转播收入最高的是 2018—2019 赛季的联赛亚军利物浦队,达到了 1.52 亿英镑。而转播收入最低的哈德斯菲尔德队也达到了 9662 万英镑,是本赛季中唯一收入未达到 1 亿英镑的英超俱乐部。值得关注的是,在 20 支英超球队中,有 11 支球队的收入超过了平均值。高速增长的英超联赛转播收入并没有带来巨大的转播收入差距,转播收入最高与转播收入最低的俱乐部收入比例依然维持在约 1.6:1.0。

　　德国联赛的转播收入分配方式类似于英国,但强调球队之间公平分配的理念较英国更为深刻地植入其分配机制之中。在德国,从 2000 年开始,50% 的甲级联赛转播总收入由所有的德甲俱乐部平均分配,以 2000—2001 赛季为例,当时每家德甲俱乐部分配的转播收入数额为 1555 万马克,其余 2.8 亿马克的转播收入按各支球队的成绩进行分配,具体分配方法是:首先,根据各支球队三年来的总战绩评估,将 2.1 亿马克分配给各俱乐部。当时拜仁慕尼黑队已经连续三年夺得德甲冠军,因此获得了 2398 万马克,相比之下,综合成绩最差的科特布斯(FC Energie Cottbus)仅得到了 335 万马克。其次,剩余的 7000 万马克根据各支球队在联赛中各轮比赛后的排名进行分配。在总共 34 轮联赛中,每轮都会有 205.9 万马克分配到各球队,球队根据各轮的排名获得相应收入。以当赛季的拜仁为例,其在 34 轮联赛中共 30 次排名前三,最后获得了最高的 70.2 万马克的排名奖金。

表 5.10 2018—2019 赛季英超转播收入分配

单位:百万英镑

球队	平均部分	场次部分	成绩部分	海外部分	广告部分	总计
曼城	34.4	30.1	38.4	43.2	5.0	151.0
利物浦	34.4	33.5	36.5	43.2	5.0	152.4
切尔西	34.4	29.0	34.5	43.2	5.0	146.0
托特纳姆热刺	34.4	30.1	32.6	43.2	5.0	145.2
阿森纳	34.4	29.0	30.7	43.2	5.0	142.2
曼联	34.4	31.2	28.8	43.2	5.0	142.5
伍尔弗汉普顿	34.4	17.8	26.9	43.2	5.0	127.2
埃弗顿	34.4	21.2	24.9	43.2	5.0	128.6
莱斯特城	34.4	17.8	23.0	43.2	5.0	123.3
西汉姆联	34.4	18.9	21.1	43.2	5.0	122.5
沃特福德	34.4	12.2	19.2	43.2	5.0	113.9
水晶宫	34.4	14.4	17.3	43.2	5.0	114.2
纽卡斯尔	34.4	22.3	15.3	43.2	5.0	120.1
亚伯恩茅斯	34.4	12.2	13.4	43.2	5.0	108.1
伯恩利	34.4	13.3	11.5	43.2	5.0	107.3
南安普敦	34.4	12.2	9.6	43.2	5.0	104.3
布莱顿	34.4	15.6	7.7	43.2	5.0	105.7
卡迪夫城	34.4	14.4	5.8	43.2	5.0	102.7
富勒姆	34.4	15.6	3.8	43.2	5.0	101.9
哈德斯菲尔德	34.4	12.2	1.9	43.2	5.0	96.6

数据来源:根据英超官方网站资料整理

相比于意甲联赛、西甲联赛等单独出售模式下球队之间巨大的转播收入差距,德甲联赛当时施行的转播收入分配方式已经很好地控制了大球队对转播收入的垄断,然而拜仁慕尼黑这样的传统强队依然可以在收入分配中获得远高于其他球队的份额。2004 年,德国职业足球联盟大幅调整了分配制度。首先,将所得电视转播收入的 77.5% 分配给德甲俱乐部,剩余的 22.5% 则分配给德乙俱乐部。其次,按照 4∶3∶2∶1 的权重比例,计算包括本赛季在内的 4 个赛季的总积分,本赛季积分权重最大,其他赛季依次递减(球队在德乙联赛的积分需乘以 1/4 后进行计算,德国乙级联赛以下级别联赛成绩一律按 0 分计算）。最后,根据计算出的总积分进行排名,第一名获得总收入的 5.8%(即德甲转播收入部分的 7.4%),往后每一名的收入依次递减 0.16%,直至最后一名获得 2.9% 的转播收入。除此以外,还有少量的收入会按照转播场次进行分配。这一分配方法使得德甲转播收入最高与最低球队的收入比例保持在 2∶1 的水平,从而使得整个收入分配更为平等。至 2013—2014 赛季,德甲联赛再次调整了收入分配方式,德甲俱乐部获得的电视转播收入比例上升至 80%。此外,进一步加强了对球队过往战绩的考察,将包括本赛季在内的 5 个赛季的成绩纳入总积分的计算范围内,按照 1∶2∶3∶4∶5 的权重比例进行计算,并且不再按照各赛季的积分计算综合成绩,而是按照排名进行计算。表 5.11 显示了2015—2016 赛季德甲各球队转播收入分配的详细情况。

表 5.11 2015—2016 赛季德甲转播收入分配情况

球队	过往 5 个赛季积分					总积分	转播总收入/百万欧元	占比/%
	2010	2011	2012	2013	2014			
拜仁	34	70	108	144	180	536	71.9	10.2
沙尔克 04	23	68	99	136	155	481	60.0	8.5
多特蒙德	36	72	105	140	150	503	59.5	8.4
勒沃库森	35	64	102	132	165	498	56.4	8.0
门兴格拉德巴赫	21	66	87	124	170	468	43.0	6.1
汉诺威 96	33	60	84	108	120	405	42.6	6.0
沃尔夫斯堡	22	58	78	128	175	461	41.0	5.8
奥格斯堡	17	46	66	116	160	405	36.1	5.1
美因茨	32	48	72	120	130	402	34.9	4.9
斯图加特	25	62	75	88	115	365	34.8	4.9
法兰克福	20	34	93	96	140	383	33.9	4.8
霍芬海姆	26	52	63	112	145	398	33.4	4.7
云达不莱梅	24	56	69	100	135	384	33.1	4.7
汉堡	29	44	90	84	105	352	28.3	4.0
柏林赫塔	18	42	54	104	110	328	26.9	3.8
科隆	27	40	42	72	125	306	25.5	3.6
因格斯塔	5	14	18	36	90	163	24.1	3.4
达姆斯塔特	0	0	0	0	85	85	22.7	3.2

数据来源:根据德甲官方网站资料整理

此外,在海外转播收入的部分,德国足协采取了不同的分配方式。在所有收入中,63.3%的部分根据本赛季最终排名分配,其中,排名第一的球队获得该部分的 14.5%,第二名获得 11.8%,第三名获得 9.2%,第四和第五名获得 6.6%,其余 51.3% 在另外 11 支球队之间平均分配。而剩余的 37.7% 的总收入,则是根据球队过去 5 年在欧洲层面的比赛中的成绩进行分配。

随着德甲联赛对长期发展健康性的重视度日益增加,德甲联盟官方于 2016 年通过了 2017—2018 赛季至 2020—2021 赛季媒体收入分配方案。在原有的近 5 个赛季积分标准的基础上,通过了"项目可持续性"(sustainability in sports)与"青年人才激励"(young talent)类别的分配项目。其中,"项目可持续性"占总体收入的 5%,该项收入是根据 20 年的赛事排名分配的。与近 5 个赛季成绩纳入总积分的分配方式相比,所有 20 个赛季(从最近的季节开始)都具有相同的权重,以期综合考量 20 年中各俱乐部对德甲联赛和德乙联赛发展的长期贡献。"青年人才激励"占总体收入的 2%,此项收入是根据各俱乐部在当前赛季的比赛中,派出的德国本土俱乐部青训培养的 U23 运动员[①]的出场时间决定,比赛中 U23 运动员出场时间越多,俱乐部在本项收入中分配到的金额就越多。表 5.12 显示了 2017—2018 赛季德甲各球队转播收入分配的详细情况。

在意大利,1999—2010 年,所有球队都是单独出售转播权,因而不存在转播收入分配制度。自 2010 年起,收入分配与集体出售制度同时施行。当前意甲的分配方案是在 2010 年暂时通过的,是由意大利的中小球队联合提出的一种较为复杂的转播收入分配方案。首先,10.0% 的转播收入用于发展业余足球和青少年足球,0.5% 用于反垄断相关部门的运营。其次,在剩余的转播收入中,40% 的转播收入由 20 家意甲俱乐部平均分配,30% 取决于每家俱乐部的过往成绩(5% 取决于上个赛季的成绩,15% 取决于过去 5 年的成绩,10% 取决于 1946 年至 5 年前的赛季的成绩),余下的 30%,首先根据球队所在城市的人口数分配其中的 5%,剩余的 25% 则根据每个球队的支持者数量来分配。对于"40% 平均分配、30% 按成绩分配、5% 按城市人口分配"的方案,所有球队在谈判初期已经达成一致,但直到 2011 年意甲赛季结束,20 家俱乐部依然没有就剩余的 25%(总金额约 2 亿欧元)的转播收入的分配达成共识。

---

① U23 运动员,即在前一赛季结束的年度中未满 23 岁的运动员。如,某一运动员在 2021 年 12 月 31 日时未满 23 岁,则在 2022—2023 赛季中,可注册为 U23 运动员。

表 5.12　2017—2018 赛季德甲转播收入分配

单位：百万欧元

球队	过去 5 年战绩（18 支俱乐部）	过去 5 年战绩（36 支俱乐部）	过去 20 年战绩（36 支俱乐部）	U23 球员使用	商业价值	收入排名	国内收入	海外收入	总收入分成
拜仁慕尼黑	40.6	15.0	3.0		1.9	1	60.4	37.3	97.7
多特蒙德	39.6	15.0	2.8		1.8	2	59.1	29.2	88.3
沙尔克 04	36.4	15.0	2.7		1.7	3	55.8	23.9	79.7
勒沃库森	37.5	15.0	2.9		1.8	4	57.1	20.7	77.8
门兴	38.5	15.0	2.1		1.8	5	57.3	13.4	70.7
沃尔夫斯堡	34.3	14.0	2.2		1.6	6	52.1	14.0	66.1
霍芬海姆	35.4	15.0	1.2		1.6	7	53.1	2.8	55.9
柏林赫塔	33.3	13.1	2.3		1.6	8	50.2	5.1	55.3
美因茨	30.5	10.9	1.6		1.5	9	44.4	6.8	51.2
科隆	32.2	12.2	1.4		1.5	10	47.3	2.8	50.1
奥格斯堡	30.5	10.9	0.9		1.4	11	43.6	5.3	48.9
云达不莱梅	28.6	9.7	2.6		1.3	12	42.2	5.8	48
法兰克福	27.3	8.9	1.7		1.2	13	39.1	6.6	45.7
弗赖堡	25.9	8.1	1.9		1.1	14	37.0	4.8	41.8
斯图加特	21.7	5.8	2.5		1.0	15	30.9	9.7	40.6
汉堡	24.5	7.2	2.4		1.1	16	35.2	5.1	40.3
汉诺威 96	23.1	6.4	1.8		1.0	17	32.3	6.8	39.1
莱比锡 RB	20.3	5.1	0.6		0.8	18	26.8	2.8	29.6

注：从分配比例来看，"过去 5 年战绩（18 支俱乐部）"占总体收入的 70%，"过去 5 年战绩（36 支俱乐部）"占总体收入的 23%，"过去 20 年战绩（36 支俱乐部）"占总体收入的 5%，"U23 球员使用"占总体收入的 2%

数据来源：根据德甲官方网站、财务数据网站（fussball-geld. de）的资料及推特用户 @SwissRamble 的资料等整理

2011 年 4 月，15 家意甲中小俱乐部通过了更改球迷数量调查标准的决议，允许球迷选择 3 支自己支持的球队，而不是按照 5 支强队之前提出的只允许球迷选择 1 支支持球队的方案进行。根据意大利足球职业联盟委托的 3 家调查公司的调查结果，尤文图斯以 19.5% 的收视率排在榜首，国际米兰 15.88%、AC 米兰 15.61% 分列第二和第三，那不勒斯和罗马分别排在第四和第五。根据分配原则，在这一部分收入之中，尤文图斯可获 3840 万欧元，米兰双雄分获 3130 万和 3080 万欧元。

从表 5.13 可以看出，新分配方案在削减了大俱乐部收益的同时，让乌

迪内斯、桑普多利亚等中游俱乐部增加了约 1000 万欧元收入,而原本支持尤文图斯等大俱乐部分配方案的那不勒斯,在新分配方案下可增收 800 万欧元,于是转而支持中小俱乐部。尤文图斯、国际米兰和 AC 米兰这 3 支传统强队对这种结果持有异议,因为根据调查结果,当球迷只选一队时,这 3 支球队的收视率将大幅度上升,其收入将相应增长约 1300 万、800 万和900 万欧元。毫无疑问,电视转播权的集体出售及分配收入的新制度在一定程度上改变了意甲格局。

表 5.13 2009—2011 年意甲球队转播收入变化

单位:百万欧元

球队	2009—2010 赛季	2010—2011 赛季	收入变化
尤文图斯	8800	7510	−1290
国际米兰	8000	7230	−770
AC 米兰	8000	7130	−870
罗马	5100	5870	770
那不勒斯	4200	5050	850
拉齐奥	3400	4670	1270
佛罗伦萨	3500	4170	670
巴勒莫	3100	3830	730
桑普多利亚	2200	3490	1290
乌迪内斯	2400	3410	1210
热那亚	2300	3260	960
卡利亚里	2300	3170	870
帕尔马	1900	2870	970
博洛尼亚	2000	2860	860
卡塔尼亚	1800	2510	710
切沃	1700	2510	810
巴里	1700	2500	800

数据来源:根据意甲官方网站资料整理

随着意甲联赛商业价值的逐步提高,意甲联赛媒体转播收入的分配也进一步得到完善,分别包括共享份额(equal payment)、历史战绩(historic merit based payment)以及俱乐部商业价值(club's resourses based payment)等 3 个主要项目进行转播收入的分成。具体来说,共享份额占商业转播总收入的 50%,此项目的全部金额将平均分配给意甲联赛当赛季的所有 20 支俱乐部。历史战绩占商业转播总收入的 30%,包括:当前赛季战绩,占比为 15%;最近 5 年战绩,占比为 10%;历史记录(意甲联赛所在席位超过 5 年),占比为 5%。球队支持率(俱乐部商业价值)占商业转播总收入的 20%,根据每个俱乐部的支持基础分配(例如俱乐部成员的人数,出勤率,销售的季票)。表 5.14 显示了 2018—2019 赛季意甲各球队转播收入分配的详细情况。

表 5.14　2018—2019 赛季意甲转播收入分配

单位:百万欧元

球队	共享份额	历史战绩			球队支持率	总收入分成
		当前赛季战绩	近 5 年战绩	历史记录		
尤文图斯	28.8	16.4	11.0	5.5	23.7	85.4
国际米兰	28.8	14.0	9.3	4.9	25.9	82.9
AC 米兰	28.8	13.1	7.7	5.2	22.6	77.4
那不勒斯	28.8	15.6	9.9	3.3	19.5	77.1
罗马	28.8	12.3	10.4	4.7	18.6	74.8
拉齐奥	28.8	10.7	8.2	3.8	13.5	65.0
亚特兰大	28.8	14.8	6.6	2.7	9.0	61.9
都灵	28.8	11.5	7.1	3.6	8.9	59.9
桑普多利亚	28.8	9.9	6.0	4.1	9.3	58.1
佛罗伦萨	28.8	4.1	8.8	4.4	11.8	57.9
博洛尼亚	28.8	9.0	2.7	3.0	9.5	53.0
乌迪内斯	28.8	7.4	3.8	2.2	7.7	49.9
热那亚	28.8	3.3	4.9	2.5	9.6	49.1
萨索洛	28.8	8.2	5.5	0.5	5.9	48.9
卡利亚里	28.8	4.9	3.3	1.9	7.3	46.2
帕尔马	28.8	5.8	1.6	1.6	6.1	43.9
斯帕尔	28.8	6.6	1.1	1.4	5.4	43.3
切沃	28.8	0.8	4.4	0.8	5.6	40.4
恩波利	28.8	2.5	2.2	1.1	4.8	39.4
弗罗西诺内	28.8	1.6	0.5	0.3	5.2	36.4

数据来源:根据意甲官方网站、财务数据网站的资料及推特用户@SwissRamble 的资料等整理

在西班牙,长期以来施行单独出售转播权的制度,目前西甲联赛除皇家马德里和巴塞罗那之外的各俱乐部,正试图通过与足协、联赛公司以及以上两家大俱乐部的沟通协商来改变当前的收入分配机制,实现转播权出售的集体谈判。从近年的转播收入分成来看,自 2016 年开始,西甲全部转播收入中接近 10% 的部分会分配给次级别联赛球队(9% 支付给西乙联赛俱乐部,1% 支付给赛季末 3 支从乙级升至甲级的球队),剩余的 90% 分为平等份额(equal-share)、绩效份额(merit-money)、俱乐部资源份额(resources-generation)这 3 个模块。其中,平等份额将平均分配给当赛季的所有 20 支西甲联赛球队,占比为 50%;绩效份额将根据最近 5 年的联赛排名进行分配,占比为 25%;俱乐部资源份额将根据每个俱乐部产生的资源能力进行分配,包含俱乐部官方成员的数量、售出的季票、出勤等方面,占比为 25%。表 5.15 显示了 2017—2018 赛季西甲各球队转播收入分配的详细情况。

表 5.15 2017—2018 赛季西甲转播收入分配

单位:百万欧元

球队	平等份额	绩效份额	俱乐部资源份额	总收入分成
巴塞罗那	50.0	40.0	60.0	150.0
皇家马德里	50.0	36.0	60.0	146.0
马德里竞技	50.0	38.0	40.0	128.0
巴伦西亚	50.0	34.0	20.0	104.0
赫塔菲	50.0	32.0	20.0	102.0
塞维利亚	50.0	30.0	20.0	100.0
西班牙人	50.0	28.0	20.0	98.0
毕尔巴鄂竞技	50.0	26.0	18.0	94.0
皇家社会	50.0	24.0	20.0	94.0
皇家贝蒂斯	50.0	22.0	16.0	88.0
阿拉维斯	50.0	20.0	15.0	85.0
埃瓦尔	50.0	18.0	15.0	83.0
莱加内斯	50.0	16.0	15.0	81.0
巴利亚多德	50.0	10.0	20.0	80.0
比利亚雷亚尔	50.0	14.0	15.0	79.0
塞尔塔	50.0	8.0	18.0	76.0

续表

球队	平等份额	绩效份额	俱乐部资源份额	总收入分成
莱万特	50.0	12.0	12.0	74.0
赫罗纳	50.0	6.0	12.0	68.0
韦斯卡	50.0	4.0	9.0	63.0
巴列卡诺	50.0	2.0	10.0	62.0

数据来源:根据西甲官方网站资料整理

　　总体而言,因各国联赛转播收入合同和相关转播收入分配政策的差异,不同国家联赛内部的各俱乐部收入分配也形成了较大差异。如表5.16所示,2012—2013赛季时,英超联赛最高转播收入仅为最低转播收入的1.5倍,而德甲联赛最高转播收入为最低转播收入的2.1倍;意甲联赛尽管已经实施了集体转播出售和收入分配制度,但依然存在着收入差距较大的问题;而西甲单独出售转播权的制度则使得球队之间的收入产生了极为明显的差距。图5.4进一步显示了2012—2013赛季英超、德甲、西甲和意甲各支球队转播收入的具体分布情况。西甲联赛的主要收入分配给了联赛排名前两位的球队,意甲联赛前6名的球队收入明显高于其他排名的球队。这在一定程度上造成了意甲联赛和西甲联赛参赛球队之间明显的收入差距。

表 5.16　四国顶级联赛 2012—2013 赛季联赛转播收入分析

联赛	最高转播收入/百万欧元	最低转播收入/百万欧元	最高/最低收入比
英超联赛	75	49	1.5
德甲联赛	31	15	2.1
意甲联赛	104	25	4.2
西甲联赛	140	13	10.8

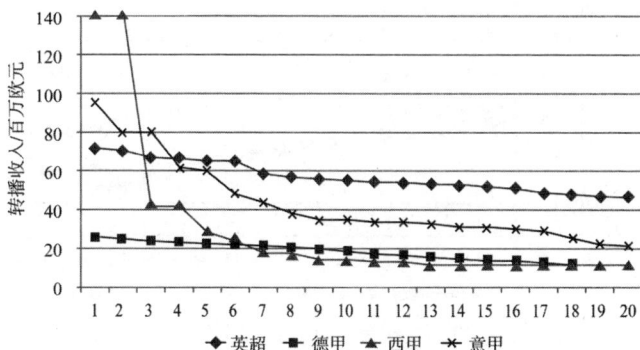

注:横轴数字表示排名该位次的球队

图 5.4　2012—2013 赛季欧洲部分国家顶级联赛转播收入分配

在财政公平政策推广和联赛竞争均衡发展的改革大趋势下,各国联赛管理者愈发重视联赛内部转播收入的分配合理性。如表 5.17 所示,相较于 2012—2013 赛季,2018—2019 赛季的各国顶级联赛愈发趋向于选择更为合理的集体转播收入分配制度。英超联赛的转播收入一方面呈现出极大的增长趋势;另一方面,联赛俱乐部间的转播收入差距依然维持在较低水平。德甲联赛近年来对于 20 年战绩的计算,导致诸如莱比锡 RB 等新兴俱乐部在转播收入分配时,相较于拜仁慕尼黑和多特蒙德等老牌俱乐部处于较低的水平。意甲联赛和西甲联赛近年来则大幅度缩小了联赛内部的收入差距,主要是通过在联赛总体转播收入中,拿出 50% 平均分配给当赛季的所有 20 家球队。意甲联赛的俱乐部最高与最低转播收入比从之前的 4.2 倍减少到 2.4 倍,西甲联赛的俱乐部最高与最低转播收入比更是从之前的 10.8 倍锐减到 2.4 倍。图 5.5 进一步显示了 2018—2019 赛季英超、德甲、意甲和西甲各支球队转播收入的具体分布情况。总体来看,英超联赛和西甲联赛因近年来竞技表现水平的大幅度提升,联赛各俱乐部转播收入大幅度增长。

表 5.17　四国顶级联赛 2018—2019 赛季联赛转播收入分析

联赛	最高转播收入/百万欧元	最低转播收入/百万欧元	最高/最低收入比
英超联赛	151	97	1.6
德甲联赛	72	28	2.6
意甲联赛	85	36	2.4
西甲联赛	150	62	2.4

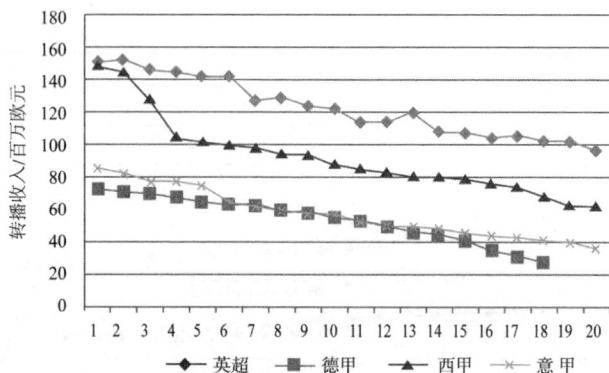

注:横轴数字表示排名该位次的球队

图 5.5　2018—2019 赛季欧洲部分国家顶级联赛转播收入分配

　　在许多其他欧洲国家,如法国、苏格兰和挪威等,转播收入分配制度也同样存在。表5.18列举了部分其他欧洲国家的转播收入分配方式,大多数国家的平均分配部分在50%左右,爱尔兰和瑞典的平均分配部分则较高。

表5.18　部分其他欧洲国家转播收入分配方式(2005—2006赛季)

国家	分配方式
苏格兰	52%平均分配,48%根据联赛排名
法国	50%平均分配,30%根据联赛排名,20%根据转播场次
爱尔兰	70%平均分配,30%根据联赛排名和转播场次
挪威	40%平均分配,30%根据联赛排名,30%根据转播场次
瑞典	100%平均分配
瑞士	50%根据上半赛季成绩分配,50%根据下半赛季成绩分配

资料来源:各国足协官方网站

　　值得注意的是,除了各个国家联赛管理者实施收入分配制度之外,欧足联赛事的组织者也同样实施了类似的制度。表5.19显示了2011—2012赛季欧洲冠军联赛的收入分配情况,欧足联将所有转播收入分成小组赛阶段奖金、转播分成以及淘汰赛奖金等三个主要部分。在小组赛阶段,所有球队都会获得进入奖金和完成比赛奖金(参加全部6场比赛即可获得),而小组赛的比赛成绩也会决定球队获得的成绩奖金;转播分成是根据各个国家的转播出售情况、参加比赛的球队数量以及球队的表现决定;淘汰赛阶段则按照比赛成绩进行奖金分配。

表5.19　2011—2012赛季欧洲冠军联赛收入明细

单位:万欧元

球队	小组赛阶段奖金			转播分成	淘汰赛奖金	总计
	进入比赛	完成比赛	比赛成绩			
切尔西	3900	3300	3200	33047	19500	62947
拜仁慕尼黑	3900	3300	3600	16929	16100	43829
巴塞罗那	3900	3300	4400	20488	10500	42588
AC米兰	3900	3300	2800	25566	6300	41866
皇家马德里	3900	3300	4800	17865	10500	40365
曼联	3900	3300	2800	26949	0	36949
国际米兰	3900	3300	2800	20155	3000	33155
阿森纳	3900	3300	3200	16239	3000	29639

续表

球队	小组赛阶段奖金			转播分成	淘汰赛奖金	总计
	进入比赛	完成比赛	比赛成绩			
勒沃库森	3900	3300	2800	16594	3000	29594
那不勒斯	3900	3300	3200	15728	3000	29128
马赛	3900	3300	2800	12074	6300	28374
曼城	3900	3300	2800	17858	0	27858
多特蒙德	3900	3300	1200	18235	0	26635
奥林匹亚科斯	3900	3300	2400	16071	0	25671
特拉布宗体育	3900	3300	2400	13987	0	23587
本菲卡	3900	3300	3600	3651	6300	20751
里尔	3900	3300	2000	11471	0	20671
里昂	3900	3300	2400	7731	3000	20331
瓦伦西亚	3900	3300	2400	10170	0	19770
加拉茨钢铁	3900	3300	0	12105	0	19305
希腊人竞技	3900	3300	2800	2671	6300	18971
泽尼特	3900	3300	2800	5895	3000	18895
阿贾克斯	3900	3300	2400	8469	0	18069
莫斯科中央陆军	3900	3300	2400	5375	3000	17975
巴塞尔	3900	3300	3200	3205	3000	16605
比利亚雷亚尔	3900	3300	0	7408	0	14608
波尔图	3900	3300	2400	3417	0	13017
根克	3900	3300	1200	3397	0	11797
顿涅茨克矿工	3900	3300	1600	2205	0	11005
比尔森胜利	3900	3300	1600	1929	0	10729
鲍里索夫	3900	3300	800	697	0	8697
萨格勒布迪纳摩	3900	3300	0	1419	0	8619
总计	120900	102300	73600	345953	86300	729053

数据来源:根据欧足联官方网站资料整理

表 5.20 显示了 2018—2019 赛季欧洲冠军联赛的收入分配情况。相较于 2011—2012 赛季,欧足联在原有的小组赛阶段奖金、转播分成以及淘汰赛奖金等 3 个主要部分外,新增了成绩系数项目,占到了总收入的 30%。

这部分系数主要根据近十年各俱乐部的成绩排名进行计算。此外，这一排名还包括赢得欧洲冠军杯和欧洲联赛杯（改制前为欧洲联盟杯）的奖金积分。

表 5.20　2018—2019 赛季欧洲冠军联赛收入明细

单位：万欧元

球队	小组赛阶段奖金		转播分成	淘汰赛奖金	成绩系数	决策账户	总计
	入围奖励	成绩					
巴塞罗那	14500	13800	22915	32000	34348	167	117730
利物浦	14500	9000	13131	51000	23268	200	111099
托特纳姆热刺	14500	7800	16563	47000	15512	247	101622
尤文图斯	14500	12000	18884	20000	29916	277	95577
曼联	14500	9900	17757	20000	31024	288	93469
曼城	14500	12900	21189	20000	24376	289	93254
巴黎圣日耳曼	14500	10800	24077	9500	26592	326	85795
马德里竞技	14500	12900	16291	9500	32132	327	85650
皇家马德里	14500	12000	13248	9500	35456	330	85034
拜仁慕尼黑	14500	13800	11487	9500	33240	341	82868
波尔图	14500	15900	1056	20000	28808	352	80616
阿贾克斯	14500	11700	1151	32000	18836	362	78549
里昂	14500	7500	16679	9500	21052	406	69637
多特蒙德	14500	12900	6318	9500	22160	426	65804
沙尔克 04	14500	10800	9764	9500	19944	430	64938
罗马	14500	9000	12018	9500	12188	466	57672
本菲卡	14500	6900	742	0	27700	503	50345
那不勒斯	14500	8700	12877	0	13296	505	49878
国际米兰	14500	7800	7726	0	17728	513	48267
瓦伦西亚	14500	7800	8414	0	16620	515	47849
顿涅茨克矿工	14500	5700	438	0	25484	521	46643
摩纳哥	14500	900	18428	0	6648	549	41025
莫斯科中央陆军	14500	6900	721	0	14404	569	37094
布鲁日	14500	5700	1720	0	8864	597	31381
加拉塔萨雷	14500	3900	1772	0	9972	600	30744

续表

球队	小组赛阶段奖金		转播分成	淘汰赛奖金	成绩系数	决策账户	总计
	入围奖励	成绩					
比尔森胜利	14500	6900	742	0	7756	602	30500
埃因霍温	14500	1800	910	0	11080	610	28900
霍芬海姆	14500	2700	6892	0	3324	614	28030
伯尔尼青年人	14500	3900	2282	0	5540	620	26842
莫斯科火车头	14500	3000	796	0	4432	637	23365
贝尔格莱德红星	14500	3900	1076	0	2216	642	22334
雅典 AEK	14500	0	2696	0	1108	659	18963

数据来源：根据欧足联官方网站资料整理

三、我国职业体育转播收入分享制度安排建议

在我国，职业联赛转播收入分配长期以来都是实行各队均分的方式。这种制度安排的存在，首先是因为职业联赛转播总收入水平较低，很难通过带有激励性质的制度安排拉开不同球队的收入差距；其次，受限于联赛职业化程度较低，管理者在经营理念上还未将转播收入分配视为推进联赛发展的重要手段。

随着中超联赛电视转播权的高价出售，篮球、乒乓球、羽毛球等职业体育联赛的转播收入必将陆续迎来高速增长的时期，因此，如何分配高额转播收入，也会成为职业体育联赛各主体在未来制度设置中面对的关键问题。以中超联赛为例，2016 赛季中超联赛转播的分配方式是，先扣除成本和中国足协的 10% 费用，剩余的 90% 转播费中，81% 由 16 家中超俱乐部均分，9% 按照各赛季的联赛名次进行分配。以 2019 赛季中超联赛为例，最后各俱乐部分配结果均在 6000 万元以上。其中，当赛季的联赛冠军广州恒大获得了约 6500 万元的转播费，而排在最后三位的天津天海、深圳佳兆业和北京人和俱乐部也均超过了 6200 万元，相互之间的差距不超过 300 万元。本研究认为，在未来我国职业体育发展中，联赛管理者以及政府相关部门应当充分认识到转播收入分配的多重功能，在以下几个方面进行合理的制度安排。首先，通过对转播收入的初次分配，为低级别联赛以及部分维持联赛运营的组织和机构等提供资金支持。如，为协会尤其是地方协会提供部分运营资金，为开展青少年培训的组织提供活动经费，为裁判员组织提供培训经费，等等。其次，在顶级联赛转播收入分配方面，要通过一

定的制度设置维持联赛竞争均衡水平。具体来说，参考部分职业体育发达国家的经验，应当将相当比例的总收入在各球队之间平均分配，从而促进各球队在经济与竞技方面的实力均衡。最后，通过特定的制度安排为联赛参与者提供激励。具体来说，应当留取一部分转播收入，按照球队成绩、现场比赛观众数量、转播比赛的收视率等指标进行分配，同时向低级别联赛的球队提供升级奖励，并向降级球队提供经济支持，从而更好地激励各球队加强竞争，增强职业赛事的吸引力，实现职业体育可持续发展。

第六节　转播收费制度

电视市场的私有化和电视内容管制的放松，加上快速发展的数字电视技术，使得转播方的选择不再只有传统的免费播出（free-to-air）模式，而可以包括免费和付费两种播出方式，其中付费转播还可以进一步分为付费频道（subscription，即在一个较长时间段内订阅某一频道）和按次计费（pay-per-view，即每次观赏某一特定节目时单独计费）两种途径。比赛转播从免费到付费的变化，意味着观众、转播方、政府管理机构都要改变传统的行为模式。首先，对于观众来说，当私营电视台购买了特定比赛的转播权并进行付费转播之后，他们需要按照自己支付意愿和支付能力来选择是否观看，而不再仅仅根据观看意愿来进行选择，这就使得部分观众无法观看比赛转播。其次，对于转播方来说，选择免费转播或者付费转播，会对收入模式产生影响。最后，对于政府管理机构来说，需要判断职业足球比赛是属于普通的商品，还是属于具有较高社会影响力的特殊商品，从而决定是否对转播方式进行政策干预。因此，在职业体育领域，围绕比赛转播收费方式的制度选择，也成为转播下游市场制度设置的主要问题。

一、免费转播与付费转播的经济学分析

根据 Gabszewicz 等（2004）对媒体产业的研究，无论是免费或付费电视播出模式，节目播出方从广告客户处获得的收入都是随观众人数上升而增加的。对于转播方来说，尽管选择免费转播可以获得大规模的观众，从而提高广告出售的价格，但付费模式在较低的广告收入外，可以额外获取点播费（或频道订购费）。为了进一步阐释转播方的选择，我们通过新古典经济模型来对两种转播模式进行分析。

综合体育经济学和媒体经济学的多项相关研究（Wildman，1992；

Borland 等,2003;Noll,2007;等等),假设付费转播的需求是价格的函数,即 $p_s = \alpha - \beta q_s$,其中 p_s 为平均每次观赏比赛的价格,q_s 为支付节目费的观众数量,假设转播方从广告客户那里获得的收入也是观众数量的函数,即 $r = \gamma q_s$,则转播方的总收入为:

$$R_s = (\alpha + \gamma)q_s - \beta q_s^2 \tag{5.12}$$

而在转播成本方面,一般认为,除了购买转播权的投入,在设备和人员等方面的边际成本为 0,且观众越多,平均成本越低。据此,假设存在转播的固定成本 C_0,转播边际成本为 0 且平均成本为 C_0/q,在转播方拥有独家转播权,且采取付费转播的形式时,会根据自身的边际收入制定最优价格,当边际收入 $\dfrac{\partial R_s}{\partial q_s} = (\alpha + \gamma) - 2\beta q_s = 0$ 时获得最大利润:

$$\pi_{s1} = R_{s1} - C_0 = \frac{(\alpha + \gamma)^2}{4\beta} - C_0 \tag{5.13}$$

而在转播方选择免费播出时,价格为 0,因此需求 $q_s = \dfrac{\alpha}{\beta}$,总利润为:

$$\pi_{s2} = R_{s2} - C_0 = \frac{\alpha\gamma}{\beta} - C_0 \tag{5.14}$$

两者的利润之差为:

$$\pi_{s1} - \pi_{s2} = \frac{(\alpha - \gamma)^2}{4\beta} \geqslant 0 \tag{5.15}$$

由于 α 和 γ 的含义分别是边际情况下第一个付费者支付的节目费,以及边际情况下每一个观众平均购买广告客户产品的支出,因此在正常情况下,$\alpha > \gamma$ 都是成立的。故而,无论价格效应和广告客户对观众的敏感度如何,选择付费播出的利润都是大于免费播出的。图 5.6 对模型分析的结果进行了展示。

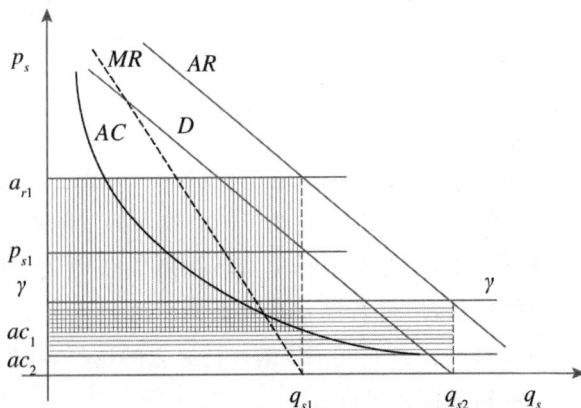

图 5.6 付费转播与免费转播

图中 D 为需求曲线，γ 表示转播方从广告客户处获得的收入，在任何观众规模下，平均收入为 $AR = p + \gamma$，边际收入为 MR，平均成本为 AC。当转播方选择付费播出模式时，均衡点为 $MR = AC = 0$ 处，此时价格为 p_{s1}，愿意支付节目费的观众数量为 q_{s1}，此时转播方的总利润为 q_{s1} 乘以单位利润（ar_1 和 ac_1 之间的距离，图中竖线部分）；而当转播方选择免费播出时，观众数量为 q_{s2}，广告收入成为收入唯一来源，此时转播方总利润等于 q_{s2} 乘以单位利润（γ 和 ac_2 之间的距离，图中横线部分），选择付费播出的利润明显高于免费播出。因此，对于转播方来说，实现经济收入最大化的制度选择无疑是进行付费播出。

当然，以上分析的前提是，某一转播方的购买力能够使其获得独家转播权，或大部分重要比赛的转播权，此时转播方在下游市场上占垄断地位。而当多家电视台获得转播权时，电视转播市场的竞争程度也会对转播收入产生重要的影响，此时，下游市场的付费转播价格会接近边际成本（值为0）。在这种情况下，边际收入和平均收入将变为常数，收入仅来自广告客户，而平均成本随着观众数量的上升而下降，因此，各转播方为实现利润最大化，将通过各种途径增加收视率，而不是提高转播价格。

二、不同国家的制度选择

在现实中，并不是所有的转播方都选择付费转播方式，其原因表现在多个方面。首先是转播方的性质，当公共电视台获得转播权时，其行为通常并不体现利润最大化的动机，而是争取将内容传播至更多的受众。其次，即便在私营电视台中，免费播出的案例也并不少见。这一方面是由于部分国家政府的限制；另一方面在于，一些联赛（俱乐部）在与转播方签署转播合同时，以收费转播会减少观众数量，从而影响联赛（俱乐部）从其他渠道获得收入为由，要求转播方全部或部分进行免费转播。

英国是最早提出重要赛事免费播出的国家。保守党政府在《1954年电视法》（*Television Act 1954*）的第7条中明确规定，一些重要的国家性的体育比赛，如温布尔登网球公开赛、足总杯比赛等，列入公共服务电视台必须向全部观众免费播出的节目内容名单中。到了1990年，由于 BSkyB 等私营电视台的崛起，政府在《1990年广播法》（*1990 Broadcasting Act*）中规定，国家性的重要体育比赛不得以按次计费的方式播出。在《1996年广播法》（*1996 Broadcasting Act*）中，政府进一步禁止了重要比赛在付费频道播出的方式，并在1997年成立了专门的委员会，通过调查来重新确定属于国家性重要赛事的名单，明确要求"（在过往名单的基础上）增加而不能减少赛事项目"(Smith,2010)。1998 年,英国政府通过了包括 20 项赛事的名单,如表 5.21 所示。

表 5.21 1998 年英国政府规定的国家性重要赛事

A 类比赛 必须进行免费直播	B 类比赛 必须免费延迟播出或播出集锦
夏季和冬季奥运会 FIFA 世界杯决赛阶段比赛 欧洲杯决赛阶段比赛 足总杯决赛 苏格兰足总杯决赛(苏格兰境内) 全国越野障碍赛马(The Grand National Steeplechase) 德比马赛(The Derby) 温布尔登网球公开赛决赛 英国橄榄球挑战杯决赛(The Rugby League Challenge Cup Final) 英式橄榄球世界杯决赛(The Rugby World Cup Final)	英国板球测试赛 温布尔登网球公开赛除决赛外的所有比赛 英式橄榄球世界杯除决赛外的所有比赛 六国英式橄榄球杯赛(Six Nations Rugby Tournament)有本国球队参加的比赛 英联邦运动会 世界田径锦标赛(The World Athletics Championship) 曲棍球世界杯决赛、半决赛以及有本国球队参加的比赛 莱德杯高尔夫球赛(The Ryder Cup) 英国高尔夫球公开赛(The Open Championship)

资料来源:根据英国政府网站资料整理

在英国之后,法国、德国、意大利等国家又陆续实施了类似的制度。而欧洲层面的管理者也对体育赛事的特殊性进行了明确的说明。1989 年,欧盟的前身之一,欧洲经济共同体在《89/552 指令》(*Directive 89/552*)中要求,成员国政府有资格通过立法确保重要的社会事件不会因为种种原因而不能通过媒体向公众传播。1997 年,在欧盟的《电视无国界指令》(*Television Without Frontiers Directive 97/36*)中,欧盟要求各成员国提交"有重要社会影响的体育比赛名单"。而在 2007 年的《视听媒体服务指令》的第 14 条中,欧盟再次明确要求"对于社会有着重要影响的体育赛事……必须能够通过免费的现场直播或者其他播出形式向公众传递"。表 5.22 对欧洲主要国家重要赛事转播收费情况进行了总结。

由表 5.22 可见,包括世界杯、欧洲杯以及部分国内杯赛在内的多项重要体育赛事,已经在多个欧洲国家之内实现了免费播出。这些赛事大多涉及国家队的比赛,或者是历史悠久的国内和洲际赛事的决赛,而职业联赛并没有被纳入任何国家的免费播出节目内。显然,这是欧洲国家政府和欧盟政府在平衡体育赛事的公共影响力及其所带来的经济效益之后做出的制度选择。

表 5.22 2013 年欧洲主要国家重要赛事转播收费情况

赛事	德国	意大利	西班牙	英国
国内足球现场直播	私有/付费	私有/付费	私有/付费	私有/付费
国内足球集锦/录播	公共/免费	私有/免费	私有/付费	私有/免费
FIFA 世界杯比赛	公共/免费	公共/免费		公共/私有/免费
2008 欧洲杯	公共/免费	公共/免费	私有/付费	公共/私有/免费
国内杯赛	公共/免费	公共/免费	私有/免费	私有/免费
欧洲冠军联赛	私有/免费/付费	公共/免费/私有/付费	私有/免费/付费	私有/免费/付费
国家队比赛	公共/免费	公共/免费	公共/免费	公共/私有/免费
2008 奥运会	公共/免费			
2010 冬奥会	公共/免费			
2012 奥运会	公共/免费			
覆盖人口比例要求	免费:67%	免费:90%		免费:95%

注:空白处表示资料无法获取

资料来源:根据相关资料整理

第七节 小 结

在前一章节对欧洲职业足球主体行为逻辑分析的基础上,本章阐释了职业体育转播制度变迁的过程。全球职业体育转播产业的兴起,始于 20 世纪 80 年代末期欧洲国家媒体私有化的浪潮。足球比赛极高的转播价值使得私营媒体纷纷以高价购买转播权,从而引致了职业足球转播收入的大幅提升。在职业足球转播的双边市场之中,转播出售制度、收入分配制度以及转播收费制度是三种主要制度,不同的制度设置会给各主体带来不同的收益。其中,转播出售制度主要涉及集体出售和单独出售两种类型的制度安排,在政府的制度干预之下,大多数国家已经施行了集体出售制度,这一制度被证明是符合联赛整体发展需求的;收入分配制度主要涉及分配的方式,英国和德国的转播收入分配较为公平,而西班牙和意大利的转播收入分配明显有利于大俱乐部;转播收费制度则涉及消费者的利益,在各国政府以及欧盟政府的制度干预之下,大多数欧洲国家都针对免费转播内容建立了相关制度。

　　从我国体育赛事转播历史来看,公共电视台长期处于体育赛事转播权垄断买家的位置,而其性质也决定了各类体育比赛一直采取免费播出模式。近年来,随着新媒体进入体育赛事转播市场,不断通过高价购买各类体育赛事版权,付费播出的体育赛事节目日益增加,英超联赛、NBA 等国外职业体育赛事逐渐形成了固定的收费模式。从发展趋势来看,随着我国职业体育市场化程度的不断提高,竞价出售将逐渐成为职业体育赛事转播权出售的主要途径,因此,付费观看也必然会成为未来我国职业体育转播的主要模式。在未来发展中,管理者应当立足我国国情,借鉴国外经验,对付费与免费的体育赛事类型进行划分,在私人利益与公共福利之间找到平衡点。具体来说,对于国内职业体育联赛类型的赛事,应当鼓励其通过市场化的方式进行转播,将转播的定价权交给市场。在此基础上,通过一定的方式(如,政府购买部分赛事的录播或集锦类内容的转播权,提供给公共电视台),在不影响联赛主体与转播方利益的前提下,向观众提供适当的公共福利。对于职业俱乐部或职业运动员参加的大型国际赛事,以及国家队参与的大型国际赛事,应当充分认识其公共影响力,直接通过政府购买的方式,向全体受众提供较为全面的转播,更好地发挥这些比赛在塑造国家形象、提升国民自豪感、增强国家凝聚力等方面的功能。

第六章　职业体育劳动力制度

第一节　职业体育中的劳动力

与其他产业相同,职业体育产业的生产要素也包括劳动力、土地、资本。其中,劳动力要素主要包括运动员、教练、训练员、俱乐部管理者等,土地要素主要是指进行比赛和训练的场馆所使用的土地,资本则是投资于建设场馆、购买相关设备、雇用和培训劳动力等方面的支出。在所有的生产要素之中,运动员被普遍认为是最为重要的生产要素。其原因在于,首先,作为职业体育产业中的核心产品,大多数体育比赛本身主要是由运动员展现自身运动技能的过程构成的,运动员不仅是生产要素,更是最终产品中不可分割的部分,在整个生产过程中扮演着关键的角色。其次,在某一个特定的生产过程之中,为了获得、保持并提升运动员的运动技能,投资者需要进行大量的资本投入,这些资本投入包括运动员薪金、训练人员薪金、训练设施购置等,其中主要部分体现在支付运动员薪金方面。Simmons(2007)指出,在 20 世纪 90 年代之后,欧洲职业足球运动员的薪金已经成为职业俱乐部最主要的运营支出,在德国和英国顶级联赛中,其比例已经超过了俱乐部总支出的 60%,而这些资本投入最终都凝结在运动员的运动技能展现之中。因此,围绕着运动员的劳动力制度设置也成为职业体育产业发展的关键问题。

在欧洲和美国的职业体育联赛(盟)中,对劳动力进行制度约束的主要内容之一是运动员的自由流动(free movement,或 free agency),也就是运动员能够在多大程度上按照自身的意愿选择效力的运动队(Depken,1999)。除此之外,劳动力制度在两个地区体现出了较大的差别。在美国,由于多数职业运动项目只在美国国内有着单一的封闭式职业联盟,因而劳动力制度的设置几乎不涉及跨国家和跨级别等复杂问题,职业体育联盟的管理者、职业运动员工会、政府反垄断机构围绕着联盟内选秀、联盟内运动员薪金限制(工资帽)、联盟运动员工资集体谈判等多个联盟层面的问题设置了多个方面的制度。而在欧洲,选秀、工资集体谈判、薪金限制等制度都未能在超国家、跨级别的欧洲职业足球框架内得到统一实施,取而代之的是部分国家在特定历史时期内实施的职业球员最高工资制度,以及对效力于本国职业联赛的国外球员数量予以控制的运动员配额(nationality quota)制度。其中,最高工资制度较早被废除,而运动员配额制度至今依然存在于欧洲职业足球领域,对欧洲范围内足球运动员流动的影响持续至今。因此,总体而言,在本研究主要考察的历史阶段内,欧洲国家的俱乐部、联赛、协会、政府等主体围绕着自由流动和运动员配额这两个重要管制领域,在各自所遵循的社会核心制度逻辑约束之下,通过各自的行为选择,形塑了欧洲职业足球的劳动力制度体系。

第二节 早期职业体育劳动力制度安排

在现代体育诞生之后的很长一段历史时期内,运动员在职业体育内部结构中一直处于较为弱势的地位。例如,从语言表达的习惯来看,一个明显的标志是,欧洲人长期以来倾向于使用"足球劳动力"(football labor)或"踢球者"(footballer)等词语来描述从事职业足球的人群,而极少使用"工作者"(worker)这一词语。Arendt(1958)指出,在几乎所有西方常用语言中,人们都会使用不同的词语分别表达"劳动"和"工作"的意思,在英语、德语、法语等主要语言中,"劳动"(英语 labor,德语 arbeit,法语 labourer)一词均含有农奴、苦役、辛劳等方面的语义,通常与社会底层的体力工作者相联系;而"工作"(英语 work,德语 werk,法语 ouvrer)一词在任何语言中都不包含农奴、辛劳等语义,更多是描述一种人在建立和维持世界现实性方面所做出的贡献,并经常被用于指代文学和艺术作品等。显然,这一约定俗成的表达方式反映了历史上西方人对体育运动员社会地位的判断,运动员被视作社会底层的体力劳动者。直到 20 世纪 80 年代,有研究者(Morgan,1985;Beamish,1985;等等)指出了这一用法在阶级意识方面存在的问题,而欧共体以及欧盟的管理者也在官方文件中开始使用"职业体育工作者"(professional sports workers)或"足球运动员"(football player)来描述运动员。除了"劳动力市场"(labor market)等特定的术语外,用"labor"描述职业足球运动员的情况已经较为少见。尽管如此,部分学者(Darby 等,2007;Poli,2010;等等)在研究青少年运动员转会问题时,依然倾向于沿用"足球劳力"(football labor)这一表达方式来描述那些从拉丁美洲和非洲国家大量来到欧洲的青少年。

同样，早期针对足球运动员的制度设置也明显地体现出运动员在整个足球领域中较低的地位。欧洲最早出现的劳动力制度是英国足总在1885年设立的"注册制"（registration system），该制度要求，所有参加足总组织的足球比赛的运动员必须在每年的赛季开始前，在足总进行资格审核和球队注册。Morrow（1999）认为，这一制度的初衷是为了防止球员在赛季之中更换其效力的球队，从而实现联赛各球队人员构成的稳定。这一制度产生于职业运动员不被认可的年代，在一定程度上代替了合法的劳动合同。

在注册制诞生后的几年内，球员对注册球队的选择很快转变为一种可以进行交易的权利，并且在此基础上形成了转会市场，也在一定程度上带来了正式球员合同以及职业球员的出现。但是，即便在正式球员合同出现之后，按照足总的规定，转会权也并不掌握在球员手中，而是由球员所属的俱乐部控制。在球员合同进入最后一年时，球员面临以下四个选择：（1）与原俱乐部续约，不改变原合同中的任何条款。（2）俱乐部提供待遇低于原合同的新合同（less favorable contract），如果球员不满意待遇，可以向足总提出申述，足总可以要求俱乐部提高薪资待遇，或者认为薪资合理而不进行干预；在后一种情况下，或者当俱乐部按照足总要求提供新合同后，俱乐部都可以无条件保留该球员。（3）俱乐部将球员列入转会名单，并标明转会费，在球员被列入转会名单而未能转会期间，俱乐部不支付球员薪金。（4）俱乐部宣布合同到期后不与该球员续约，则该球员在合同到期后可以进行自由转会。在这样的制度约束下，球员在转会方面几乎没有任何选择的余地，即便在合同到期的情况下，如果俱乐部不同意，球员也无法与其他俱乐部签订新合同，球员"在某种程度上完全成为原俱乐部的财产"，一些研究者更是直接指出，"（这种转会制度）迫使职业运动员无法像普通劳动者那样自由地选择出售自己的劳动力……而像一个被所有者贩卖的奴隶一样"（阿尔弗雷德·瓦尔等，2005）。因此，这一由注册制演变而来的制度被称为保留转会制度（retain and transfer system）。

与保留转会制度几乎同时出现的另一种劳动力制度是最高工资制度（maximum wage），这一制度最早于1901年被引入职业足球领域。Dobson等（2001）将保留转会制度和最高工资制度称为"英国足球职业化早期最为重要的特征"。和保留转会制度相似，最高工资制度的目的也是防止大俱乐部通过提供较高的薪资待遇垄断优秀球员资源；此外，足总也认为这一制度能够控制俱乐部在工资支出方面的过度行为，实现俱乐部财务状况的相对稳定，并缩小联盟内优秀球员和普通球员的薪资差异，从而在一定程度上保证比赛中的竞争均衡。1901 年的最高工资设置的上限是每周 4 英镑;1922 年,这个数字增长至每周 8 英镑(休赛期为 6 英镑);1958 年,最高工资上限再次增长至每周 20 英镑(休赛期为 17 英镑),而当时英国男性体力工作者平均每周可以获得 12.83 英镑的收入(Department of Labor and Productivity,1971),两者之间的差距并不大,而这一薪资水平要明显低于政府职员、教师、银行职员等从业者。

在 20 世纪 50 年代末期,西欧国家经济的飞速发展使得居民可支配收入大幅提升,而由于最高工资制度的存在,俱乐部的总支出水平没有明显的增长。以英国为例,在 1960 年,观众观看足球比赛的平均入场费用只比 1926 年上升了 23%(Dobson 等,2001),因此,最高工资制度的获益者变成了现场观众。与此同时,大多数的俱乐部也开始通过非法的方式将收入转移到球员身上,许多大俱乐部私下里违反最高工资制度,支付"靴费"(boot money)给优秀球员,或者通过其他方式提供球员超过最高工资限制的薪水,球员受到怀疑并得到证实获得非法收入的案例不断增加。而到了 60 年代初期,英国劳工运动使得国内延续将近百年的劳工薪资上限制度被废除。与此同时,英国职业足球运动员协会(English Professional Footballers' Association,以下简称英国球员工会)也在 1957 年之后开始频频向政府抗议顶薪制度。在 1961 年,英格兰球员工会准备开始一场大规模罢工,英国足总迫于压力,终于同意取消传统的顶薪制度。

自此,英国职业足球运动员的收入开始了飞速的增长。在 1961—1971 年,英国顶级联赛的俱乐部工资涨幅达到了 80% 以上,而此前的任意十年中,这一数字都没有超过 10%(Szymanski 等,1999)。这种增长一直持续至今,在 2009—2010 赛季,英超球员的平均收入已经达到了每年 116.2 万英镑,几乎达到了英国国内劳动者平均收入的 20 倍(见图 6.1),与此同时,英格兰足球冠军联赛(Football League Championship,英国国内第二级别联赛,原英国足球乙级联赛,1992 年后改称,以下简称英冠联赛)和英格兰足球甲级联赛(Football League One,英国国内第三级别联赛,以下简称英甲联赛)球员的工资水平涨幅则远低于英超联赛,尤其是英甲联赛,其球员收入水平仅略高于英国国内劳动者平均收入水平。

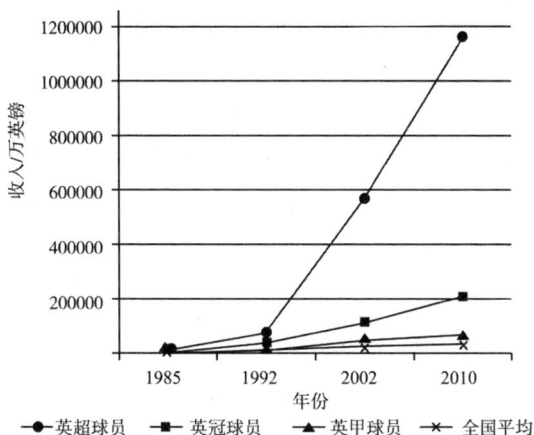

图6.1　1985—2010 年英国前三级联赛球员平均收入

第三节　职业体育联赛(盟)保留转会制度

与上一章对转播制度的分析相类似,在对职业体育劳动力制度变迁过程进行阐释之前,本研究先对相关的制度设计进行经济学分析,在此基础上,按照各主体的行为逻辑,判断其在制度变迁的过程中的行为选择,并基于此对欧洲职业足球制度变革的过程进行分析。

一、保留转会制度的经济学分析

Késenne(2007)认为,如果俱乐部是最大利润的追求者,并且了解均衡竞争能够给整个联盟带来最大化的利润,则各球队在劳动力上的行为会使得管理者对球员流动的管制失去必要性。事实上,基于 Coase(1960)所提出的关于产权归属与经济绩效的经典理论,Rottenberg(1956)和 Quirk 等(1974)已经先后提出并从理论上证明,在利润最大化的职业体育联盟中,对运动员流动进行限制的制度设计,包括保留转会、逆向选秀等,并不会对运动员的最终分布产生巨大影响。当产权归属于某一支球队的运动员能够在另一支球队中产生更大的经济效益时,两支球队会通过一定的方式交易运动员,从而实现运动员经济价值的最大化。已有研究也从实证的角度证明了这一理论假设。自 20 世纪 70 年代中期美国职业体育联盟废除保留转会制度以来,没有任何研究发现联盟的竞争均衡水平因此而出现下降。相反,Quirk 等(1992)发现,自从自由转会制度实施之后,联盟的竞争均衡水平出现了一定程度的提升;也就是说,保留转会制度的取消不仅没有促使更多的中小城市运动员去大城市球队,反而使得大城市的运动员更多地去往中小城市发展。当然,也有学者(如,Szymanski,2006b,2007)认为,由于美国职业联盟有着地域特许经营、工资支出限制、逆向选秀等制度的存在,竞争均衡的不明显变化显然不能说明保留转会制度本身不会对运动员流动产生影响。

而在欧洲,由于多种制度设置以及俱乐部行为动机的差异,保留转会制度产生的影响,与北美职业体育联盟中的情况存在较大差异。按照职业体育经济学中的一般假设,作为获胜最大化的行为者,欧洲职业足球俱乐部通常并不以边际收入最大化为决策均衡点,而是以平均收入(NAR)作为决策判断的依据。如图 6.2 所示,假设 E_w 是完全竞争市场下的均衡点,而初始的球员资源分布是 T_a,C_w 是球员的单位成本,很明显,在这一条件下,小市场球队是处于亏损状态的,而大市场球队的购买意愿较强。此时,球员资源分布的均衡会向右移动,达到 E_w 状态。然而,当保留转会制度存在时,球员(即使是合同到期球员)的转会需要大俱乐部向中小俱乐部支付相应的转会费,因此,各支球队的平均收入曲线会发生移动,小俱乐部的平均收入曲线会向上移动,而大俱乐部的平均收入曲线会向下移动。这就意味着,小俱乐部会将转会获得的收入重新投入购买新球员之中,而新的球员资源的均衡点则会移动至 T_w^* 处。因此,保留转会制度在一定程度上增强了联赛中的竞争均衡。

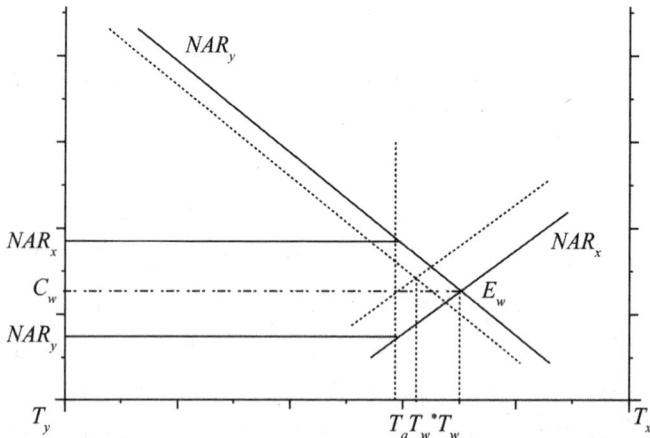

图 6.2 欧洲职业足球中的运动员资源分布

值得注意的是,Késenne(2007)指出,由于缺少类似北美职业联盟内早已施行的选秀制度(如,MLB 选秀始于 1965 年,NFL 选秀始于 1967 年),欧洲职业足球领域运动员资源在各俱乐部的初始分配情况便是不均衡的。

这就使得大俱乐部不仅有着更强的购买力,在吸引运动员效力方面也比小俱乐部更有优势,甚至在运动员最初选择青训地点时,也会倾向于加盟大俱乐部。因此,更可能出现的情况是,球员资源的初始分配便接近 E_w 点,小俱乐部能够出售给大俱乐部的优秀球员较少,保留转会制度的价值更多地体现在帮助俱乐部控制球员工资支出方面,而并不是维持联赛竞争均衡方面。Szymanski 等(1999)的研究也显示,保留转会制度的存废并没有对欧洲主要国家联赛的竞争均衡造成显著影响。

二、"博斯曼法案"实施前的保留转会制度

尽管保留转会制度的正式废除是在 1994 年"博斯曼法案"之后,但在欧洲多个国家,这一制度已经先后被政府明令禁止。20 世纪 50 年代,英国球员工会在要求英国足总取消薪金上限制度的同时,也要求其对转会制度进行改革(Greenfield 等,2001)。英国政府在 1952 年专门成立了调查委员会,对该制度存在的必要性进行了深入调研,但英国足总以及联赛委员会坚持认为,取消保留转会制度会造成"联赛竞争状况的崩溃",而英国政府也基本接受了这一观点。英国高等法院在 1963 年做出判决,承认俱乐部在球员合同到期时拥有优先续约该球员的权利,但俱乐部必须提供不低于之前合同中的薪资待遇以及合同年限,否则球员将可以进行自由转会,而当球队提供了符合条件的薪资待遇后,俱乐部可以无条件保留该球员。事实上,这一判决对俱乐部保留核心球员的行为并未产生太大影响,对于大多数俱乐部来说,向合同到期的核心球员提供不低于之前合同中的薪资待遇,在经济上并不构成任何额外的负担。在 1978 年,英国政府又要求足总进一步修改了转会制度,在新的转会制度下,原俱乐部在提供符合条件的新合同之后,也不能无条件保留合同到期的球员,其他俱乐部可以向原俱乐部提供一定数额的转会费,在原俱乐部拒绝的情况下,由第三方仲裁机构做出判决。

在其他欧洲国家,保留转会制度也在 20 世纪 70 年代开始受到球员工会的挑战,但制度变革的情况在不同国家之间产生了较大的差异。在法国,足球运动员贸易联盟(Footballers' Trade Union)与法国足协就废除"球员 35 岁之后才可以享有合同到期后自由转会权"(Lanfranchi 等,2001)的相关制度进行了交涉,最终达成共识,允许合同期满的球员与国内其他俱乐部签订劳动合同。在葡萄牙,政府于 1975 年 5 月颁布法令,规定了球员的相关权利,特别是合同到期之后可以进行自由转会的权利。在西班牙,职业联赛和运动员之间的集体谈判也在多个方面受到西班牙劳动法的

约束。在 1970 年至 1980 年初的一段时间里,西班牙球员协会(Association de Futbolistas Espanoles)是变迁的主导力量。1979—1982 年,协会组织了三次球员罢工,对本国足协制定的"运动员保留权"(derecho de retención)①制度进行了挑战,其中,1979 年和 1980 年的两次球员罢工都致使西班牙职业联赛停摆。球员协会要求"将西班牙工人所享受的权益同样地应用于职业体育领域"(González,1982),经过西班牙政府和职业球员协会的艰难谈判,西班牙职业运动员的工作环境得到了改善,主要体现在 1979 年的取消俱乐部单方面延长球员合同的权利,以及赋予球员可以在合同即将到期前单方面结束的权利,前者是球员进行罢工后迫使俱乐部同意的,后者是政府直接颁布法案予以支持。1985 年,西班牙政府又颁布了《1006/1985 法案》,明确了职业体育中的劳工关系。该法案第 6 条规定,"职业体育劳工关系的特殊性体现在固定时期内的定期合同,以及合同所规定的构成某一项特定体育赛事的固定数目的比赛"(Garcia,2011);第 16 条规定,当职业体育运动员向其雇主支付一定数额的赔偿金之后,可以结束合同。综上,在"博斯曼法案"实施之前,保留转会制度在多个国家,特别是职业足球发达国家,已经不再存在,这些国家的国内法案与欧洲法院日后的判决有着同样的要求(Marzola,1981,1990)。

因此,在 20 世纪 80 年代末至 90 年代初的欧洲,基本上形成了四种球员转会的模式:(1)传统的保留转会制度转会模式,典型的国家如德国、荷兰和比利时;(2)合同到期球员需要按照特定计算办法支付一定数额的转会费,如意大利;(3)合同到期球员自由转会,无须支付任何费用,如法国、西班牙、葡萄牙;(4)合同到期球员需要支付不超过欧足联最高转会费限制数额的转会费,如英国。而保留转会制度的废除和变革,则与 20 世纪 90 年代"博斯曼法案"带来的外援配额制度转变一起,成为推动职业足球运动员全球流动,乃至职业体育产业爆发式发展的重要制度变革。

第四节　职业体育联赛(盟)外援配额制度

一、职业体育中的外援配额制度

在 20 世纪 90 年代之后,随着全球职业体育产业的快速发展,高水平

---

① 指在未得到俱乐部允许的情况下,运动员即使在合同结束之后也不能进行转会。

运动员的跨国流动开始成为常态。根据学者（肖六亿，2008；Lewis，2012；等等）的研究，从劳动力流动方式的角度来看，运动员的跨国流动涵盖了多个类型，既有时间跨度较长的迁移型流动（migration，即运动员在某一国家长期工作定居），也有短期内进行的往复型流动（circulation，即运动员在两国之间短期来回工作和居住），还包括涉及不同国家的移动型流动（mobility，即运动员在多个国家先后工作和居住）等。在此背景之下，为了保护本国运动员的工作机会，各国联赛（盟）管理者和从业者逐渐推行了针对外籍运动员的配额制度，以规制国内联赛（盟）中的外援数量。

配额的概念源于国际贸易理论，是指一国政府在一定时期内对某一特定商品的进口或出口实行数量或金额上的控制（Mankiw，2004）。在职业体育之中，外援配额则是指职业体育管理者针对非本国国籍运动员的数量控制。早期的外援配额制度较为单一，大多是直接规定非本国国籍运动员的数量。随着职业体育的不断发展，外援配额制度也逐渐细化和完善。表6.1 展示了当前世界主要职业足球联赛中，外援配额制度涉及的主要方面。

表 6.1　外援配额制度涉及的主要方面

针对外援本身	针对本国运动员（反向调节）
外援的国籍、外援的水平、外援的位置、外援的年龄、外援接受青训的国家及时间、外援曾经工作的国家及时间等	本国运动员接受青训的俱乐部及时间、本国运动员的位置、本国运动员的年龄等

资料来源：各国足协官方网站

由表 6.1 可见，外援配额制度限制非本国运动员数量的本质并没有变化，但其形式已经从简单地规定人数，发展到了对外籍运动员各个方面的考察和规制；同时，也出现了一些通过规定本国运动员数量来反向调节外援数量的制度安排。显然，这些制度安排不仅关乎运动员资源的流动与分配，也会对各国职业俱乐部和联赛竞技水平、本土运动员发展以及国家队竞技表现等产生一系列的影响。因此，如何设置合适的外援配额制度，已然成为各国职业足球发展中的关键问题。

二、外援配额制度的经济学分析

外援配额制度产生的影响涉及较广，而针对配额制度的分析也处于多重嵌套之中。因此，本研究在比较域外制度实践之前，先通过经济学模型的演绎以及已有研究的综述，分别考察外援配额制度在三个方面的影响：（1）对运动员工资水平的影响；（2）对联赛（盟）和俱乐部竞技水平的影响；（3）对国家队竞技水平的影响。需要指出的是，本节对外援配额制度的一系列分析,仅仅是依据模型演绎和已有研究结论,辨析如何通过制度安排降低交易费用、减少租值耗散以及实现帕累托改进,并不对具体制度安排进行价值判断。

(一)经济分析的基本假设

基于体育经济学的已有研究(如,Késenne,2007;Szymanski,2006b),本研究引入一个包括两个国家和四支球队的经济学模型。在两个国家 A 和 B 中,市场规模分别为 m_A 和 m_B,且有 $m_A > m_B$,$m = m_A + m_B$;在每个国家内,有俱乐部 x 和 y,且有 $m_X > m_Y$。对于国家 p 的俱乐部 q,假设其收入由市场规模、主队胜率以及比赛的竞争性决定,即:

$$R_{pq} = (m_{pq} + m_p/2)w_{pq} - \beta w_{pq}^2, \quad p = A, B, \quad q = x, y \quad (6.1)$$

其中,m_{pq} 表示 q 俱乐部的本地市场,$m_p/2$ 表示由两支球队平均分配的国内非本地市场。市场规模的大小既影响着比赛现场观众数量,也与电视转播、广告赞助等有着密切的联系。此外,β 为常数,表示比赛竞争程度的影响。球队的胜率由其占有的运动员资源决定,即 $w_{pq} = t_{pq}/t_p$,t_{pq} 是 p 国家 q 球队的运动员能力总和,t_p 是两支球队运动员能力的总和。在单一赛季之内,两个国家的运动员能力总和固定,且只能通过跨国转会改变。同时,球队在运动员方面的开支,由单位运动员能力的成本 c 决定。假设球队都是追求获胜最大化,其平均收入而不是边际收入,决定了球队在运营投入方面的边际支出。

(二)外援配额对工资水平的影响

根据劳动经济学的基本理论,经济收入水平是影响劳动力国际流动的最主要因素,而在当今的职业体育之中,运动员的薪金也已成为职业俱乐部的主要运营支出(Simmons,2007)。因此,本研究首先分析配额制度与运动员工资水平之间的关联,并依此推断其对运动员流动、俱乐部支出等方面产生的影响。

1. 无外援配额时的工资水平

在外援配额完全封闭的情况下(即跨国运动员转会被完全禁止时),同一国家两支球队的平均收入将等于运动员能力的平均单位成本,即:$AR_{px} = c_p = AR_{py}$。代入 R_{pq} 的函数,可得球员能力的单位成本为:

$$c_p = c_p t_{px} = c_p t_{py} = (2m_p - \beta)/t_p \quad (6.2)$$

此时,国内市场规模和运动员资源决定了球员能力的单位成本,也即球员的工资水平。假设两个国家的市场规模之比等同于运动员资源之比,即 $t_A/t_B = m_A/m_B$,则可以得到 $c_A > c_B$ 的结论,即,在无外援配额的时候,市场规模较大的国家能够提供较高的工资水平。

2. 有外援配额时的工资水平

当外援配额数量完全放开时,两国之间运动员资源会形成一个共同市场(common market)。不考虑生活习惯、文化环境等因素,小市场国家的优秀运动员会选择去往大市场国家工作,以获得更高的收入。经过一系列运动员交易,市场最终达到均衡时,共同市场中单位球员能力成本最终会趋同,即:

$$AR_{pq} = c_{A'} = \frac{2m_A - \beta}{t_{A'}} = \frac{2m_B - \beta}{t_{B'}} = c_{B'} \qquad (6.3)$$

也就是说,经过运动员交易后,大市场国家的运动员资源 $t_{A'}$ 相比 t_A 增加,而小市场国家运动员资源 $t_{B'}$ 相比 t_B 减少,即:$t_{A'} > t_A > t_B > t_{B'}$。因此,工资水平也会相应变动为:$c_A > c_{A'} = c' = c_{B'} > c_B$。大市场国家的运动员工资水平降低,而小市场国家运动员工资水平适当提升。需要注意的是,在大多数情况下,外援配额显然不会完全放开。此时,相比配额完全放开的情况,大市场国家的工资水平会有所提高,且随着配额的缩减,不断接近封闭市场下的工资水平;相反,在小市场国家,工资水平则随着配额的减少而降低,并逐渐接近封闭情况下的工资水平。

值得注意的是,在现实中,由于国际运动员市场规模巨大,单个国家外援数量的管制并不会对国际市场工资水平造成显著影响,而工资水平的变化将主要体现在本国运动员工资方面。因此,从经济学角度来看,外援配额的本质便是将国内运动员市场与国际运动员市场分离,对国内运动员提供就业机会与工资待遇的贸易保护。按照国际贸易中的赫克歇尔—俄林—萨缪尔森理论(Heckscher-Ohlin-Samuelson 理论,以下简称 H-O-S 理论)的分析,这种贸易保护会导致各国国内的丰裕要素(abundant factor)受损以及稀缺要素(scarce factor)获益(Martin,1976)。具体来说,作为大市场国家丰裕要素的资本,会因支付国内运动员在贸易保护下获得的高工资及转会费而受损;作为稀缺要素的国内运动员,则因存在贸易保护而获益。在小市场国家中情况则相反。

综上,过于严格的外援配额制度,不仅阻碍了优秀运动员通过高水平联赛最大化其竞技与经济价值,也影响了具有购买力和购买意愿的俱乐部和联赛(盟)获取优秀运动员,从实现"帕累托最优"的角度来看,其无疑是缺乏效率的。

(三)配额制度对联赛竞技水平的影响

外援配额制度不仅会影响到运动员的工作选择和个人收益,也相应地会对联赛的竞技水平产生影响,这种影响体现在国内联赛与跨国比赛两个层面。

在国内联赛的层面,根据前述相关公式可以得到,无论配额制度是否存在,各国内部两支球队胜率之间的关系都是:$w_{px} - w_{py} = (m_{px} - m_{py})/\beta$。大市场的球队在经济实力方面优于小市场球队,且这一优势也会在俱乐部占有的运动员资源以及竞技成绩上体现出来。配额制带来的变化在于,两个国家之间的运动员资源分配会产生变化,配额制度越是宽松,大市场国家越是能够吸引更多的优秀运动员,从而扩大两个国家球队之间的实力差距。

事实上,当跨国比赛发展到一定程度,参加跨国比赛的球队还能够从跨国比赛产品市场中获得额外收入。此时,不参加跨国比赛的球队收入函数不变,而跨国比赛带来的新的产品市场 m',则由两支参加跨国比赛的球队共同占有。此时,两国的大市场球队收入函数变化为以下形式:

$$R_{px} = \left(m_{px} + \frac{m_p m'}{m_p + m_q}\right)\frac{t_{ix}}{t_x} - \beta\frac{t_{ix}^2}{t_x} , t_x = t_{Ar} + t_{Br} \tag{6.4}$$

而参加跨国比赛的两支大市场球队的竞争状况为:

$$w_{Ar''} - w_{Br''} = (m_{Ar} - m_{Br}) + \left(\frac{m_p - m_q}{m_p + m_q}m'\right)/\beta > \frac{m_{Ar} - m_{Br}}{\beta} \tag{6.5}$$

此时,两支来自不同国家的大市场球队在跨国比赛中的竞争实力差距,要高于两支球队占有的国内市场规模之差距。也就是说,放宽外援配额制度,可以在不影响国内联赛竞争均衡的前提下,提高市场规模较大的国家联赛的竞技水平;同时,也可以提高该国联赛中参加跨国比赛俱乐部的竞争力,从而提升该国联赛和俱乐部的竞技实力和影响力。

(四)外援配额对国家队竞技水平的影响

相比于外援配额制度对运动员收入和联赛竞技水平的影响,其与国家队竞技水平之间的关系更为复杂和模糊。长期以来,人们认为国内联赛中的外援对国家队水平的影响,会从两个相互制约的方面体现出来。从正面影响来看,高水平外援的到来通常会提升联赛竞技水平,本土运动员可以更好地提升个人能力。同时,俱乐部通常也会聘请与外援水平相匹配的高水平教练、医疗和后勤团队等,整个俱乐部的管理和训练水平也会得到改善。此外,职业体育比赛产品的其他生产者,如比赛转播方、赛事组织方、场馆运营方等,也会相应提高其生产技术水平,最大化外援的产出水平。从负面影响来看,外援会在上场时间和比赛位置这两个方面压缩本土运动员比赛的机会,尤其是年轻运动员的出场比赛时间,从而可能会对国家队的选材造成影响。

囿于篇幅限制，本研究对外援与国家竞技水平的考察集中于对已有文献的综述。事实上，已有研究的分析结果与以上普遍观点有着一定的差异。Solberg(2008)对联赛引入外援以及本土运动员出国效力对国家队竞技成绩的影响进行了分析，选取1992—2008年英国、西班牙、德国、法国和意大利等国家的联赛外援数量、国际足联排名、效力海外的本土运动员数量等数据。结果表明，联赛外援数量和国家队竞技表现之间全部呈现不相关或明显的正相关，而没有出现显著的负相关。同时，在大多数国家之中，出国踢球的运动员数量和国家队竞技表现之间都有显著的正相关。此外，Yamamura(2009)的研究则发现，去往欧洲足球发达国家联赛踢球的外籍运动员，会给他们的国家队带来技术外溢效应，显著地提高其国家队的竞技水平。Berlinschi等(2013)对20个国家中的运动员流动和国家队竞技水平进行了分析，获得了与之前两项研究相似的结果。

综上，根据已有研究结果，限制外援数量显然无法明显提升国家队的竞技水平。同时，由于对外援数量的限制会形成针对本土运动员的贸易保护，提高本土运动员的工资水平，降低本土运动员出国效力的意愿，而根据已有研究的结果，出国运动员数量的降低会阻碍国家队竞技水平的提高。因此，本研究认为，在国内联赛中实行严格的外援配额限制，很可能既无法通过增加本土运动员数量来提高国家队竞技水平，又因为削弱了国内运动员在国际劳动力市场上的竞争意愿，反而对国家队的竞技水平提升造成负面的影响。

三、职业体育联赛外援配额制度安排的国际实践

经济学模型的分析提供了理论视野下的行为解读，在现实中，不同国家在制度选择上也有着各自的实践。鉴于职业足球产业在欧洲国家有着长期的发展历史和相对完善的制度建构，因此，本研究将制度实践研究的重点放在欧洲，从欧盟层面以及国家层面分别考察其制度安排。

(一)欧洲层面的外援配额制度实践

作为职业足球产业最为发达的地区，欧洲有着众多各具特色的国家联赛，以及大量的运动员跨国转会交易。在欧盟及其前身原欧洲共同体管理者的干预之下，欧洲国家的外援配额制度不断演进和完善，其制度体系构建以及具体制度安排都为我国职业足球外援配额制度的发展提供了实践经验。

1. 早期欧洲国家外援配额制度

从欧洲足球发展历史来看,早期的足球俱乐部是一种带有地域特征的民间组织,较少会有引进外援的行为,各国足协对外援数量的限制也较为严格,大多在 2 人以下。1976—1989 年,欧洲法院(European Court of Justice)和欧共体委员会先后数次对英国、意大利以及欧足联的外援制度进行了干预,并与欧足联签订了旨在废除球员国籍歧视的协议,规定欧足联成员国前两级联赛俱乐部的外籍外援配额不得少于 2 人。1991 年,欧足联实施了著名的"3+2"制度,即欧足联成员国所有国家或地方协会组织的比赛中,每支球队可以使用 3 名外籍球员,以及 2 名在本国联赛工作满5 年的"归化球员"(assimilated foreigner)。有学者认为,这一制度实质上是欧洲层面的管理者对职业足球中国籍歧视行为的默认和许可,其根本原因在于,当时的职业足球只是一项经济价值极为有限的体育活动,很难将其纳入经济条例的适用范围(Parrish,2003)。

2. "博斯曼法案"与外援配额制度变革

随着职业足球的发展,联赛和俱乐部的运营越发市场化,各国人口基数、消费水平以及转播技术方面的差异,造成不同国家联赛收入差距迅速扩大。低收入国家的高水平运动员寻求跨国工作的意愿不断加强,高收入国家的俱乐部也倾向于购买高水平外援,来提升竞技实力和经济收入。在此背景下,传统的运动员转会制度对外援名额的限制,与运动员和俱乐部的现实需求产生了激烈的矛盾。引致整个欧洲乃至世界足坛外援配额制度重大变革的"博斯曼法案",便是这一矛盾的集中体现。

马克·博斯曼(Marc Bosman)是一名比利时足球运动员,20 世纪 90 年代初期,随着比利时足球运动员收入与法国、意大利等国家的差距逐渐拉大,以博斯曼为代表的比利时球员群体,开始寻求跨国工作的机会。在转会法国敦刻尔克俱乐部的过程中,博斯曼因转会合同和外援配额方面的问题,未能完成转会。其律师团队因此将欧足联告上法庭,认为欧足联关于球员转会费、外援名额方面的制度,与《欧共体条约》(EC Treaty)相违背。1995 年 12 月,欧洲法院判定,根据《欧共体条约》第 48 条,在任何一项欧共体成员国体育运动协会组织的职业比赛中,都不得以国籍为理由限制其他成员国运动员数量(European Court of Justice,1995)。

判决公布之后,欧盟成员国之间运动员流动的国籍限制完全解除。此后数年之内,欧洲层面的管理者又多次干预了外援配额制度,主要包括:(1)1999 年,要求配额制度的适用范围扩大到部分非欧盟的欧洲经济区国家；(2)2003 年和 2005 年，先后通过一系列判例，放宽针对俄罗斯、土耳其等非欧盟国家和地区的运动员的国籍限制；(3)2008 年，基于欧盟在 2000 年与非洲、加勒比海以及太平洋地区的 77 个国家签署的《科托努伙伴关系协定》(Cotonou Agreement)，以上国家的运动员原则上也可以不占用非欧外援配额，但具体制度安排交由各国国内管理者决定(European Union，2003，2005；Voiculescu，2006)。这一系列的制度调整，使得欧洲范围内的外援配额制度达到了前所未有的开放程度。

3. 外援配额制度变革的主要影响

欧洲范围内的外援配额制度变革，给职业足球产业带来了一系列的影响。首先，欧洲主要联赛中外籍球员的数量不断增加，世界范围内的高水平运动员不断流向职业足球发达国家。1995 年之前，英国、法国、德国、意大利和西班牙等 5 个职业足球发达国家中，顶级联赛中外籍运动员的比例大多在 10％以下；而在 2007 年，以上 5 个顶级联赛中外援平均比例已经达到了 42.4％，其中，外援比例最高的英超联赛达到了 59.5％(Atkinson，2002)。如表 6.2 所示，除了法国、德国、西班牙等足球人才培养体系较为成熟的国家之外，欧洲主要联赛中也出现了大量来自东欧、南美以及非洲国家的运动员，他们寻求转会的最大意愿无疑是提高个人经济收入。

表 6.2 2009—2012 年欧洲足球联赛外援主要来源地及人数

2009 赛季	2010 赛季	2011 赛季	2012 赛季
巴西(529)	巴西(565)	巴西(524)	巴西(515)
法国(246)	法国(250)	法国(245)	法国(209)
阿根廷(239)	阿根廷(234)	塞尔维亚(226)	塞尔维亚(205)
塞尔维亚(210)	塞尔维亚(214)	阿根廷(208)	阿根廷(188)
葡萄牙(126)	葡萄牙(121)	葡萄牙(130)	葡萄牙(171)
捷克(118)	尼日利亚(115)	捷克(123)	西班牙(148)
尼日利亚(112)	克罗地亚(108)	德国(115)	德国(125)
德国(104)	德国(108)	西班牙(114)	尼日利亚(117)

注：括号内为运动员人数

资料来源：Harris(2013)

随着优秀运动员不断向高水平的联赛和俱乐部集聚，职业足球赛事的竞技性和观赏性大幅提升，比赛转播价值以及联赛和俱乐部的商业价值也随之提高。例如，在电视转播方面，英超联赛的转播收入从 1992—1993 赛季的 5070 万英镑,上升到 2016—2017 赛季的 26 亿英镑以上;在俱乐部运营方面,2015 赛季欧洲收入最高的西班牙皇家马德里队(FC Real Madrid),运营收入达到了 5.77 亿欧元(约 4.85 亿英镑),而 1998 年欧洲收入最高的英国曼彻斯特联队(Manchester United FC),则仅有 8790 万英镑的运营收入(Deloitte,2015)。

与此同时,职业足球俱乐部之间对世界范围内优秀运动员资源的争夺也愈演愈烈,各支球队纷纷加大了在运动员资源方面的投入,职业足球运动员工资和转会交易金额的增长达到了前所未有的程度。以英超联赛为例,在运动员薪金方面,英超运动员的平均年收入从 1992 年的 7.7 万英镑增长至 2011 年的 116.2 万英镑(Harris,2011);在转会费方面,如图 6.3 所示,1992 年以来,英超联赛每个赛季各支球队转会总支出(total expenditure)的数额,已经从 1992—1993 赛季的 5124 万英镑增长至 2015—2016 赛季的 12.4 亿英镑;在意大利、德国、法国等国家,转会费和工资的增长幅度也与英国类似。

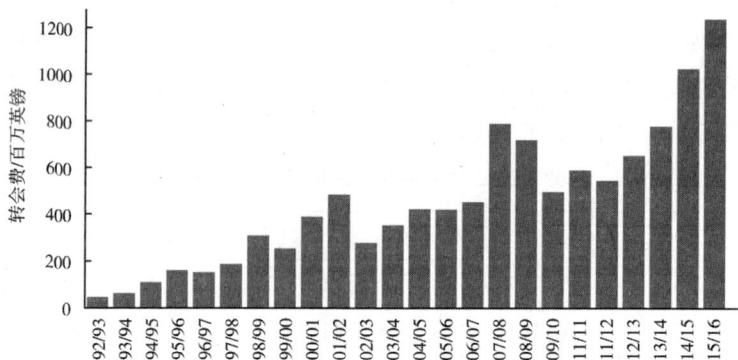

注:"92/93"表示 1992—1993 赛季,余均同

图 6.3　1992—2016 年英超联赛转会总支出

4."本土培养运动员制度"的出现

"博斯曼法案"带来的一系列变革和影响,使得欧洲职业足球在竞技水平和产业价值方面都迎来了前所未有的繁荣。同时,也使得少数大俱乐部在竞技和经济实力方面越发强大,并越来越多地参与到跨国层面的赛事组织与管理中,希望获得更多的话语权和经济利益。作为传统意义上欧洲足球的最高管理者,欧足联一方面不断做出妥协,对跨国赛事的赛制和各国名额分配进行了大幅的调整,使其符合大俱乐部的利益诉求;另一方面,欧足联也在多个场合表达了对外援配额制度放开的不满,认为该制度使得欧洲足球面临着"经济可持续发展方面的巨大威胁……(欧洲足球)会被这种

发展模式引向分崩离析"(UEFA,1999)。

在这样的历史背景之下,欧足联开始尝试通过其他类型的配额制度来限制外籍球员数量。2005 年,欧足联开始推行新的"本土培养运动员(home-grown player)制度"(UEFA,2005)。该制度要求,所有参加欧足联组织的洲际级别比赛(包括欧洲冠军杯和欧洲联盟杯两项赛事,国内赛事不作要求)的球队,在其比赛大名单中都必须有一定数量的本土培养球员,即在 15—21 岁,在同一国家或地区足协注册的任何俱乐部中效力满 3 年的球员。为了不与欧盟的相关法律相悖,欧足联有意地弱化了国籍限制,而是强调任何国籍的运动员,只要在该国家或地区的协会管理下的任何俱乐部接受一定时间的训练,便符合欧足联的规定。2006—2007 赛季,欧足联开始实施这一制度,每支参加欧洲赛事俱乐部的 25 人报名名单中,至少要有 4 名本土培养球员(其中 2 名本俱乐部培养运动员);从 2008—2009赛季开始,则要包括至少 8 名本土培养球员(其中 4 名本俱乐部培养运动员)。

这一制度上的调整得到了欧盟层面管理者的支持。欧盟委员会指出,"(欧足联)要求俱乐部保证一定数量的本土球员的规则,是可以在欧盟现有法律框架下实施的,只要这些规则能在发展青少年体育方面起到一定的推进作用,并且没有引致一些基于国籍的直接歧视"(European Commission,2008)。该制度实施之后,欧足联属下的国家和地区协会也陆续设置了类似的制度,要求参加本国联赛的俱乐部也实施加强本土球员培养的措施。

事实上,从名额方面的要求来看,"本土培养运动员制度"更多是一种对外援人数不断增加之现实的妥协,欧足联的管理者显然也意识到,欧洲职业足球已然成为全球优秀运动员资源的汇集之地,运动员跨国流动是一种不可阻挡的趋势。在该制度实施数年之后,如表 6.3 所示,在欧洲主要联赛之中,无论是外援的比例还是人数,相比实施之前并没有显著降低。相反,在英国、德国、意大利等国家的联赛之中,平均外援比例从 2007 年的42.5%上升到了 2016 年的 50.2%。如果考虑到运动员实际出场次数和出场时间,以及在西班牙和意大利等国家普遍存在的双重国籍运动员等因素,则该比例还会进一步提高。

表 6.3　2011—2016 年欧洲主要联赛外援比例及人数

外援比例及人数		赛季				
		2015—2016	2014—2015	2013—2014	2012—2013	2011—2012
西甲	外援比例/%	39.0	36.4	37.7	37.4	34.3
	人数/人	249	229	251	220	215
英超	外援比例/%	60.1	61.1	70.1	63.6	61.5
	人数/人	477	457	488	421	436
德甲	外援比例/%	50.3	47.9	48.1	51.0	51.9
	人数/人	303	275	288	290	303
意甲	外援比例/%	51.2	50.8	44.9	52.0	46.8
	人数/人	391	396	508	370	318
平均比例/%		50.2	49.1	50.2	51.0	48.6

(二)欧洲主要国家外援配额制度现状

欧洲层面管理者的制度约束仅仅针对参加洲际比赛的俱乐部,而并非强制要求各个国家的国内联赛中都实施相同的制度。因此,欧洲各个国家联赛的管理者在参考欧足联条款的基础上,根据各自国家的现实情况和主体需求,设置了相应的制度,以完善和推进国内职业足球的发展。

1.英国

作为世界范围内商业价值最高的职业足球联赛,英超联赛的兴起与发展离不开大量优秀外援的引入。在欧足联提出"本土培养运动员制度"之后,英超联赛的管理者也从 2010—2011 赛季开始,要求英超联赛俱乐部的25 人大名单中,至少有 8 名满足"本土培养运动员"要求的球员。英国足总还计划进一步增加本土运动员的人数要求,并提高对本土运动员年龄方面的要求(Draper,2013)。

此外,英国还有着一项较为特殊的"劳工证制度",即非欧盟运动员需要通过向英国劳动部门申请并获得劳工证之后,才具备参加英超联赛的资格。劳工证制度涉及运动员所在国家的足球水平排名、球员代表国家队出场次数等具体标准。表 6.4 简要列示了 2016—2017 赛季获得英超联赛劳工证的相关条件。

表 6.4　2016—2017 赛季英超劳工证主要条款

类型	具体要求	
代表国家队出场要求（满足要求可申请劳工证）	国家排名	转会前的 24 个月（21 岁以下为 12 个月），球员代表国家队参加 FIFA 认证国际重要赛事的次数
	1—10	达到所有比赛的 30%
	11—20	达到所有比赛的 45%
	21—30	达到所有比赛的 60%
	31—50	达到所有比赛的 75%
转会费、工资及出场时间要求（获得至少 4 分可申请劳工证）	分值	相应条件
	3	转会身价位于过往 2 个转会期所有英超队员转会身价的前 24% 水平
	2	转会身价位于过往 2 个转会期所有英超队员转会身价的前 25%～50% 水平
	3	工资位于本俱乐部前 24% 水平
	2	工资位于本俱乐部前 25%～50% 水平
	1	球员在原俱乐部出场时间超过 30%，联赛属于欧洲高水平联赛，或一年内曾参加洲际赛事

资料来源：英国足总官方网站

　　显然，劳工证制度对运动员水平设置了较高的要求，在一定程度上保证了英超联赛非欧盟外援的质量。此外，为了避免一些优秀运动员尤其是年轻球员因未达到劳工证申请的要求而无法完成转会，从 2003 年开始，英国劳动部门专门设立了独立小组，根据各俱乐部提供的材料，来判断申请劳工证的外援是否属于"最高水平人才"（highest caliber），并依此决定是否向其发放劳工证。每个俱乐部每年可以通过该方法为 1 名运动员申请获得劳工证。

　　2. 德国

　　在德国，"博斯曼法案"实施之前，每支德甲俱乐部能够注册 3 名非德国国籍运动员。"博斯曼法案"出台之后，德国足协放开了对欧盟国家运动员的配额限制，但依然对非欧盟运动员进行配额管制。2005 年之前，每支德甲球队可以注册 5 名非欧盟球员，2005—2006 赛季开始，非欧盟运动员配额缩减至 4 人。然而，2005—2006 赛季结束之后，德国足协宣布，从 2006—2007 赛季开始，取消对德甲俱乐部非欧盟球员的一切配额限制，德甲联赛也成为欧洲最早废除非欧盟运动员限制的联赛之一。德国足协提出,每支德甲球队参加联赛的报名大名单人数不限,至少要包括 4 名满足欧足联要求的本土培养运动员,其中 2 名为本俱乐部培养运动员。2007年,本土培养运动员的数量增加至 6 名,其中包括 3 名本俱乐部培养运动员。此后,本土培养运动员的人数要求逐年增加。目前,每支德甲球队的报名大名单中至少有 12 名德国球员,其中 4 名为本俱乐部培养的青训球员。由于德甲在外援方面的宽松要求,大量亚洲和非洲球员来到德甲球队寻求出场比赛的机会。

3.西班牙

在西班牙,1997 年之前,每家职业俱乐部可以注册 3 名外籍运动员,以及 2 名不限国籍的青训运动员。"博斯曼法案"实施之后,西班牙足协放开了对欧盟成员国运动员的限制,但对非欧盟运动员,则要求只能注册不超过 6 人,出场不超过 4 人。1999 年,在欧盟解除了对一些非欧盟的欧洲经济区国家的限制之后,西班牙足球反而将非欧盟运动员的配额从 6 个减少为 3 个。在 2005 年和 2008 年,西班牙足协两次由于针对俄罗斯和土耳其运动员的配额限制,被欧洲法院判为违反《欧共体条约》,迫使西班牙足协将这两个国家的运动员纳入欧盟运动员的类别之中。当前,西班牙足协要求每支西甲球队报名人数不得超过 25 人,其中非欧盟球员不得超过 3 人。然而,考虑到在西班牙,《科托努协定》(Cotonou Agreement)中除古巴以外所有国家的运动员都并不列入非欧盟球员中,且大量在西班牙工作满一定年限的运动员可以获得西班牙的第二国籍,西甲联赛的外援限制实际是较为宽松的(杨铄等,2014)。

值得注意的是,除了较为宽松的外援配额限制之外,西班牙政府还在2005 年通过了关于给予外籍运动员个人收入税收优惠的法案,以鼓励外籍运动员前往西班牙工作。按照条款规定,符合条件的外籍运动员只需要缴纳 24% 的个人所得税,相比英国、意大利、德国以及法国等国家普遍高于 40% 的所得税税率,西班牙对运动员的吸引力大增。2009 年,鉴于国内经济发展不景气,西班牙财政部修改了该法案,规定仅有在西班牙居住时间满 10 年,且年收入不超过 60 万欧元的外籍工作者,才能够享受税收优惠。

4.意大利

在意大利,直到 20 世纪 90 年代中后期,顶级联赛的俱乐部都可以引入和注册不超过 5 名外援,其中,3 名外援可以同时出场比赛。"博斯曼法案"实施之后,意大利同样放开了对欧盟及欧洲经济区国家运动员的限制,但对非欧盟国家依然有配额限制。2002 年,意大利足协提出,每支意大利职业球队每年最多引进 1 名"海外非欧球员",即非欧盟国家或非欧洲经济区国家的运动员。2008 年,意大利足协"海外非欧球员"的数量放宽至每队每赛季可引入 2 人,但其中 1 人必须是在出售队内已有的 1 名"海外非欧球员"后才能够引进。2010 年,意大利足协重新将每队每赛季引进"海外非欧球员"配额减少为 1 名。此外,对于职业俱乐部的青年队联赛,足协也规定各队外援人数比例不得超过 15%。

2011 年,意大利足协再次调整了外援制度,规定如下:所有参加意甲比赛的球队,如果已经拥有 2 名以上的"海外非欧球员"(不包括 2 人),则单赛季只能引入不超过 2 名"海外非欧球员",并需要以这 2 名运动员替换原有的 2 名"海外非欧球员";如果只拥有 1 名及以下的"海外非欧球员",则可以引入不超过 3 名"海外非欧球员",且无须替换原有运动员;如果正好拥有 2 名"海外非欧球员",则可以引入 1 名不需替换的"海外非欧球员",以及 1 名需替换原有"海外非欧球员"的外籍运动员。显然,相比于英国、德国和西班牙等国家,意大利足协的外援配额制度是较为严格的,而意大利联赛近年来在竞技水平和商业价值方面的衰落,显然也和外援配额制度方面的限制有一定的关系。

5. 其他国家外援配额制度现状

除了以上几个职业足球发达国家的制度安排之外,在欧洲及世界其他国家的职业足球联赛中,管理者也实行了不同的配额制度。表 6.5 对俄罗斯、法国、比利时等欧洲国家,以及日本、韩国等亚洲国家 2016 年的外援配额制度进行了归纳,试图从多个角度呈现外援配额制度的域外实践。

表 6.5　2016 年部分国家职业足球外援配额制度

国家	运动员国籍要求
比利时	25 人大名单中至少包括 8 名本土培养运动员,其中至少 6 人在赛季中出场
俄罗斯	25 人大名单中最多包括 10 名外援,其中最多 7 人在比赛中同时出场
法国	甲级和乙级联赛球队中,非欧盟、非欧洲经济区以及其他与欧盟有合作关系的地区及国家的运动员不得超过 4 人
瑞典	比赛大名单中 50%(奇数则需超过 50%)运动员为本土培养运动员
希腊	在 U17 以及 U20 比赛中,每支球队 18 人名单中至少 13 人有资格代表希腊国家队参加国际比赛;其他无限制
捷克	25 人大名单中不超过 3 名非欧盟运动员,至少 4 名本土培养运动员

续表

国家	运动员国籍要求
奥地利	不施行本土运动员培养制度,但设立"奥地利本土运动员基金"(Funding Pot for Austria Players),当俱乐部的 25 人大名单中有至少 12 人为奥地利公民时,俱乐部可以获得该基金的支持
巴西	每队可以注册 6 名外援,其中 5 名可以在联赛中同时出场
日本	每队可以注册 3 名不受限制的外援,以及 2 名有限制条件的外援,包括以下情况:(1)2 名来自越南、泰国、新加坡、缅甸、柬埔寨的球员;(2)2 名不限国籍的 20 岁以下"学徒工"球员;(3)1 名来自越南、泰国、新加坡、缅甸、柬埔寨的球员和 1 名其他亚洲国家球员;(4)1 名亚洲国家球员和 1 名不限国籍的 20 岁以下"学徒工"球员。最多 4 名外援在联赛中同时出场(2017 赛季开始,5 名外援的身份不再有任何要求,出场限制不变)
韩国	3 名"无限制条件"外援,以及 1 名亚洲外援,最多 3 名外援在联赛中同时出场

资料来源:各国足协官方网站

(三)各国外援配额制度安排实践特征

综观上述国家和地区的外援配额制度安排,可以发现,在英国、德国、西班牙等职业足球发达国家,外援数量方面的限制都是较为宽松的。其中,德甲联赛的外援制度最为宽松,而在其他联赛中,虽然管理者实施了相对严格的外援配额要求,但外籍运动员也可以通过申请"最高水平人才"认证、第二国籍等方式,获得工作的机会。显然,在当前全球职业足球产业链已然较为完善的背景下,优秀运动员资源会不断流向能够最大限度地提升球员的竞技水平和商业价值,并向其提供高水平薪酬待遇的国家。如果实施严格的外援配额限制,无疑会对联赛发展和运动员利益都造成负面影响。

同时,我们也可以看到,在一些受制于市场规模和经济水平、联赛商业化程度和国际影响力相对较低的欧洲国家,如瑞典、奥地利、希腊和比利时等,由于有着较为完善的人才培养体系,其外援配额同样较为开放,很多国家只是规定了本土运动员数量的最低要求,而不对外援数量作强制规定。而在其他一些足球运动开展普及、足球人才供给丰富的亚洲和美洲国家,如日本和巴西等,尽管没有类似于欧洲的、针对同一洲际国家的运动员配额开放制度,但联赛外援数量通常也在 5 人以上。显然,在这些国家中,本土足球人才的供给水平,以及俱乐部的支付能力,已然可以约束和调节本土运动员和外援的比例,外援配额制度只是一种辅助性的制度安排。

四、我国职业体育外援配额制度问题及对策

(一)我国职业体育外援配额制度总体演进阶段

自 1994 年中国足球甲 A 联赛成立以来,外籍运动员便开始活跃在我国职业足球联赛之中,而外援配额制度也随着联赛和国家队的发展不断变化。具体来说,我国外援配额制度的演进可以分为 3 个阶段。

在 1994—2003 年的甲 A 时期,每家甲 A 俱乐部可以有 3 名外援在比赛中同时出场。其中,在 2003 年之前,各俱乐部只能够引进和注册 3 名外籍运动员,而在 2003 赛季,在出场运动员数量不变的前提下,每支球队可以引进和注册 4 名外援。值得注意的是,自 2001 年开始,足协禁止俱乐部在门将位置上引进和使用外籍运动员,该规则沿用至今。

2004 年,中超联赛成立,中国足协调整了外援配额制度,将外援名额从"注册 4 人,出场 3 人"减少为"注册 3 人,出场 2 人"。2005 年,外援配额制度进一步缩减,注册人数和同时出场人数依然是 3 人和 2 人,但每场比赛中,俱乐部只能在 3 名注册外援中选择 2 人报名参赛。2004—2006 年也是中国职业足球管理者对外援配额管制最为严格的时期。

直到 2007 年,外援配额制度重新调整为"注册 4 人,出场 3 人"。2009 年,为了与亚足联组织的亚洲冠军联赛(AFC Champions League)规则相匹配,外援政策得到放宽,每家中超俱乐部可以注册 4 名非亚洲外援和 1 名亚洲外援,其中,可以有 3 名非亚洲外援与 1 名亚洲外援同时出场。需要指出的是,2010—2013 年,中国足协还短暂实施过"7 外援"制度,即参加亚洲冠军联赛的俱乐部可以额外注册 2 名外援,但该制度遭到了其他一些俱乐部的强烈反对。2013 年之后,外援制度恢复为 2009 年的"4+1"模式,并一直沿用至 2016 赛季。2017 赛季以后,中超联赛的外援配额制度经历了一段剧烈的变动期。2017 赛季,中超联赛取消了亚洲外援出场名额;同时,非亚洲外援出场配额制度变更为注册 4 名且仅允许出场 3 名非亚洲外援。伴随着中超联赛 U23 政策的出台,外援配额制度直接与 U23 球员的出场人数进行匹配,非亚洲外援的单场最多出场不超过 3 名且不能多于 U23 球员的出场人数。2019 赛季,因 U23 球员出场政策导致的换人调整问题,中超联赛外援配额制度甚至经历了一年两变的政策变化。2019 赛季开赛前,每家中超俱乐部更改为可以同时注册 4 名非亚洲外援,其中,单场可以累计出场 3 名非亚洲外援。由于中超联赛所有俱乐部实际都注册了 4 名外籍球员,但其中仅有 3 名外籍球员可以在单场比赛中出场,因

此,联赛中的每场比赛至少都有 1 名外籍球员无法上场,这无疑是严重的资源浪费,并且直接导致了具有亚洲冠军联赛资格的俱乐部出战洲际比赛时,外籍球员的竞技表现不佳和球队磨合问题。赛季中期以后,中国足协将"一场比赛中外籍球员可累计上场 3 次"调整为"一场比赛中同时上场的外籍球员不得超过 3 人"。2020 赛季,由于新冠肺炎疫情的影响,部分俱乐部的外籍球员无法来到中国,或因相关隔离政策无法上场。中国足协在原有赛季可以注册 6 名外籍球员,同时可报名 5 名外籍球员、可以有 3 名外籍球员出场的外援配额制度基础上,设置了"外援均衡保护条款"。即,在对战没有外籍球员上场的球队时,另一球队不得派出超过 2 名外籍球员出场;如果对方球队有 1 名外援上场,则另一队出场的外籍球员数量不得超过 3 名。

此外,在篮球联赛中,外援制度也经历了多次调整。2005 年之前,CBA 联赛规定各支球队最多可以引进 3 名外籍球员,但是比赛中最多允许 2 名外援上场,并采用 4 节 5 人次的政策,即 4 节比赛中外援只能出场5 人次。2004—2005 赛季开始,CBA 联赛首次引进了统一选外援的制度,采取倒摘牌制,按照统一的工资标准和管理条例与被选中的球员签约。2008—2009 赛季,联赛取消了统一选秀制度,允许各支球队自由挑选并注册 2 名外援,联赛排名后 4 位的球队以及新加入的天津队和青岛队还可以再挑选 1 名亚洲籍外援,且赛季中外援的上场时间不再受到限制。2014—2015 赛季,在外援的使用时间上恢复 4 节 6 人次,但最后 1 节将不再允许使用双外援;2015—2016 赛季开始,后 6 名球队有权使用亚洲外援。2016年以后,亚洲外援成为 CBA 外援配额制度改革重点限制的对象。其中,2016—2017 赛季,仅后 5 名的球队有权使用亚洲外援;2017—2018 赛季,仅后 4 名的球队有权使用亚洲外援;2018—2019 赛季,仅后 2 名的球队有权使用亚洲外援,且在季后赛中只允许 2 名外援上场,亚洲外援将被当作普通外援。此外,与此前常规赛只可以更换 2 次外援、季后赛只可以更换 1 次外援的政策相比,2018—2019 赛季各支 CBA 俱乐部可以在赛季前更换 2 次外籍球员,常规赛可更换 4 次,季后赛也可以更换 2 次。相较于前几个赛季,2018—2019 赛季进一步杜绝了更换外援名额限制条件所导致的部分外援以非职业态度来要挟俱乐部的现象。

(二)我国职业足球外援制度现状及影响

考虑到我国职业足球联赛发展时间较长,相关数据较为丰富,本研究主要以中国职业足球为例,来探讨外援配额相关问题。尽管足球联赛的外援配额制度在过往数年内并无重大调整,但随着近年来我国足球事业与产业的发展,职业足球市场规模不断扩张,俱乐部在外援方面的投入也迅速增加,转会目标逐渐从日本、韩国、巴西联赛的优秀球员,向欧洲主要联赛中的高水平球员转移。由表 6.6 可见,在外援总人数逐渐降低且国内球员身价无明显提升的前提下,中超联赛球员总身价从 2009 年的 2428 万欧元,增长至 2019 年的 5.5 亿欧元,这充分体现了当前我国职业足球俱乐部高涨的购买意愿和支付能力。

表 6.6　2009—2020 年中超联赛球员总身价及外援数量

年份	球员总身价/百万欧元	外援数量/人	外援配额制度
2009	24.28	92	5 人注册,4 人出场
2010	33.80	107	5 人注册,4 人出场
2011	85.70	137	7 人注册,4 人出场
2012	141.40	102	7 人注册,4 人出场
2013	122.40	116	7 人注册,4 人出场
2014	98.00	82	5 人注册,4 人出场
2015	134.60	92	5 人注册,4 人出场
2016	325.40	83	5 人注册,4 人出场
2017	437.99	96	4 人注册,3 人出场
2018	472.76	80	4 人注册,3 人出场
2019	550.36	84	4 人注册,3 人出场
2020	322.99	95	6 人注册,4 人出场

从表 6.7 的中国职业足球联赛运动员转会费历史记录来看,前 10 位的转会费记录都是 2015 年以后的外援转会交易,且主要来自上海上港、广州恒大和江苏苏宁俱乐部。在具体数额上,前 10 位转会费记录的外援身价均超过 2000 万欧元,其中,上海上港俱乐部更是于一年内两次(分别在 2016 年 7 月和 2016 年 12 月)刷新了中超运动员转会费的历史最高纪录,分别以 5022 万欧元和 5400 万欧元,从俄罗斯圣彼得堡泽尼特俱乐部(FC Zenit St. Petersburg)引进了巴西运动员胡尔克(Givanildo Hulk),从英格兰切尔西俱乐部(Chelsea F. C.)引进了巴西运动员奥斯卡(Oscar dos Santos Emboaba Júnior)。

表 6.7　中国足球运动员转会记录

排名	球员	赛季	俱乐部	转会费/百万欧元
1	奥斯卡(Oscar dos Santos Emboaba Júnior)	2016	上海上港	54.0
2	胡尔克(Givanildo Hulk)	2016	上海上港	50.2
3	特谢拉(Alex Teixeira)	2016	江苏苏宁	45.0
4	保利尼奥(Paulinho)	2019	广州恒大	37.8
5	马丁内斯(Jackson Martínez)	2016	广州恒大	37.8
6	巴坎布(Cédric Bakambu)	2016	北京国安	36.0
7	卡拉斯科(Yannick Carrasco)	2018	大连人	27.0
8	莫德斯特(Anthony Modeste)	2018	天津泰达	26.1
9	拉米雷斯(Ramires Santos do Nascimento)	2016	江苏苏宁	25.2
10	阿瑙托维奇(Marko Arnautovié)	2019	上海上港	22.5

注:统计时间截至 2020 年 12 月

　　高水平外援和教练的到来,显著提高了中超俱乐部的竞技实力。如表 6.8 所示,根据"世界俱乐部排名"(Club World Ranking)网站的数据分析,2011 年,中超俱乐部的世界排名全部处于 200 名之后,在竞技水平积分(通过俱乐部参加国内和洲际赛事的成绩计算)方面也都低于 3000 分;2012 年后,随着广州恒大俱乐部重金投入,并在洲际赛事中取得佳绩,分别于 2013 年和 2015 年 2 次赢得亚洲冠军联赛,已经进入世界俱乐部排名的前 50 位。但在 2015 年之前,除广州恒大足球俱乐部外,其他中超联赛俱乐部全部处于 200 名之后。2016 年以后,伴随着上海上港、江苏苏宁等俱乐部加大投入,越来越多的中超联赛俱乐部在洲际赛事中取得佳绩。2017 年,上海上港在世界排名上超越广州恒大,跃居世界俱乐部排名的前 100 位。2019 年,包括广州恒大、上海上港、北京国安、山东鲁能等俱乐部在内的 4 家中超联赛俱乐部进入世界俱乐部排名的前 50 位。广州恒大俱乐部的竞技积分更是达到了 9278 分,排在第 19 名,超越了英超联赛的托特纳姆热刺(第 20 名)、法甲联赛的巴黎圣日耳曼(第 31 名)和意甲联赛的国际米兰俱乐部(第 33 名)等诸多欧洲高水平联赛的顶级俱乐部。

　　此外,外援的到来也提升了中超联赛的国际影响力。如表 6.9 所示,在 2016 赛季,全球已有 52 个国家购买了中超联赛的现场比赛转播权,其中,既有巴西、韩国、土耳其、以色列等向中国联赛输出了国内优秀运动员的国家和地区,也有英国、法国、葡萄牙、比利时等职业足球发达国家。根据中超赛事版权所有方的估计,其在海外版权方面的收入已经超过了500万美元(网易新闻,2016)。而在2018赛季,全球转播中超联赛的国家和地区进一步增加至91个,德国、意大利、保加利亚等欧洲国家也都开始转播中超联赛的比赛(澎湃新闻,2018)。

表6.8　2011—2019年中国俱乐部世界排名(前5名)

年份	俱乐部	世界排名	积分	年份	俱乐部	世界排名	积分	年份	俱乐部	世界排名	积分
2011	天津泰达	241	2739	2014	广州恒大	36	7613	2017	上海上港	70	5661
	山东鲁能	366	1792		北京国安	237	2952		广州恒大	105	4712
	杭州绿城	383	1637		北京人和	325	2171		江苏苏宁	129	4361
	广州恒大	421	1480		山东鲁能	355	1983		山东鲁能	267	2526
	北京国安	458	1351		广州富力	499	1323		广州富力	269	2503
2012	广州恒大	173	3438	2015	广州恒大	129	4186	2018	上海上港	74	5298
	北京国安	381	1702		北京国安	131	4148		广州恒大	120	4111
	天津泰达	413	1581		广州富力	292	2350		天津权健	151	3480
	江苏苏宁	460	1362		山东鲁能	313	2226		上海申花	228	2641
	长春亚泰	541	1086		上海上港	413	1674		山东鲁能	232	2607
2013	广州恒大	105	4549	2016	广州恒大	39	7957	2019	广州恒大	19	9278
	北京国安	236	2702		上海上港	86	5420		上海上港	23	8775
	北京人和	336	1947		江苏苏宁	136	4313		北京国安	46	7362
	江苏苏宁	401	1577		山东鲁能	139	4296		山东鲁能	50	7189
	山东鲁能	500	1166		上海申花	219	3274		大连一方	118	4560

数据来源:"世界俱乐部排名"网站

表6.9　2016赛季中超联赛现场直播覆盖的国家

大洲	国家
亚洲(22)	新加坡、马来西亚、泰国、印度、印度尼西亚、越南、柬埔寨、缅甸、叙利亚、巴林、以色列、伊朗、伊拉克、约旦、科威特、黎巴嫩、阿曼、巴勒斯坦、卡塔尔、沙特阿拉伯、阿拉伯联合酋长国、也门
欧洲(15)	比利时、波斯尼亚、波黑、克罗地亚、法国、卢森堡、马其顿、黑山、葡萄牙、俄罗斯、瑞士、斯洛文尼亚、塞尔维亚、土耳其、英国
非洲(12)	阿尔及利亚、乍得、埃及、利比亚、吉布提、毛里塔尼亚、摩洛哥、索马里、南苏丹、苏丹、突尼斯、南撒哈拉
美洲(3)	巴西、美国、加拿大

资料来源:中超联赛官方网站等

(三)当前外援配额制度带来的问题

我国职业足球俱乐部近年来在转会市场中的高额投入,吸引了大量世界范围内的高水平运动员,并由此带来了我国职业足球俱乐部在竞技水平和商业价值等方面的显著提升。然而,在俱乐部购买能力大幅提升的背景下,过于严格的外援配额制度,也对我国职业足球的进一步发展造成了一定的制约。

首先,当前的外援配额制度造成了本土运动员转会费和工资的大幅增长。如前文所述,当职业联赛中存在本土运动员贸易保护时,国内运动员市场与国际运动员市场会产生分离,而俱乐部在有限的国内市场中争夺运动员资源时,会大幅度推高国内球员的转会身价。如图 6.4 所示,2004 赛季至 2017 赛季的 14 年间,中超联赛中国球员最高转会身价从百万元级别大幅度增长到千万元级别,甚至超过 1 亿元。而 2017 年张呈栋从北京国安转会至河北华夏幸福时 1.5 亿元的转会费,则创造了中超联赛历史上中国球员转会的身价纪录。

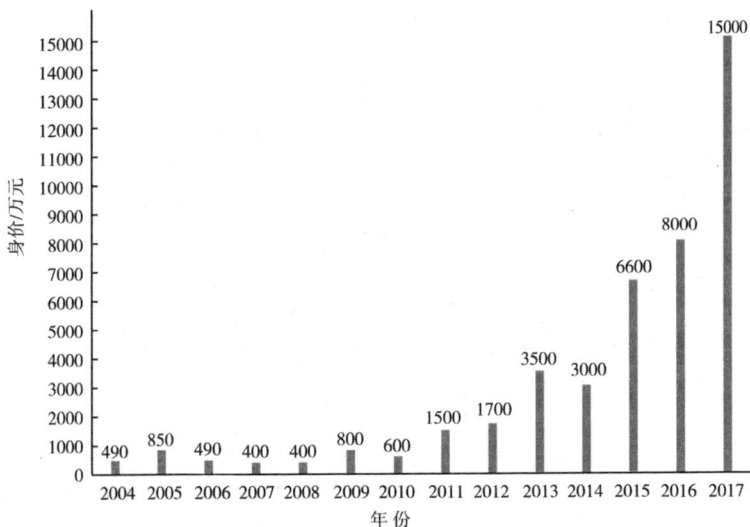

图 6.4 2004—2017 年中超联赛的中国球员最高转会身价

根据权威转会分析网站"转会市场"给出的身价评估,中超联赛俱乐部支付的本土运动员转会费与其身价评估产生了巨大的差异。如表 6.10 所示,从中国职业足球联赛国内运动员转会费历史记录来看,前 10 名运动员的转会费都超过了 800 万英镑,其中,有 4 名运动员转会身价超过了 1000 万英镑。这些高额转会发生时间集中在 2016—2017 年,其中有 5 笔转会来自河北华夏幸福。对比"转会市场"网站的估价,国内运动员的实际转会

费大多超出了 30 倍以上。其中,排名第二的赵宇豪在以 1.3 亿人民币(约
1602 万英镑)、超出身价预估 170 多倍的转会费从中甲俱乐部转会至中超
俱乐部时,甚至从未入选过中国男子成年国家队。这在一定程度上说明,
在外援配额制度的约束之下,转会市场中国内优秀运动员的稀缺问题被进
一步放大。

表 6.10　中超联赛国内足球运动员转会记录

排名	姓名	年龄	赛季	转会市场网站估价/万英镑	实际转会费/万英镑	实际(估计)比例/%	转出球队	转入球队
1	张呈栋	27	2017	43	1839	42.0	北京国安	河北华夏幸福
2	赵宇豪	23	2017	9	1602	178.0	浙江绿城	河北华夏幸福
3	王永珀	30	2017	36	1120	31.1	山东鲁能	天津权健
4	崔民	27	2017	16	1035	65.5	延边富德	深圳佳兆业
5	赵明剑	29	2017	41	986	24.4	山东鲁能	河北华夏幸福
6	金洋洋	23	2016	16	974	61.7	广州富力	河北华夏幸福
7	任航	27	2017	36	968	26.9	江苏苏宁	河北华夏幸福
8	张文钊	29	2016	23	936	41.6	山东鲁能	广州恒大
9	毕津浩	25	2016	23	898	39.9	河南建业	上海申花
10	张鹭	25	2016	9	882	98.0	辽宁FC	天津权健

相比之下,中超联赛的外援转会身价差异则要合理很多。如表 6.11
所示,以 2016 赛季为例,外籍球员的实际转会费与其预估身价相差均在
2 倍以内。考虑到中超联赛在全球职业足球领域的影响力有限,适当的溢
价也符合当下职业足球运动员转会的普遍规律。总体来看,外援配额带来
的贸易保护,不但使得俱乐部无法获得与投入相匹配的运动员资源,影响
俱乐部和联赛的竞技水平、商业价值以及投资者的意愿;同时,还会导致部

分俱乐部为了规避本土运动员的高额转会费,采取某些有违市场伦理的商业手段(如,私下承诺运动员高额签字费等),从而造成运动员转会市场的失序。

不仅如此,这种本土运动员的就业保护也在一定程度上造成了我国留洋球员人数的降低。如图 6.5 所示,2002 年以来,效力于欧洲主要联赛(包括英国、德国、西班牙、意大利和法国的顶级和次级联赛)的中国球员数量不断减少。这种情况的出现固然与我国球员青训体系的落后有关,但外援配额约束下产生的本土运动员收入水平与竞技能力的偏离,无疑也会降低其参与国际运动员市场竞争的意愿。近年来不断出现的中超俱乐部通过提供高薪待遇吸引海外年轻中国球员回国的现象,便是这一问题的体现。以 2016 赛季为例,共有 6 支中超俱乐部在冬季转会期引入了 11 名效力于国外各个级别职业联赛的中国球员。然而,其中有 7 名球员在上半赛季的中超联赛中未获得任何出场机会。

表 6.11 2016 赛季中超部分球员身价估价与实际转会费比较

单位:万英镑

球员		转会市场网站估价	实际转会费
国内球员	刘殿座	17	570
	徐新	13	366
	董学升	11	469
	杨家威	13	574
	谢鹏飞	15	346
	顾超	11	599
外籍球员	特谢拉	2550	4250
	拉米雷斯	2125	2380
	马丁内斯	2550	3570
	伊尔马兹	595	680
	瓜林	893	1105
	胡尔克	2720	4743
	吉尔	638	723

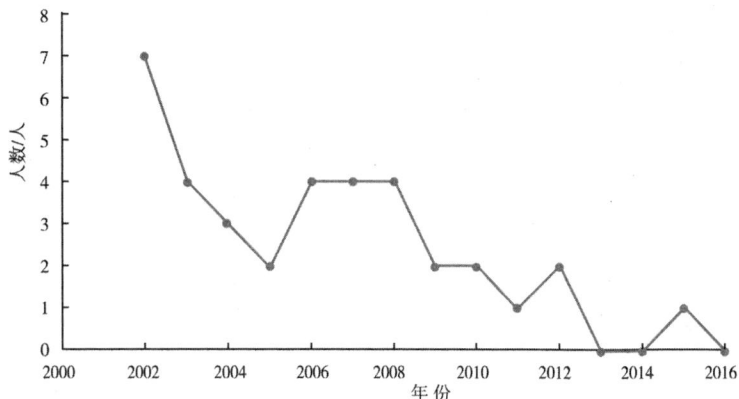

图 6.5 2002—2016 年中国球员效力欧洲主要联赛人数

无论是本土运动员身价虚高,还是留洋运动员人数降低,显然都会对联赛和国家队的发展造成负面影响。外援配额的适度放开,可以让俱乐部在同样的转会投入之下,在国际运动员市场上寻找和引进水平相当甚至更为优秀的外籍运动员,国内球员转会费和工资的"泡沫",将在一定程度上得到消除。同时,来自国际运动员市场的竞争,也会激励本土运动员不断提高竞技水平,倒逼其参与到国际运动员市场竞争中,寻找与自身能力相匹配的工作机会和薪酬待遇。

第五节 小 结

基于前文的经济学分析以及职业足球发达国家的制度安排经验,结合中国职业足球发展的现状与存在的问题,本研究认为,尽管目前在亚洲冠军联赛中,外援配额有一定的限制,但我国职业联赛的管理者不应当以此为唯一的参考标准,来设置面向所有国内俱乐部的外援配额制度。主要原因包括以下几个方面:

第一,从联赛可持续发展的角度来看,如上文所分析,对外援数量的管制会缩小运动员国际流动的共同市场规模,在客观上形成了针对国内运动员的贸易保护,大幅提高国内运动员的工资水平和转会身价,加重了俱乐部的运营负担,降低了资本的边际效率。长此以往,会对投资者投资职业足球的意愿产生负面影响,不利于联赛的健康发展。

第二,从联赛与国家队协同发展的角度来看,如前文所述,没有任何研究和实践经验表明,针对外援的限制能够显著提高国家队竞技水平;相反,外援配额限制带来的本土球员就业保护,还会降低本土运动员竞争关键位置和参与国际运动员市场竞争的意愿,进而会对国家队的竞技表现产生负面影响。

第三,从联赛中各俱乐部运营的角度看,并非所有俱乐部都以参加洲际比赛为主要目标,如果仅参照亚足联的要求来确定唯一的外援配额标准,显然在制度安排上过于单一化,留给各俱乐部转会运作的空间也过于狭隘。从国外职业足球发达国家的实践来看,各国的外援配额制度并非完全遵循洲际比赛的标准,而是根据国内联赛的实际情况制定,各俱乐部可以根据实际情况进行转会运作。

第四,从我国职业足球联赛发展的长期目标来看,应当是打造汇集世界优秀运动员资源、具有国际影响力的顶级联赛,而非仅限于成为提供国内运动员参赛经验的平台。因此,大力吸引国外高水平运动员,提高联赛的竞技水准以及经济价值,是提升我国职业联赛国际化水平的必然选择。

第五,从亚洲职业足球的发展趋势来看,未来亚洲冠军联赛的外援配额制度必将向着逐步放宽的方向演变。因此,如果为了保护本土运动员而对外援进行严格的配额管制,很可能既无法提升本土运动员以及国家队的竞技水平,也削弱了投资者的意愿,进而制约了我国足球联赛的竞技水平和产业价值的提升。目前,"归化球员"这一特殊群体(行为)的出现,尽管在联赛层面的效果接近于增加了外援名额,但从"成本—收益"的角度来说,俱乐部在归化外籍运动员时,需要支付高于签约普通外籍运动员的费用,而考虑到归化的目的主要在于提升国家队的竞技水平,归化球员实际上是一种"俱乐部为国家队买单"的行为,反而增加了俱乐部的经营压力。

基于此,本研究认为,在我国职业足球未来发展中,应当根据现实情况,分阶段地实施多种类型的外援配额制度安排,逐步构建开放、自由和竞争共存的运动员市场,达到增加外援数量、提高外援水平、激励本土运动员成长、提高联赛产品国际竞争力等目标。从宏观上来说,本研究认为,我国职业足球外援配额制度的调整应当分为以下两个阶段:

从短期来看,考虑到我国职业足球青训体系建设以及人才供给的现状,应当以督促和鼓励俱乐部、协会等主体加强青训体系建设为主要任务,酌情放宽外籍运动员配额。如,在当前基础上,小幅增加联赛的报名人数和外援的注册名额、增加亚洲国家外援的出场名额、取消针对门将位置的外援限制等,从而适度提升运动员市场中的竞争,并扩大各俱乐部转会运作空间。同时,对于在培养本土运动员方面获得一定成果的俱乐部、学校及个人(如,青训运动员在国外高水平联赛出场达到一定次数,或在联赛中本土运动员的出场次数和时间达到一定数量），通过设立专项基金等方式给予奖励。

从中长期来看，在青训体系构建基本完成、人才供给达到一定规模的基础上，可以根据联赛发展的实际情况，进一步放宽外援数量方面的限制，大幅增加外援的注册名额和出场人数，提高对引进外援竞技水平的要求，促进球员市场竞争程度的提升。同时，保留在培养本土运动员方面针对俱乐部、学校和个人的奖励措施，并规定每支球队联赛报名运动员中，本土运动员数量的最低要求，在扶持青训和引入外援之间寻找到均衡点。

此外，本研究认为，在逐步放宽外援配额的同时，也应当让符合一定要求的高水平国外运动员和教练员享受外国专家和高层次人才的特殊待遇，给予其个人或所属俱乐部一定的税收优惠，从而增强我国职业足球联赛对外援的吸引力，提升联赛在国际运动员市场中的竞争力。

需要指出的是，在外援配额制度调整的各个时期，国内运动员的工作机会、工资水平和转会身价无疑都会受到一定程度的影响，如前文所分析，这是本土运动员市场与国际运动员市场接轨的必然结果，是对过往处于贸易保护下的国内运动员市场的"去泡沫化"，也是激励本土运动员提升个人竞技水平、参与国际竞争的有效手段；与此同时，中国职业足球联赛的竞技水平、国际影响力和商业价值也必然会提升。

第七章　职业体育政府扶持制度

第一节　职业体育发展中的政府扶持

从经济学的角度来看,政府扶持制度源于对职业体育外部性的考虑。外部性的概念是由马歇尔(Alfred Marshall)和庇古(Arthur C. Pigou)在20世纪初提出的,是指一个经济主体在自己的活动中对旁观者的福利产生了一种有利影响或不利影响,这种有利影响带来的利益或不利影响带来的损失,都不是生产者或消费者本人所获得或承担的,是一种经济力量对另一种经济力量"非市场性"的附带影响(张亚洲,2011)。萨缪尔森(Paul A. Samuelson)在《经济学》(Economis)一书中对外部性的解释为:企业或个人向市场之外的其他人所强加的成本或效益,或者说是一种其影响无法完全地体现在价格和市场交易之上的行为(萨缪尔森,2008)。外部性分为正外部性和负外部性,正外部性是指某个经济行为个体的活动使他人或社会受益,而受益者无须花费代价;负外部性是指某个经济行为个体的活动使他人或社会受损,而造成外部不经济的人却没有为此承担成本。庇古认为,当存在正外部性时,政府要给予生产外部经济的生产者补贴和税收上的优惠,鼓励其多生产。而职业体育俱乐部正具有这样的正外部性。职业体育的发展无疑具有正外部性。Fort(2010)曾指出,一支职业球队的存在会带来相关的有效经济行为,也会提供给球迷一种认同感,包括对球队的忠诚和对地区的认同;同时,球迷也会觉得自己的生活质量有所提高。在公共产品理论、公共选择理论和产业政策理论中,都能够找到政府支持职业体育发展的理论依据。

一、公共产品理论

20世纪末,奥地利和意大利学者将边际效用价值论运用到财政学科研究上,论证了政府和财政在市场经济运行中的合理性、互补性,形成了公共产品理论。公共产品理论是新政治经济学的一项基本理论,也是正确处理政府与市场关系、政府职能转变、构建公共财政体系、公共服务市场化的基础理论。根据公共经济学理论，社会产品分为公共产品和私人产品。萨缪尔森(2008)在《经济学》中这样描述公共产品的特征：将该商品的效用扩展于他人的成本为零；无法排除他人参与共享。公共产品具有与私人产品显著不同的三个特征：效用的不可分割性、消费的非竞争性和受益的非排他性。而凡是可以由个别消费者所占有和享用，具有敌对性、排他性和可分性的产品就是私人产品。介于二者之间的产品称为准公共产品，这类产品在消费时并不是独占的，也不是人人都能共享的(潘艳红，2010)。在现实的生活中，纯粹的公共品并不是普遍存在的，更常见的是兼具私人产品特征和公共产品特征的"混合产品"。对准公共产品的供给，在理论上应采取政府和市场共同分担的原则。美国体育经济学研究者(Johnson，2008)认为，在职业球队无意识的情况下会产生公共产品属性，但公共产品创造的价值并不是球队经营者的初衷。本研究将职业体育俱乐部纳入准公共品的范畴。

二、公共选择理论

公共选择理论产生于20世纪40年代末，并于五六十年代形成了公共选择理论的基本原理和理论框架，60年代末以来，其学术影响迅速扩大。萨缪尔森(2008)在《经济学》中对公共选择理论作了这样的阐述："这一理论是一种研究政府决策方式的经济学和政治学。公共选择理论考察了不同选举机制运作的方式，指出了没有一种理想的机制能够将所有的个人偏好综合为社会选择；研究了当国家干预不能提高经济效率或改善收入分配不公平时所产生的政府失灵；还研究了国会议员的短视，缺乏严格预算，为竞选提供资金所导致的政府失灵等问题。"公共选择理论认为：在政治活动区域里，重要命题不是社团、党派和国家，而是这些集团之间组成的个体之间，出于自利动机而进行的交易过程。也就是说，公共选择是指在市场经济条件下，以个人利益最大化为内在动力，通过民主程序投票等实现的对公共经济的理性决策。公共选择理论是基于公共选择行为上的理论，它可以对政府决策职业体育的发展过程进行经济分析，即通过经济学的工具揭示了政治决策的过程，使得政府对职业体育施行有效的分配和供给。

三、产业政策理论

产业政策理论是产业经济理论中的一个重要组成部分。产业政策理论通过对产业政策的研究，为产业政策的制定与选择提供原理、原则和方法。产业政策理论的核心部分是产业结构政策理论。产业结构政策理论以产业资源的分配政策作为研究对象,在探讨产业结构演变规律及其原因的基础上,通过对产业结构的历史、现状及其未来的分析,寻找产业结构的发展变化规律,为制定合理的产业结构政策服务(付靖国,2013)。产业政策理论作为一门新兴的应用经济理论还很年轻,一般都偏重经验研究和实例论证。产业政策理论有助于规划职业体育产业的发展并制定相应的扶持政策。

第二节　典型国家职业体育政府扶持制度

一、英国职业体育政府扶持制度

作为受新自由主义经济思想影响最大的欧洲国家,英国在 1980 年之后逐渐形成类似于美国的市场资本主义模式,撒切尔政府施行了大规模的国有企业私有化政策,政府趋向于扮演"自由化市场的仲裁者"角色(Schmidt,2002),对经济的干预度逐渐降低,而由市场本身来实现资源的有效配置。在这样的政治和经济背景之下,英国职业足球的治理者在整个欧洲范围内最早开始开发职业足球的经济价值,英国足总早在 1981 年便允许职业俱乐部雇用全职董事从事俱乐部的经营活动,并在 1992 年允许英格兰甲级联赛俱乐部单独成立完全由各俱乐部控股的公司,进行商业化运营(Bortolotti 等,2008)。英国政府也通过"宽松的管理方式"(Swieter,2002)来回应职业足球利益相关者的经济诉求。

(一)俱乐部所有者资格审查制度

英国政府对职业足球产业的政策影响首先体现在对俱乐部所有者的资格审核方面,特别是对职业俱乐部所有者的管制。从 20 世纪 90 年代末期开始,由于英超在世界范围内影响力的扩大,加之英国本身完善的金融体系,越来越多的外国投资者注资英超俱乐部,并将其视为获得经济利益与提升知名度的有效途径。当时的研究者(Aitken 等,1997;Blomström 等,1997)普遍认为,外资的进入虽然可以带来管理经验、市场渠道等优势,但也不乏不良债务、短期行为等风险。2004 年,在英国政府的要求下,英国足总以及英超联赛公司等多个职业足球管理主体联合发布了《职业足球俱乐部所有者审核条例》(Fit and Proper Person Test),强化了对拥有职业俱乐部30％以上股份的所有者的审核。

总体而言,这一行为体现了英国政府强烈的新自由主义倾向。政策本身并没有凸显职业足球产业的特殊性,而是与英国国内多个行业施行的资本审核制度相类似,这就意味着英国政府将职业体育视为一般产业,将外资进入俱乐部视为合法的商业行为,仅对资本进行适当的审核,在一定程度上防范不良资本的进入,而并没有考虑其他方面的影响。自该政策出台之后,又先后有多家英超俱乐部被通过审核的国外资本收购,如表7.1所示,截至2012—2013赛季,在20家英超俱乐部中,仅有9家由英国本土资本控制主要股份。

表7.1　2012—2013赛季英超俱乐部主要控股资本

主要控股资本 （拥有51％以上股份）来源	俱乐部 数量/个
美国	6
英格兰	6
威尔士	3
瑞士	1
埃及	1
马来西亚	1
阿联酋	1
俄罗斯	1

资料来源:根据英超各俱乐部官方网站资料整理

外资进入的同时,也必然地带来了商业化的资本运作模式。一方面,在资本收购俱乐部的过程中,部分投资者利用财务杠杆收购并将债务转移,使得俱乐部在被收购之初便承担了沉重的债务,需要通过自身运营来进行偿还;另一方面,在完成收购之后,部分所有者通过高额投入和负债经营来追求俱乐部的短期成绩。这些行为具体表现在英超俱乐部的转会投入和债务上,如图7.1所示,2001—2013年,英超俱乐部在转会净支出方面大幅高于其他联赛;但与此同时,截至2011—2012赛季,20家英超俱乐部中,共有11家净债务超过5000万英镑,其中5家超过1亿英镑。除了以上两个方面之外,根据部分学者的研究,商业化的运营模式还在一定程度上造成了外籍球员数量的大幅增加以及比赛票价的提升,这也对英国本土球员的发展,以及俱乐部所在地球迷的利益造成了影响,但英国政府并未因此对所有者审核制度提出调整的要求(Szymanski,2006b;Szymanski,2009)。

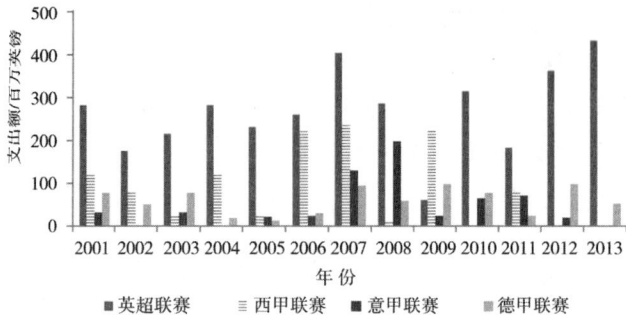

图 7.1　2001—2013 年四国联赛俱乐部转会净支出

(二)支持场馆建设与维护赛场安全政策

长期以来,由于比赛场馆的产权为俱乐部所有,大多数英国职业俱乐部需要承担体育场馆的维修和比赛安保等方面的开支。1975 年,英国政府设立了"足球信托基金"(Football Trust),每年从博彩业收入中支出2%,用于改善英国职业俱乐部的球场安全状况;此外,在 1985 年和 1986年,英国政府先后颁布了《体育比赛法案》[Sporting Events (Control of Alcohol etc.)Act]和《公共秩序法案》(Public Order Act),限制人们在观看体育比赛中的饮酒行为,并禁止有过不良行为记录的球迷在特定时间到足球场观看比赛。

然而,随着早期兴建的体育场馆的老化以及职业足球的快速发展,到了 20 世纪 80 年代后期,已有的财政政策和赛场安全政策已经难以保证职业足球比赛的安全,英国国内多次出现球场设施损坏情况以及球迷骚乱事件,其中影响最为深远的是 1989 年的希尔斯堡事件,96 名球迷在这次惨案中丧生。

在这样的背景之下,英国政府自 1989 年之后,在支持场馆建设与维护赛场安全方面出台了大量的政策。1990 年开始,英国政府通过俱乐部与政府共同出资,对所有顶级联赛俱乐部的场馆进行维修。1991 年,英国政府将博彩公司营业税从 40%下调至 37%,但要求其将免除的 3%税款注入足球信托基金,该基金在 2000 年被"足球基金会"(Football Foundation)取代。改制后的足球基金会由英国政府、英国足协和英超公司共同出资,其资金使用领域包括修缮各级别比赛场馆、发展青少年足球、提供退役运动员就业培训、发展社区体育等,在其初创的 8 年里,共计 7.2 亿英镑的资金被用于支持超过 5800 个项目。

在维护赛场安全方面,英国政府于 1989 年和 1991 年分别颁布了《足球观众法案》(The Football Spectators Law 1989)和《足球犯罪法案》

(*Football of Fences Act*),规定在比赛现场投掷物品以及种族主义言行等属于刑事犯罪。随后政府加强了这方面的控制措施,并修改了有关法律,最终分别在 1999 年和 2000 年通过了《足球(犯罪与骚乱)法案》[*Football (of Fence and Disorder) Act 1999*]和《足球骚乱法》[*Football (Disorder) Act*]等。此外,英国政府规定,除比赛日球场内的安保费用由俱乐部承担外,球场外(具体范围按照俱乐部的地产范围确定)的公共安保费用必须由地方政府的公共基金支付,并禁止警察在保护公共财产及安全时,向私人部门提出任何经济支付的要求。这一系列政策措施有效地遏制了英国的足球暴力,根据英国政府内政部(United Kingdom Home Office)公布的犯罪率统计数据,英国顶级联赛比赛中观众被刑事拘留的数量由 1984 年的 0.22 人/千人下降到了 2004 年的 0.03 人/千人,职业足球的健康发展得到了保证(Culture,Mediaand Sport Committee,2011)。

(三)英国职业足球政府扶持制度特征

总体而言,英国政府针对职业足球产业的政策设置体现出以实现最大经济价值为导向的市场化特征,政府并不过多地进行政策规制,而是按照市场经济的规律,通过合适的政策调节来服务于职业足球产业的发展,并在场馆建设以及安保等方面予以相应的扶持,这些政策的实施促进了英国职业足球产业的快速发展,使得英国职业足球在经济收入方面处于欧洲领先地位。但同时我们也要看到,尽管在经济收入方面存在着较大的优势,但英国政府的政策设置也存在一定的问题,主要表现在职业足球商业化所带来的俱乐部财务不稳定、比赛票价偏高以及本土球员发展受限,从实现职业足球可持续发展的角度来说,英国政府的政策设置还有可商榷之处。

二、德国职业足球政府扶持制度

从国家层面上来说,学者普遍(Hall 等,2004;Hall 等,2009)认为,德国的政治经济体现出典型的"管制资本主义"的特点,国家(联邦政府和地方政府)倾向于对产业发展中可能出现的不良发展进行纠偏,包括经济发展中的一些短期行为、生产或消费所带来的外部效应、可能引发社会冲突的不合理的收入与财产分配现象、与国家的宏观目标(充分就业、稳定价格水平、国际收支平衡以及适度经济增长等)产生偏离的现象等。在这样的政治和经济环境之中,德国职业足球的管理者也倾向于以长期、健康与公平的发展思路解决职业足球产业发展过程中的问题,而德国政府也通过政策设置对这一发展理念进行了确认和巩固。

(一)俱乐部所有权规制政策

德国职业足球政府扶持制度的特点首先体现在对职业俱乐部所有权的规制上。1998年之前,所有的德国体育俱乐部都是注册协会(eingetragener verein),这是一种德国式的非营利性质的组织,俱乐部的所有收益都必须重新投入体育事业之中。而在1990年之后,由于电视转播收入的快速增长,以及随之而来的多方面收入的提升,俱乐部商业化运营的动机越发强烈。在这样的背景之下,以财务稳定和俱乐部长期发展为主导思想的德国足球协会(German Football Association)于1999年发布条例,允许俱乐部将男子职业足球队独立出来成立公司,但是,独立出来成立的组织必须有51%以上的股份属于原俱乐部。这就使得德国职业足球俱乐部保留了会员制的特点,保证了原俱乐部对于公司化的职业足球俱乐部的影响力,使其避免受到债权人、贷款者、少数利益相关者等的控制,确保外来资本收购、俱乐部大量借贷赌博式经营等短期行为不会发生,从而在一定程度上维持联赛的竞争秩序。在欧洲的任何其他国家,这种所有权的控制都是不被允许的。

尽管该条例在德国国内长期以来受到部分俱乐部的质疑,但德国政府对此一直持支持态度。2011年,汉诺威96足球俱乐部向德国联邦法庭提起诉讼,要求德国联赛委员会废除"50+1"条款。德国仲裁法庭在调查分析之后,并没有废除该条例,而是要求德甲联盟实施新的"50+1"政策,即在原本的外来投资者严禁持有俱乐部大多数股份的政策之外,增加特殊条目,允许所有参与俱乐部经营超过20年的企业掌握俱乐部51%以上的股份。

德国政府通过法律形式确认了"50+1"条款的合理性,德国职业足球俱乐部的任何商业决策都必须经由会员投票通过方可施行,这从根本上杜绝了外资收购俱乐部,以及俱乐部追求短期成绩而负债经营等情况的发生。截至2012—2013赛季,德国职业足球俱乐部中,除了勒沃库森和沃尔夫斯堡两家俱乐部,因为其赞助商拜耳公司和大众汽车公司连续赞助并参与俱乐部经营超过20年而获得了企业控股的豁免之外,其余俱乐部均由原俱乐部控股51%以上。这一政策对德国职业足球产业的影响还体现在比赛票价方面,俱乐部比赛门票的定价方案须由会员投票通过,以2011—2012赛季为例,如图7.2所示,德甲联赛平均票价明显低于其他欧洲主要联赛,而平均观众规模则大幅领先。这种低票价、高上座率的发展模式已经成为德国职业足球的特色。

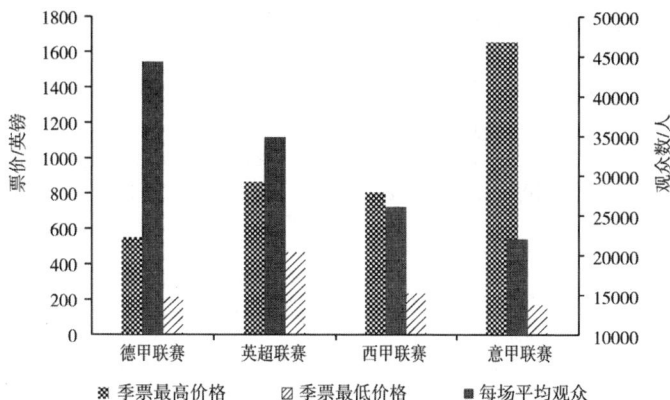

图 7.2　2011—2012 赛季各国联赛票价及上座率比较

(二)支持场馆建设政策

德国政府在职业俱乐部体育场馆建设方面多次采取补助政策,帮助德国多家职业俱乐部新建或改造了球场。如表 7.2 所示,在 2006 年德国世界杯之前,德国联邦政府以及各州、市政府以"筹备 2006 年世界杯"的名义,先后通过政府出资、政府担保第三方投资、政府低息贷款等形式,投入超过 20 亿欧元,对 12 个城市的足球场馆进行了新建、翻修和重建工作,并进行了球场附近的基础设施建设。值得注意的是,在受到政府补助的场馆中,包括安联球场、中央体育场、下萨克逊球场、新明格尔斯多夫体育场等多个体育场的产权由俱乐部完全或部分所有,德国政府对体育场馆及周边基础设施的补助虽然是以"筹备 2006 年世界杯"为名,但实际上大大改善了国内职业俱乐部的运营状况,同时也很好地利用了世界杯这一赛事,避免了因为涉及国家援助而违反欧盟条约的问题。

(三)德国职业足球政府扶持制度特征

总体而言,德国职业足球的管理者倾向于制定和实施有利于职业足球产业长期健康发展的政策,而并不推崇过于市场化的发展策略,德国政府通过法律形式确认了俱乐部所有权制度和集体出售比赛转播权的合法性,规定了合理的转播收入分配模式,要求地方政府补助职业俱乐部的场馆建设,大力发展国家青训体系等。尽管这些政策在一定程度上限制了职业足球产业实现其最大经济价值,但降低了职业俱乐部的运营风险、提升了俱乐部的社区化程度,德国职业足球联赛也因此成为债务状况最良好、上座率最高的欧洲国家联赛。

表 7.2　2006 年世界杯举办前德国部分俱乐部体育场馆获补助情况

球场	受益俱乐部	投资总额 （新建或翻修）	政府补助
奥林匹克 体育场	柏林赫塔	2.42 亿欧元	联邦政府出资 1.96 亿欧元,柏林州政府担保球场控股公司贷款 4600 万欧元
威斯特法伦 球场	多特蒙德	0.36 亿欧元	多特蒙德市政府出资 2800 万欧元用于球场附近基础设施建设
森林球场	法兰克福	1.26 亿欧元	法兰克福市政府出资 6400 万欧元;黑森州政府出资 2050 万欧元;低利息贷款 4150 万欧元
菲尔丁球场	沙尔克 04	1.86 亿欧元	盖尔森基兴市政府出资 5800 万欧元,用于球场附近的基础设施建设
汉堡体育场	汉堡	1.05 亿欧元	汉堡市政府出资 1100 万欧元,协助融资 7000 万欧元
下萨克森 球场	汉诺威	0.64 亿欧元	下萨克森州、汉诺威地方政府等出资 2400 万欧元,银团贷款 2000 万欧元,汉诺威市担保复兴信贷银行出资 2000 万欧元
瓦尔特球场	凯泽斯劳滕	0.71 亿欧元	莱茵河地区政府出资 2170 万欧元,市政府出资 770 万欧元
新明格尔斯 多夫体育场	科隆	1.17 亿欧元	科隆市政府投资 2570 万欧元
中央体育场	莱比锡	1.16 亿欧元	联邦政府与莱比锡市政府出资 6320 万欧元
安联球场	拜仁慕尼黑,慕尼黑 1860	3.4 亿欧元	慕尼黑市政府与巴伐利亚州政府出资 2.1 亿欧元,用于球场附近的基础设施建设
法兰克人 体育场	纽伦堡	0.56 亿欧元	巴伐利亚和纽伦堡市政府各出资 50%
戴姆勒 体育场	斯图加特	0.51 亿欧元	巴登符腾堡州政府出资 1/3

三、意大利职业足球政府扶持制度

对欧洲资本主义进行研究的部分学者(Cainelli 等,2004)认为,意大利代表了一种较为松散的国家资本主义模式,有着相对薄弱的管制结构,其经济的发展非常依赖于国内的家族企业,国外资本很难进入本土企业,而

利益集团对国家政治和经济的影响非常明显。意大利足球的研究者
(Baroncelli 等,2011)也认为,政治势力和家族企业左右了意大利职业足球
的发展,其将职业足球的影响力用于扩张个人的政治和经济势力。在这样
的政治和经济背景之下,意大利职业足球管理者的行为难以体现出连续
性,而政府政策制定的思路,也在多方的博弈之中不断改变。

(一)支持场馆建设政策

意大利政府在职业足球政府扶持制度方面的特征首先体现在体育场
馆方面,由于"一系列的混合了文化背景与利益博弈的原因"(Baroncelli
等,2011),意大利的体育场产权通常归属于自治单位(municipalities,包括
自治市、区等)的当地政府,职业俱乐部长期以来依靠向当地政府租赁获得
体育场使用权。1990 年意大利世界杯之前,意大利中央政府、地方政府、
意大利奥林匹克委员会(Italian National Olympic Committee)共计投入了
超过 10 亿欧元的资金用于新建和修缮球场,表 7.3 列出了当时获得补助
的球场和球队。

表 7.3　1990 年世界杯举办前意大利政府补助场馆和球队

球场名称	所在城市	性质	主场球队
圣尼古拉球场	巴里	新建	巴里队
德尔·阿尔卑球场	都灵	新建	尤文图斯队、都灵队
奥林匹克球场	罗马	修缮	罗马队
圣西罗球场	米兰	修缮	AC 米兰队、国际米兰队
费拉里斯球场	热那亚	修缮	热那亚队
弗兰基球场	佛罗伦萨	修缮	佛罗伦萨队
圣保罗球场	那不勒斯	修缮	那不勒斯队
弗留利球场	乌迪内	修缮	乌迪内斯队

公共资金的补助政策大幅改善了意大利职业足球体育场的状况,然
而,意大利政府的补助政策存在两个方面的缺陷。首先,贵宾包厢、球队用
品专卖店、餐馆、酒店等增加比赛日收入的商业开发设施都未被纳入计划
之中,导致新建和修缮的体育场在营收能力方面存在缺陷。其次,在世界
杯结束之后,政府并未将球场的所有权转移给职业俱乐部,造成了体育场
拥有者和使用者之间的利益冲突。拥有体育场产权的地方政府在投入补
助金甚至因此背负债务之后,有强烈的动机通过运营体育场获得收入,但
地方政府本身并不具备进行商业开发的能力;而职业俱乐部作为直接使用

者,具备商业开发的能力,却没有获得相应的商业开发权,同时还要支付相当大比例的运营收入给当地政府,其对体育场馆进行商业开发的意愿受到了极大的限制。这就造成了体育场馆运营方面的"双输"局面。此外,也正由于这一冲突的存在,意大利多个地方政府还在很长时间内拒绝俱乐部建设自有产权球场的申请。

直到 2011 年 10 月,意大利众议院文化委员会(Commissione Culturadella Camera)才通过提案,允许意大利职业足球俱乐部拥有包括餐厅、商店、影院等附属设施的自有产权体育场。但是,关于政府补助职业足球俱乐部修建私有产权专用足球场的《体育场馆补助法案》(*Legge Stadi*)自 2009 年被提上政府议事日程以来,一直没有获得通过,包括罗马、国际米兰、桑普多利亚等多支意大利职业球队修建体育场的计划因而被搁置,直到 2012 年底,新球场的建设工作才陆续开始。

多方的利益博弈导致意大利职业足球产业在体育场馆运营方面产生了大量的租值耗散,其比赛日收入以及商业开发收入落后于英国、德国、西班牙等国家。如图 7.3 所示,2001—2011 年,意甲联赛的运营收入中,电视转播收入占据了主要部分,而比赛日收入和商业开发收入(包括赞助收入)非常有限。根据德勤会计师事务所的统计,1996—2006 年,意甲联赛的总收入仅实现了 111% 的增长,而英超、德甲和西甲的平均增长率接近 190%。

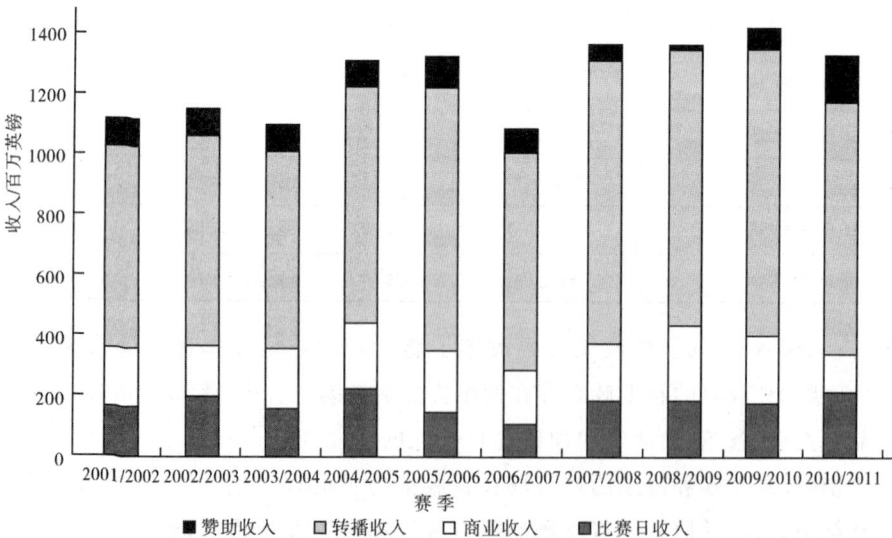

图 7.3　意甲联赛 2001—2011 年收入构成

(二)俱乐部债务减免政策

2003 年,面对中小俱乐部负债经营的现实,意大利政府发布了《拯救足球法案》（*Decreto Salvacalcio*，在多项研究中也被称为 *Spread-the-Losses Decree* 法案），该法案允许俱乐部将购买或租借球员时需支付的款项在 10 年时间内进行分期偿还，从而减轻了意大利俱乐部的财务压力。然而，法案的实施引起了欧盟法律机构的关注，欧盟委员会对该法案进行了调查，并要求意大利政府停止实施这一构成国家援助的法案。意大利政府随后按照欧盟委员会的要求进行了修改。

尽管实施时间较短，但该法案将意大利职业足球俱乐部的账面债务从 13.18 亿欧元降至约 4 亿欧元，避免了多家俱乐部的破产。然而，产业发展的滞后使得该政策仅收到短期效果，到 2009 年时，意甲球队的负债已经超过了 22 亿欧元。

（三）维护赛场安全政策

作为球迷暴力事件多发国家，意大利政府不断通过相关政策规制国内的足球暴力现象。1989 年 12 月，意大利国会通过了《第 401 号法案》（*Legislative Decree No. 401*），对有过破坏公共财物记录的球迷参加体育赛事进行严格管制。2001 年 8 月，意大利国会通过了《第 336 号法案》（*Legislative Decree No. 336*），对球场暴力进行了较为准确的定义和分类，并制定了严格的处罚标准。2003 年 2 月，意大利政府颁布的《第 28 号法案》（*Legislative Decree No. 28*），对比赛门票编号、观众入场安检、球场监控设备、违禁物品等设置了严格规定。2005 年，意大利政府专门出台措施，对比赛中向球场内投掷物品等行为的处罚进行了规定。2007 年，意大利政府出台《反足球暴力法》（*Anti-Soccer Violence Law*），整合了之前多项法规政策中针对足球暴力的法令，进一步加强了对球场暴力行为的规制。

（四）意大利职业足球政府扶持制度特征

总体而言，意大利政府并没有像英国或德国政府那样，确立明确的职业足球产业发展目标，其政策导向在各利益相关者的影响下不断出现变化。在电视转播、场馆所有权、俱乐部债务等方面，政府政策设置的导向体现出对不同利益相关者的维护，带有明显的短期行为的特征，这种政策导向的不确定性也给意大利职业足球的发展带来了负面影响。值得注意的是，近年来，随着职业足球发展滞后的现实得到重视，意大利政府越来越多地实施了符合现代足球产业发展需求的政策，如允许集体出售联赛转播权、允许私有体育场馆建设的法律等，这些政策的实施已经产生了一定的效果，也为意大利职业足球产业创造出新的发展机遇。

四、西班牙职业足球政府扶持制度

在欧洲职业足球产业较为发达的国家之中,西班牙是一个特殊的存在,一切盖因其文化与种族方面的特殊性。西班牙各主要地区的人民,如居住在伊比利亚东北部的加泰罗尼亚人(Catalonia)和西部的巴斯克人(Basque),都拥有自己独特的文化和语言,并且和以马德里为中心的卡斯蒂亚(Castaic)文化颇为不同,各地区的居民都有着强烈的民族归属感。西班牙足球的研究者(如,Ascari 等,2006)认为,西班牙的许多职业足球俱乐部已经被当成了一种地区的公益性机构,成为当地的民族与文化象征。因此,在政府扶持制度方面,西班牙政府更多地体现出直接扶持俱乐部发展的行为,而非促进产业化的特征。

(一)国家援助职业体育政策

西班牙是欧洲主要职业足球发达国家中仅有的一个在较长时间内不对职业俱乐部设置财务审查制度的国家(由于欧足联的财务要求,相关机构在 2014 年设立),面对职业俱乐部的债务问题,西班牙政府有过两次大规模的国家政策援助,实施的政策包括彩票收入偿还、国家贷款以及税收延期偿还等。

第一次国家政策援助开始于 1985 年。当时,西班牙职业俱乐部通过向会员征收会员费来维持俱乐部的日常运营,许多俱乐部都面临着财务危机。1985 年,西班牙政府出台《俱乐部重建计划》(*Plan de Saneamiento*),要求西班牙足球彩票业拿出年收入的 2.5%,用来偿还西班牙俱乐部对公共机构的债务。

但第一次援助计划效果不佳,西班牙政府遂于 1990 年颁布了《体育法 10/1990》(*Ley Del Deporte*),政府帮助所有甲、乙级俱乐部还清债务,俱乐部则被要求在 12 年之内以偿还无息贷款的方式将资金偿还给西班牙财政部;此外,用于偿还职业足球俱乐部债务的彩票收入的比例从第一次援助的 2.5% 提高至 7.5%,并额外将 1.0% 的彩票收入用作西班牙职业足球国家联盟的管理资金。本次援助中,政府还要求所有职业俱乐部改制为有限责任的公共体育公司,而皇家马德里、巴塞罗那、毕尔巴鄂竞技以及奥萨苏纳四家职业俱乐部由于财务状况良好,仍旧保持其会员制俱乐部的体制。1998 年,西班牙政府又对该法案进行了修改,用于管理和偿还债务资金的彩票收入的比例增加到 10.0%。

2012 年 3 月,西班牙政府试图再次实施政策以免除西甲俱乐部共计达 7.5 亿欧元的债务,但遭到了包括德国在内的一些欧盟成员国的反对,认为此举违反了欧盟委员会 2007 年发布的《欧盟体育白皮书》中限制国家援助以保证职业体育公平竞争的相关条例,该提案因此未能得以实施。

　　尽管政府多次实施援助政策,但与其他联赛相比,西班牙顶级联赛俱乐部的债务问题依然严重。如表 7.4 所示,在 2010—2011 赛季,西甲联赛整体债务已达到 35.3 亿欧元,这些债务大多为拖欠税务机构和社保机构的款项,而西班牙各级政府长期以来允许俱乐部拖欠债务的行为已经引起了欧盟多个国家的不满。2012 年,西班牙政府教育、文化与体育部(Ministry of Education,Culture and Sport)与西班牙足协达成协议,要求西班牙甲级和乙级俱乐部从 2014—2015 赛季开始,每年缴纳电视转播收入的 35% 作为纳税保证金。

表 7.4　2010—2011 赛季典型国家顶级联赛收入与债务

联赛	总收入/亿欧元	总债务/亿欧元	收入占债务的比例/%
德甲联赛	16.6	9.1	182.4
英超联赛	24.8	25.1	98.8
意甲联赛	15.3	24.8	61.7
西甲联赛	16.2	35.3	45.9

(二)外籍球员税收优惠政策

　　西班牙政府的重要扶持政策也包括为外籍球员减免个人所得税。2005 年,西班牙政府通过了关于给予非西班牙国籍的职业球员个人所得税优惠政策《皇家法令 687/2005》(Royal Decree 687/2005)。按照条款规定,符合相关条件的外籍球员只需要缴纳税率为 24% 的个人所得税,而本土球员税率则高达 43%。此外,在该法案实施之前,外籍务工人员需要缴纳其全球范围内的资产或收入所对应数额的税款,而在该法案实施后,被认证的外籍务工人员只需要按照其在西班牙国内的收入缴纳税款。在该法案生效之后,西班牙外籍球员开始出现大幅度增加,特别是高水平外籍球员(代表国家队出场过的球员)比例从 2003 年的 6% 上升到了 2008 年的 11%。该法案的有效期截至 2009 年 12 月 31 日,2010 年 1 月 1 日之后到西班牙工作的外籍球员将不再享受该政策。

(三)西班牙职业足球政府扶持制度特征

　　总体而言,由于特殊的历史和政治原因,西班牙政府(包括国家政府和地方政府)倾向于对职业足球俱乐部实施较为直接的国家经济扶持,包括偿还俱乐部债务、减免税收等,这些政策使得西班牙顶级俱乐部在欧洲层面的比赛中具有较强的竞争力。然而,由于西班牙政府较少通过政策构建符合职业足球发展要求的产业结构,在转播收入、场馆建设、俱乐部财务稳定等方面,政府缺少相关的政策规制,使得西班牙职业足球产业的发展存在着俱乐部收入差距悬殊、俱乐部负债严重等问题,产业发展的可持续性亟待加强。

五、美国职业体育政府反垄断制度

反垄断制度是美国职业体育产业中最早也是最重要的政府扶持制度和产业组织政策,是政府针对垄断性的市场结构、行为和效果实施的一种法律制约和政策限制。美国职业体育产业组织政策主要为美国职业体育反垄断政策,具体指政府通过对职业体育产业内各层次主体行为的干预,来协调职业体育产业内竞争与垄断之间的矛盾,促进有效竞争的形成,使得职业体育产业得到发展。

美国职业体育产业组织政策在联盟层次主要体现为政府对有关职业体育联盟之间的竞争与垄断行为进行引导和限制(见表 7.5)。为了达到在同其他职业体育联盟的竞争中取得胜利的目的,一个职业体育联盟可能会制定各种各样的联赛制度或者采取各种各样的竞争手段;这些联赛制度以及竞争手段中有的直接对其成员俱乐部进行约束,有的由职业体育联盟在对外交往中使用。对于职业体育联盟之间这些为了相互竞争而制定或采取的相关制度或手段,有利于形成良性竞争同时促进职业体育产业发展的,政府会进行鼓励和支持;而那些趋于形成垄断地位进而有害于职业体育产业发展的,政府则会通过相关法律法规进行约束和规制。

在职业体育发展初期,美国对于职业体育联盟为了自身的发展需要所制定的有关职业体育联盟间俱乐部流动限制制度是默许的,认为其属于正当的竞争行为,并不构成垄断。此外,美国职业体育产业组织政策对于联盟的城市扩展行为是支持的。对于职业体育联盟阻碍运动员向其他体育联盟流动的行为,美国政府是不允许的,职业体育联盟采取的这种行为通常会受到反垄断法的审查;同时,对于职业体育联盟的合并问题,美国政府在早期并不支持,后来为了帮助职业体育产业的整体发展,避免因为过度竞争而使得职业体育组织受到伤害,同意了职业体育联盟之间的合并。

表 7.5　美国职业体育反垄断政策的重要案例

年份	原告	被告	案件内容
1953	美国联邦政府	NFL	作为保护门票收入的转播地域限制是合理的,但当其被用来提高转播权价格时则构成违法
1957	拉多维奇 (Radovich,球员)	NFL	除棒球外的运动项目无法获得反垄断豁免,不允许其存在针对竞争联盟球员的黑名单
1971	丹佛火箭 (Denver Rockets)	All-Pro 管理公司	NBA 选秀时要求新秀高中毕业满 4 年的规则违反《谢尔曼法》,是不合理的集体拒绝交易行为
1972	费城世界冰球俱乐部公司(Philadelphia World Hockey Club, Inc.)	费城冰球俱乐部公司(Philadelphia Hockey Club, Inc.)	使用"保留制度"约束运动员的行为违反了《谢尔曼法》,职业体育联盟在运动员方面构成单独的产品市场
1976	麦凯(Mackey,球员)	NFL	"罗泽尔规则"[1]中规定的新俱乐部向原俱乐部提供补偿的行为违反了《谢尔曼法》
1984	洛杉矶纪念体育场和奥克兰突袭者(Los Angeles Memorial Coliseum Commission and Oakland Raiders)	NFL	NFL 的"主场区域"[2]规则违反了《谢尔曼法》,拒绝"主场区域"的俱乐部迁址是违法的
1992	麦克内尔(McNeil,球员)	NFL	NFL 的"B 计划"[3]对运动员市场的竞争有着显著的不良影响,超出了为达到竞争均衡的目的的合理必要
1992	芝加哥职业体育公司(Chicago Professional Sport Ltd.)	NBA	NBA 关于公牛队转播场次的限制是不合理的
1994	苏利文(Sullivan,球队所有者)	NFL	NFL 禁止将球队出售给公有企业的行为不合理
1994	巴特沃什(Butterworth,律师)	美国棒球国家联盟(National League)	NL 拒绝旧金山巨人迁址到坦帕市的决定不享有反垄断豁免

注:[1]该规则规定,在 NFL 内,如果与原俱乐部合同到期的球员希望与另一家俱乐部签约,新俱乐部必须向原俱乐部提供现金、选秀权或球员;如果两家俱乐部无法达成适当的补偿协议,NFL 主席可以强加一个协议。

[2]NFL 规定,每支球队在其所在的城市及该城市方圆 75 英里的范围内享有"主场区域",其他球队迁入该区域时,必须得到联盟内所有球队业主的同意。

[3]"B 计划"允许每支球队储备 37 名队员,这些队员受到补偿系统的制约;而其他人,也就是水平低一些的运动员,则不受限制。

　　美国职业体育产业组织政策在运动员层次主要体现为政府对有关职业体育联盟或俱乐部对运动员所采取的竞争与垄断行为进行引导和限制。美国国会曾于 1935 年通过了《国家劳动关系法》（*National Labor Relation Act*），该法案确立了保护集体议价协议的联邦政策。但是，国会的政策在此发生了冲突：在劳资双方的集体议价协议过程中，一方面，资方对劳方施加的限制符合劳动关系法的要求；另一方面，根据反垄断法，资方对劳方施加的限制是不合法的限制贸易行为。为了解决劳工政策与反垄断政策之间的这一冲突，最高法院在对"麦凯诉 NFL 案"的判决中建立了非成文法劳工豁免规制。

　　1951 年，纽瓦克国际队将其签约球员乔治·图尔森（George Toolson）转让给了宾厄姆顿队。但是图尔森拒绝去宾厄姆顿队报到，根据联盟的保留条款制度，他被下放到了宾厄姆顿队的禁止参加任何职业棒球比赛的不合格队员名单里。于是，图尔森根据《谢尔曼法》对纽约洋基队提出诉讼，指控洋基队和参与阻止其参加职业棒球比赛的那些低级别联盟的俱乐部构成了垄断。该案后来也上诉到了最高法院。然而最高法院于 1953 年对该案做出了与"联邦棒球案"相似的判决，维持了棒球反垄断豁免的地位和范围。在该案中，法院并没有重新审查"联邦棒球案"的裁定理由，其指出，职业棒球运动已经在《谢尔曼法》的豁免下发展了 30 年，而在此期间国会并没有消除该法案对职业棒球的反垄断豁免（姜熙、谭小勇，2010）。

　　具有代表性的案例还有"弗拉德案"。1969 年 10 月，圣路易斯红雀队的中场球员弗拉德被交易到费城人俱乐部。然而弗拉德对此交易非常不满，于是在当年 12 月要求俱乐部给予其自由人之身，但是俱乐部理事拒绝了这个要求。于是弗拉德向法院提出了反垄断诉讼，准备挑战"保留条款制度"的合法性。在此案中，纽约南区的地区法院认为职业棒球的"保留条款制度"获得反垄断豁免而不受反垄断法案的限制。

第三节 我国职业体育政府扶持制度

一、场馆建设扶持制度

(一)财政拨款制度

我国职业体育产业尚处于起步阶段,职业体育俱乐部经营环境和能力都还不足,自身造血能力差,更需要政府的强力支持。政府直接拨款就是最直接、最有效的手段,而且不应局限于青少年培训和运动员退役后支出,应适当关注俱乐部本身运营及场馆的建设、运营等领域。已有一些地方政府通过直接拨款扶持职业体育俱乐部。2009 年,重庆市政府对重庆力帆俱乐部进行了财政扶持,除了主场商务开发的 1000 万元、市政府下属企业买断球队冠名权的 1000 万元,还直接拨款 1000 万元,这些举措缓解了当时金融危机冲击下俱乐部经营困难的窘境,为力帆俱乐部持续经营打了一针强心剂。另外,也有一些地方政府采取了非直接拨款的方式来支持职业体育产业。北京市、江苏省、浙江省等均设立了体育产业发展引导资金,用于职业体育俱乐部的快速发展。

表7.6 呈现了我国各省市现行的有关体育产业的文件政策,并列出了其中涉及体育设施建设的具体内容。从中可以看出,各地方政府均意识到体育设施的不可或缺性,并纷纷加快了相关财政拨款政策的推出速度。早期,财政拨款形式较为单一,主要集中在探索和建立体育产业发展引导资金上,其中多数省市如北京、江苏、安徽、青海等均提到了要将体育彩票公益金作为引导资金,吸引社会资金投资体育设施建设。近些年来,越来越多的省市加入该阵营,上海市、四川省、福建省、山东省、云南省等也设立了体育产业引导资金。同时,财政支持的形式逐渐多元化,江苏省、北京市、上海市等提出设立体育设施建设投资基金,重庆市、贵州省等提出通过政府购买服务来鼓励社会力量参与体育设施建设。

从表7.6 中可以发现,相关文件只提及"体育场馆""体育设施",并没有明确指出扶持职业体育俱乐部场馆。但不容置疑的是,各个职业体育俱乐部所使用的体育馆和体育场也是体育场馆的一部分。

表7.6 我国部分省市有关职业体育场馆财政拨款的政策文件

地区及时间	文件政策来源	相关内容
安徽省 2003-10-31	《中共安徽省委 安徽省人民政府关于加快新时期体育发展的意见》(皖发〔2003〕8号)	鼓励多渠道筹资建设公共体育场馆。继续将体育彩票公益金作为引导资金。
北京市 2010-04-15	《北京市体育产业发展引导资金管理办法(试行)》(京体产业字〔2010〕11号)	引导资金主要支持培育国际大型体育品牌赛事、完善体育产业功能区建设、发展体育创意产业、开发全民健身服务业、普及青少年体育活动和竞赛、做强体育用品生产销售业、发展体育场馆服务业、培育体育中介机构、引导体育消费和市政府确定的其他项目。
上海市 2012-04-12	《上海市人民政府办公厅关于加快发展体育产业的实施意见》(沪府办发〔2012〕25号)	拓宽体育产业发展资金来源渠道,各级政府可通过安排引导、补助资金等方式,对符合国家和本市重点发展方向的体育产品、服务项目和企业给予适当扶持,培育具有影响力的体育品牌。以多元方式设立体育产业创业投资基金、体育设施建设投资基金,采用市场化运作,拉动社会资本投资体育产业。实施资金投入的社会效益和经济效益的评估、监测、考核和奖励。
广东省 2012-12-26	《广东省人民政府办公厅关于加快体育产业发展的实施意见》(粤府办〔2012〕133号)	加大财政支持力度。加大财政资金支持,采取贷款贴息、项目补贴、政府重点采购、后期赎买和后期奖励等方式,重点支持体育产业基地、体育旅游示范基地、体育产业园区建设和举办国内外知名体育赛事,以及扶持职业俱乐部、体育企业重点项目技术改造、产品创新升级、公共服务平台建设、体育人才培养等。
重庆市 2015-06-24	《重庆市人民政府关于加快发展体育产业促进体育消费的实施意见》(渝府发〔2015〕41号)	鼓励社会力量建设小型化、多样化的活动场馆和健身设施,政府以购买服务等方式予以支持。推行政府和社会资本合作PPP等模式,吸引社会资本参与体育产业发展。
四川省 2015-07-06	《四川省人民政府关于加快发展体育产业促进体育消费的实施意见》(川府发〔2015〕37号)	要加大投入,安排投资支持体育设施建设。……省级和有条件的市(州)可设立体育发展专项资金,创新专项资金管理、使用方式,推动体育产业发展。
贵州省 2015-08-10	《贵州省人民政府办公厅关于加快发展体育产业促进体育消费的实施意见》	充分发挥中央转移支付大型体育场馆补助资金的引导作用,完善硬件条件、丰富场馆内容、提高场馆服务水平和综合效益。鼓励各地推广和运用政府和社会资本合作(PPP)、公建民营、民办公助等多种模式参与体育场馆和设施的建设与运营,支持社会力量建设小型化、多样化的活动场馆和健身设施,政府以购买服务等方式予以支持。

注:表格排列按时间顺序;表7.7至表7.11均同,不另注
资料来源:根据各省市相关政策资料文件整理

(二)财政贴息政策

北京市为推动体育产业发展,加强对体育产业发展引导资金的管理,

于 2010 年制定了《北京市体育产业发展引导资金贷款贴息管理办法（试行）》。该管理办法所称贷款贴息是指对在本市地域范围内从事体育产业及相关活动的企业及项目单位在项目实施期内从商业银行获得信贷资金后，对发生的利息进行归还部分的补贴，贷款贴息资金来源于北京市体育产业发展引导资金。其采取的方式是先付后贴，比例为贷款贴息期限内实际支付利息总额的 50%～100%。

如表 7.7 所示，财政贴息在各省市政策文件中多以贴息贷款或者贴息入股的方式存在，并通常被置于体育产业发展引导资金中；同时也可以发现，相关文件中财政贴息的对象分别是"体育设施""体育场馆服务"和"职业体育俱乐部"，可见职业体育俱乐部场馆是以上三个集合的共同部分，因此财政贴息可以作为扶持职业体育俱乐部的有力政策加以发展和完善。

表 7.7　我国部分省市有关职业体育场馆财政贴息的政策文件

地区及时间	文件政策来源	相关内容
山西省 2001-04-12	《山西省人民政府关于加快体育产业发展的意见》	允许体育行政部门在确保资金用途不变的前提下，运用市场手段灵活使用体育彩票公益金。可以将此资金作为资本金，按照股份制方式进行运作，或以贴息入股方式，吸引更多的社会资金投资于体育产业和体育设施建设。 各级政府对体育设施建设应实行积极的投资政策，重点建设项目应列入各级城市基础设施建设项目，优先立项审批，优先提供配套资金，并可安排一定的贴息贷款。
广东省 2012-12-26	《广东省人民政府办公厅关于加快体育产业发展的实施意见》	加大财政资金支持，采取贷款贴息、项目补贴、政府重点采购、后期赎买和后期奖励等方式，重点支持体育产业基地、体育旅游示范基地、体育产业园区建设和举办国内外知名体育赛事，以及扶持职业俱乐部、体育企业重点项目技术改造、产品创新升级、公共服务平台建设、体育人才培养等。
北京市 2012	《关于公开征集 2012 年度北京市体育产业发展引导资金扶持项目的公告》	对于符合扶持条件的体育企业通过银行贷款实施体育产业重点发展项目所发生的利息给予补贴。资金根据项目承担企业提供的有效借款合同及项目执行期内的有效付息单据核定，并参照《北京市体育产业发展引导资金贷款贴息管理办法（试行）》（京体产字〔2010〕12 号）执行。此类扶持方式适用于：体育竞赛表演业、全民健身服务业、体育运动俱乐部、体育综合服务业、体育用品制造销售业、体育相关产业。

续表

地区及时间	文件政策来源	相关内容
北京市 2013-06-06	《关于公开征集 2013 年度北京市体育产业发展引导资金扶持项目的公告》	对于符合扶持条件的体育企业通过银行贷款实施体育产业重点发展项目所发生的利息给予补贴。此类扶持方式适用于：全民健身服务业（包含：体育场馆服务；体育新媒体网络化发展；青少年体育培训）、体育用品研发、体育会展业、其他。
北京市 2014-01-09	《2014 年度北京市体育产业发展引导资金扶持项目征集公告》	对于符合扶持条件的体育企业通过银行贷款实施体育产业重点发展项目所发生的利息给予补贴。此类扶持方式适用于：全民健身服务业（体育场馆服务）、体育新兴服务业、其他。

（三）无偿划拨非货币性资产政策

土地资源是进行职业体育场馆建设最基本的要件，但随着我国城市化进程的快速推进，土地资源呈现出越来越严苛的管理趋势。因此，地方政府为加快体育产业发展，对职业体育俱乐部提供的无偿划拨非货币性资产（主要指土地）尤显珍贵。但是城市土地出让的投融资功能能够有效地提高地方政府投资城市基础设施的效率，因此该项政策能使地方政府和职业体育俱乐部达成双赢的局面。

表 7.8 显示了我国部分省市已有的关于用地优惠的政策文件。从中可以发现，首先，有关用地优惠的规定详尽程度不一，其中山西省政府明确"有关部门应在项目审批、土地出让金返还、城建配套费以及产业运作环节上给以优惠和支持"，而河北省政府则指出"在用地方面给予支持"。其次，各地的具体优惠政策丰富多样，北京市、青海省、江苏省、湖南省等提出在规划建设、市场准入、土地使用、规划费减免等方面享受国有资本投资同等待遇；陕西省政府则提出"土地、规划、城建等部门应减免相关政策性收费"。最后，文件中虽只提及"体育设施""体育场馆"，但是职业体育俱乐部所使用的主场场馆也是其中的一分子。广东省特别指出，"引导社会资本独立或参与组建体育职业俱乐部；政府在建设训练设施、引进高水平运动员和教练员、申办和参加职业联赛等方面给予支持"，可见广东省政府对于职业体育俱乐部的扶持力度之大，其中明确指出将在建设训练设施方面给予用地优惠。江苏省则提到"严格控制新建大型体育场馆规模和数量"，可见大型的体育场馆在江苏省已接近饱和，盲目地建设大型场馆会带来资源的浪费以及赛后经营的难题。

表7.8　我国部分省市有关职业体育场馆用地优惠的政策文件

地区及时间	文件政策来源	相关内容
山西省 2001-04-12	《山西省人民政府关于加快体育产业发展的意见》（晋政发〔2001〕8号）	对体育部门盘活土地资产，新建、改建、扩建体育设施的举措，有关部门应在项目审批、土地出让金返还、城建配套费以及产业运作环节上给以优惠和支持。
四川省 2005-06-09	《中共四川省委 四川省人民政府关于加快建设体育强省的决定》（川委发〔2005〕8号）	坚持投资主体多元化，鼓励社会力量积极兴建体育设施，对投资者给予政策支持。
北京市 2007-07-27	《中共北京市委北京市人民政府关于促进体育产业发展的若干意见》（国家体育总局）	非国有经济投资的体育产业项目和建设的体育场馆，在市场准入、土地使用、信贷、上市融资等方面享有与国有经济投资同等的待遇。
青海省 2009-07-03	《青海省人民政府办公厅转发省体育局〈关于促进青海体育产业发展的若干意见〉的通知》（青政办〔2009〕122号）	国家政策许可范围内，社会力量建设体育设施、兴办运动队、开展业余训练，在规划建设、土地征用、规划费减免、从业人员职称评定、参加省内各项比赛资质等方面与国（省）办体育单位一视同仁。
江苏省 2010-09-10	《江苏省政府关于加快发展体育产业的实施意见》（苏政发〔2010〕110号）	非公有资本投资的体育产业项目和建设的体育场馆，在投资核准、融资服务、财税政策、土地使用、对外贸易和经济技术合作等方面享受国有资本投资同等待遇。社会力量兴办体育场（馆）等，在用地方面给予支持。
陕西省 2010-11-29	《陕西省人民政府办公厅关于加快发展体育产业的意见》（陕政办发〔2010〕116号）	对重点体育场馆、产业园区、群众健身休闲等民生公共服务项目，土地、规划、城建等部门应减免相关政策性收费。
河北省 2011-12-15	《河北省人民政府办公厅关于扶持体育产业发展的通知》（冀政办〔2011〕24号）	社会力量兴办体育场（馆）等，在用地方面给予支持。
湖南省 2014-07-31	《湖南省人民政府办公厅关于加快发展体育产业的实施意见》（湘政办发〔2014〕61号）	非公有资本投资的体育产业项目和建设的体育场馆，在投资核准、融资服务、财税政策、土地使用、对外贸易和经济技术合作等方面享受国有资本投资同等待遇。社会力量兴办体育场（馆）等，在用地方面给予支持。
河北省 2015-05-29	《河北省人民政府关于加快发展体育产业促进体育消费的实施意见》（冀政发〔2015〕27号）	对因城乡建设确需拆除或改变其功能、用途的体育场馆，须按照国家有关规定报批，并按照规划重新选址建设，先建后拆，不得小于原有规模。

续表

地区及时间	文件政策来源	相关内容
江苏省 2015-06-09	《江苏省政府关于加快发展体育产业促进体育消费的实施意见》(苏政发〔2015〕66号)	各地要将体育设施用地纳入城乡规划、土地利用总体规划和年度用地计划,合理安排用地需求。严格控制新建大型体育场馆规模和数量,加强群众性体育场馆设施建设,支持足球等重点运动项目设施建设。
四川省 2015-07-06	《四川省人民政府关于加快发展体育产业促进体育消费的实施意见》(川府发〔2015〕37号)	社会力量兴办的非营利性体育设施用地,可以划拨方式供地。严禁体育设施建设用地改变用途、容积率等土地使用条件搞房地产开发。
广东省 2015-07-28	《广东省人民政府关于加快发展体育产业促进体育消费的实施意见》(粤府〔2015〕76号)	鼓励和支持各地采用有力措施,引导社会资本独立或参与组建体育职业俱乐部;政府在建设训练设施、引进高水平运动员和教练员、申办和参加职业联赛等方面给予支持。

(四)场馆运营扶持制度

1.租金优惠

鉴于我国大部分职业体育俱乐部均是租赁场馆开展联赛,场馆的租金便成为俱乐部固定的支出。表7.9显示了我国部分省市已有的关于职业体育场馆租金优惠的政策文件。福建省和河北省均明确指出:对社会力量引进重大国际和国内赛事的,由当地体育部门给引进方在场地租金上予优惠(福建20%,河北15%~20%)。四川省则对列入国家竞赛计划的省内赛事也予以优惠,但并没有说明具体的优惠力度。

表7.9 我国部分省市有关职业体育场馆租金优惠的政策文件

地区及时间	文件政策来源	相关内容
福建省 2011-03-17	《福建省人民政府加快发展体育产业的实施意见》(闽政〔2011〕19号)	各地对社会力量引进重大国际和国内赛事的,由当地体育部门给引进方在场地租金上予以20%的优惠。
河北省 2011-12-15	《河北省人民政府办公厅关于扶持体育产业发展的通知》(冀政办〔2011〕24号)	各地对社会力量引进重大国际和国内赛事的,当地体育部门给予引进方在场地租金上15%~20%的优惠。

续表

地区及时间	文件政策来源	相关内容
四川省 2015-07-06	《四川省人民政府关于加快发展体育产业促进体育消费的实施意见》（川府发〔2015〕37号）	社会力量引进和承办列入国家竞赛计划的重大国际、国内和省内赛事，国有场馆在场地租金上给予引进方适当优惠。

2.所有制政策

表7.10显示了我国部分省市已有的关于职业体育场馆产权的政策文件。对于新建的体育场馆，广西、贵州均指出"推广和运用政府和社会资本合作（PPP）、公建民营、民办公助等多种模式参与体育场馆和设施的建设与运营"，广东省则提出"运用建设—运营—移交（BOT）、建设—拥有—运营（BOO）、委托运营（O&M）等市场化模式，开展政府和社会资本的合作"。对已建成的公共体育场馆设施，江苏省、河北省、四川省和贵州省均提出：可通过参股、合作经营、委托经营等方式，引入企业、社会组织等各种主体，以混合所有制等方式参与场馆运营。对于体育场馆未来的经营方向，甘肃省、河北省、青海省、天津市等提出"要推行设计、建设、运营管理一体化模式，将赛事功能需要与赛后综合利用有机结合，引入和运用现代企业制度，切实提高场馆运营效益"。由此可见，职业体育俱乐部既可以作为社会资本参与体育场馆的建设，也可以通过委托经营的方式获取体育场馆的经营权。

表7.10 我国部分省市有关职业体育场馆委托经营的政策文件

地区及时间	文件政策来源	相关内容
甘肃省 2015-01-28	《甘肃省人民政府贯彻国务院关于加快发展体育产业促进体育消费若干意见的实施意见》（甘政发〔2015〕14号）	各地新建和改建体育场馆要推行设计、建设、运营管理一体化模式，将赛事功能需要与赛后综合利用有机结合，引入和运用现代企业制度，切实提高场馆运营效益。
陕西省 2015-05-13	陕西省人民政府关于加快发展体育产业促进体育消费的实施意见（陕政发〔2015〕21号）	推进体育系统投融资体制改革，逐步使可用于经营的体育资产成为体育资本，通过产权转让、入股、拍卖、使用权出让，经营权转让，经营特许权拍卖，合作、合资等多种形式，盘活存量，扩大增量。
云南省 2015-06-02	《云南省人民政府关于加快发展体育产业促进体育消费的实施意见》（云政发〔2015〕39号）	积极推进体育场馆管理体制改革和运营机制创新，引入和运用现代企业管理制度，激发场馆活力。推行体育场馆设计、建设、运营管理一体化模式，将赛事功能需要与赛后综合利用有机结合。

续表

地区及时间	文件政策来源	相关内容
江苏省 2015-06-09	《江苏省政府关于加快发展体育产业促进体育消费的实施意见》(苏政发〔2015〕66号)	鼓励多元投入职业体育,引导有条件的企业和大型体育场馆采取单独组建、合作联办、冠名赞助等方式参与职业体育发展。
广西壮族自治区 2015-07-21	《广西壮族自治区人民政府关于加快发展体育产业促进体育消费的实施意见》(桂政发〔2015〕34号)	充分发挥中央转移支付大型体育场馆补助资金的引导作用,完善硬件条件、丰富场馆内容、提高场馆服务水平和综合效益。 推广、运用政府和社会资本合作(PPP)、公建民营、民办公助等多种模式参与体育场馆和设施的建设与运营,培育全区体育场馆运营联盟品牌。
广东省 2015-07-28	《广东省人民政府关于加快发展体育产业促进体育消费的实施意见》(粤府〔2015〕76号)	鼓励大型体育场馆运用建设—运营—移交(BOT)、建设—拥有—运营(BOO)、委托运营(O&M)等市场化模式,开展政府和社会资本的合作。在新建和改、扩建体育场馆中,推行设计、建设、运营一体化模式,促进赛事功能需要与赛后综合利用有机结合。
贵州省 2015-08-10	《贵州省政府办公厅出台关于加快发展体育产业促进体育消费的实施意见》(黔府办发〔2015〕30号)	鼓励采取参股、合作、委托等方式,引入企业、社会组织等各种主体,以混合所有制等方式参与场馆运营。 鼓励各地推广和运用政府和社会资本合作(PPP)、公建民营、民办公助等多种模式参与体育场馆和设施的建设与运营,支持社会力量建设小型化、多样化的活动场馆和健身设施,政府以购买服务等方式予以支持。

3. 税费优惠政策

表7.11显示了我国部分省市已有的关于职业体育场馆税费优惠的政策文件。山西省、青海省、福建省和河北省等均提出:由国家财政部门拨付事业经费的体育场馆、体育学校等单位自用的房产、土地,免征房产税和城镇土地使用税。而职业体育俱乐部拥有或经营的体育场馆并不属于财政部门拨付,因而也不属于税收优惠的范围。甘肃省、浙江省、青海省、云南省等均提出"体育场馆自用的房产和土地,享受有关房产税和城镇土地使用税优惠",这里的体育场馆则包含了职业体育俱乐部所有的场馆。此外,根据国务院颁布的《关于加快发展体育产业促进体育消费的若干意见》(国

发〔2014〕46 号）的指示，各省市纷纷提出"体育场馆等健身场所的水、电、气、热价格按不高于一般工业标准执行"。这也意味着，未来职业体育俱乐部自有的或经营的体育场馆也能享受该条优惠政策。

表 7.11　我国部分省市有关职业体育场馆税费优惠的政策文件

地区及时间	文件政策来源	相关内容
山西省 2001-04-12	《山西省人民政府关于加快体育产业发展的意见》（晋政发〔2001〕8 号）	对财政部门拨付事业经费的体育场馆、体育学校等单位自用的业务用房和业务用地，免征房产税和城镇土地使用税。
青海省 2009-07-03	《关于促进青海体育产业发展的若干意见》（青政办〔2009〕122 号）	由国家财政部门拨付事业经费的单位自用房、土地，免征房产税和城镇土地使用税。
福建省 2011-03-17	《福建省人民政府加快发展体育产业的实施意见》（闽政〔2011〕19 号）	对财政部门拨付事业经费的体育场馆、体育学校自用的办公用房、公务用房和单位自身用于开展体育训练、比赛、培训、健身服务等业务用房，免征房产税和土地使用税。
重庆市 2015-06-24	《重庆市人民政府关于加快发展体育产业促进体育消费的实施意见》（渝府发〔2015〕41 号）	体育场馆自用的房产和土地，享受有关房产税和城镇土地使用税优惠。体育场馆等健身场所的水、电、气价格按不高于一般工业标准执行。
安徽省 2015-06-25	《安徽省人民政府关于加快发展体育产业促进体育消费的实施意见》（皖政〔2015〕67 号）	体育场馆自用的房产和土地，依法享受免除房产税和城镇土地使用税政策。体育场馆等健身场所的水、电、气、热价格按不高于一般工业标准执行。
上海市 2015-07-01	《上海市人民政府关于加快发展体育产业促进体育消费的实施意见》（沪府发〔2015〕26 号）	体育场馆自用的房产和土地，可享受有关房产税和城镇土地使用税优惠。体育场馆等健身场所的水、电、气、热价格，按照不高于一般工业标准执行。
四川省 2015-07-06	《四川省人民政府关于加快发展体育产业促进体育消费的实施意见》（川府发〔2015〕37 号）	体育场馆自用的房产和土地，可享受有关房产税和城镇土地使用税优惠。体育学校、体育传统校的水、电、气、热价格按不高于居民使用价格执行，其他体育服务企业及体育场馆等健身场所按不高于一般工业使用价格执行。
广东省 2015-07-28	《广东省人民政府关于加快发展体育产业促进体育消费的实施意见》（粤府〔2015〕76 号）	体育场馆自用的房产和土地，可享受有关房产税和城镇土地使用税优惠。体育场馆等健身场所的水、电、气、热价格按不高于一般工业标准执行。

续表

地区及时间	文件政策来源	相关内容
贵州省 2015-08-10	《贵州省政府办公厅出台关于加快发展体育产业促进体育消费的实施意见》（黔府办发〔2015〕30 号）	体育场馆等健身场所的用水、用气价格按非居民生活类价格执行，用电价格按一般工商业及其他用电价格执行。

第四节　小　结

一、各国职业体育政府扶持制度分析

从以上各个国家的政策制定经验可以看出，各国的政府扶持制度在多个维度上存在着差异，包括政策实施的时间、实施对象的范围、实施的方式和途径等。但仔细考量政策制定的内部逻辑时，可以清楚地发现，各国政府扶持制度差异的核心在于产权的归属。新制度经济学理论主要贡献者Demsetz(1967)曾指出，产权变化的动力主要源于"经济价值的变化、技术革新、新市场的开辟和对旧的、不协调的产权结构的调整"。随着 20 世纪80 年代末世界范围内传媒业的发展，技术革新、新市场开辟以及经济价值的变化在全球多个国家职业体育产业内陆续发生，职业体育俱乐部和联赛在多个方面面临产权调整的问题，如职业体育俱乐部和联赛的所有权、比赛内容的使用权和收入权、体育场馆的使用权和收入权等。当然，建立合适的产权结构并非意味着纯粹的产权私有化，而是需要将产权束中的某一种或多种权力赋予有促进职业足球产业发展意愿及能力的组织（或个人），从而可以给职业体育产业的生产者提供对提高效率和生产能力的直接激励，而一旦产权结构出现错位，则可能会给产业的发展造成阻碍。

（一）职业体育俱乐部（联赛）相关产权归属

产权设置的差异首先表现在职业体育俱乐部和联赛（尤其是最具经济价值的顶级联赛）的所有权方面。产权理论认为，建立有着较高激励和较低风险的所有权结构，是产业发展的优化选择。在典型国家之中，英国的职业足球管理者倾向于在一定政策规范下允许多种资本进入职业俱乐部，在实现了联赛商业化运营的同时，也不可避免地带来了一定的风险；德国的管理者在允许外资进入的同时，通过法律强制规定了会员控股的数额，从而限制了外资收购行为,降低了运营风险,但也在一定程度上限制了产业的发展;意大利和西班牙的职业足球管理者并未实施导向性明确的政策,意大利俱乐部主要为国内企业或个人所有,西班牙的少数俱乐部还保留了最原始的会员制模式。

产权归属的问题也涉及体育场馆的所有权和收入权。当职业俱乐部拥有体育场馆的所有权或收入权时,可以通过开发场馆周边以及商业化的定价手段来提高比赛日收入。英国和德国的体育场馆的收入权都归属俱乐部,俱乐部可以根据需求调整体育场馆相关产品供给。其中,德国俱乐部由于会员拥有对票价的决策权,故长期以来实施"低票价、高上座率"的商业模式,而英国俱乐部倾向于最大限度地开发比赛的商业价值;在意大利,多数俱乐部仅拥有部分的收入权,而不拥有场馆所有权,但政府已经出台了允许俱乐部建造自有体育场的法律,多家意大利俱乐部也开始了场馆建设工作;而西班牙政府未针对体育场馆产权制定相应的政策,其国内俱乐部在体育场馆运营方面收入差距较大。

(二)职业体育的准公共品属性

尽管各国的政策设置在相关产权归属方面存在不同的选择,但从本研究的分析中,依然可以看到各国政府对职业体育产业实施了多项并非出于提升产业自身经济价值的政策,如补助场馆建设、减免俱乐部债务等。本研究认为,这些政策的实施,源于各国政府对职业足球准公共品属性的认同。

准公共品是指介于纯公共物品和私人物品之间、在消费过程中具有不完全非竞争性和非排他性的产品,典型的准公共品包括社会文化建设、教育等,这一类产品通常都有较大的外部性,由政府和私人共同提供。职业足球的准公共品属性体现在足球比赛的巨大影响力上。英国政府在其2011年发布的《英国足球治理报告》(*Football Governance*)中有以下论述:足球比赛,不论是职业俱乐部之间的联赛,还是国家队之间的比赛,其影响不仅仅体现在作为人们日常生活中消费的文化产品和休闲服务,更在于对教育、健康、社会融合等各个方面所带来的深刻影响。欧盟委员会2007年发布的《欧盟体育白皮书》中明确指出,以职业足球为代表的职业体育,在促进公共健康、推进青少年全面发展、增强公民意识、加强社会融合、抵制种族主义与暴力、发展对外交流以及保护环境等七个方面起着重要的作用。多位社会学和体育学的学者也发现,职业体育产业所产生的社会效益的补偿性差异较为显著,地域归属感、民族自豪感、社会和谐程度等非市场化收益指标,在职业体育发达的国家和地区,相比其他地区大多呈现出较高水平。

因此,除了调整产业结构和组织的相关政策之外,本研究所论及的国家也都在职业足球领域实施了诸多扶持性政策,如上文所提及的西班牙政府对职业足球的两次国家援助、意大利和德国政府对职业足球俱乐部场馆建设的巨额投入、英国的"足球信托基金"等,都是通过补助、税收、政府担保等方式,降低了作为准公共品供给者的职业足球俱乐部的供给成本,使得国民能够更好地享受职业足球赛事,同时也更好地履行了政府补助准公共品的职能。

二、国外职业体育政府扶持制度对我国的借鉴意义

从本章所选择的不同国家的职业体育政府扶持制度制定的历史经验可以看到,各国的管理者通过多种政策手段,对本国职业体育产业的发展进行了促进、扶持和规范。在本研究所选择的典型国家之中,英国政府在职业足球产业化的道路上走得最远,其政策设置在最大限度上释放了职业俱乐部的生产力;德国政府倾向于以低风险的政策设置来确保职业俱乐部的财务稳定性,并更加重视球迷群体在俱乐部决策中发挥的作用;意大利政府经历了两个不同的政策实施阶段,其政策重心逐渐倾向促进产业自身的合理发展;西班牙政府的政策体现了较强的国家扶持特征,而在产业的合理发展方面缺少相应的政策设置;而美国政府着重在反垄断方面对职业体育联盟这一经营主体进行约束。尽管各国政策的制定和实施因具体政治和经济环境而存在一定的局限性,但这些政策无疑为我国职业体育产业发展提供了丰富的经验和教训,对制定适合我国职业体育产业发展的相关政策具有十分重要的启示意义。

(一)具有准公共品性质的职业体育需要充分的政策扶持

职业体育作为一项有着巨大社会影响力的社会活动,在建构现代民族国家的意识形态,提升国民的认同感和民族凝聚力、缓解社会矛盾、稳定社会秩序等方面,有着不可替代的作用。在我国当前的政治和经济环境下,职业体育产业尚难以在短时间内形成较为完善的发展模式,因而政府应当更多地通过政策对职业体育产业发展进行扶持,以投资公共产品的态度,给予职业体育俱乐部及其注资母公司适当的优惠政策,改善职业体育俱乐部高投入、低产出的现状,鼓励其继续投资足球,并加大对职业体育比赛场地、安保等方面的财政投入,通过运用经济、行政、法律等手段,在金融、税

务、财政等多个方面协同动作,将职业体育变成政府与市场共同出力发展的准公共品,更好地发挥职业体育在构建社会主义和谐社会中的功能。

(二)职业体育产业未来的合理发展需要合适的政策设置

欧洲职业足球产业发展中面临的主要经济问题是,业余性质的自治模式向产业化运营模式转变中的多项产权交割,各国的不同政策路径获得了不同的效果;美国职业体育产业发展中的问题则更多集中在商业运营层面,尤其是劳资双方的矛盾上。而在中国,职业体育产业的发展时间较欧美国家更短,加上原本国家统一管理的专业化模式涉及的利益方更多,因此面临的问题也更为复杂。从长远的发展来看,我国职业体育产业的可持续发展必然要求建立合适的产权结构,在这个过程中,需要借鉴欧洲国家的经验,在职业体育比赛转播权、商业开发权、场馆所有权、门票收入权等方面,通过合适的政策,建立包括私有、集体所有以及国有等多种所有制共存的产权结构。政策的制定和实施不能照搬国外做法,也不能完全不参考已有经验,需要依据我国国情循序渐进、稳步落实,走出一条既能实现职业体育产业价值,又能保持产业发展可持续性的职业体育改革之路。

第八章　中超联赛 U23 政策分析

第一节　U23 运动员制度出台背景

2017 年 1 月起,中国足协(2017,2018)先后发布多项规定,对我国职业足球联赛中各队外籍运动员及本土运动员的报名与出场人数(次)进行了多次调整与规范。其中,针对 23 岁以下本土运动员的一系列制度安排(以下简称 U23 政策),引起了广泛的关注。以中超联赛为例,2017 赛季开始,每一场正式比赛中,各俱乐部至少要有 1 名 U23 球员首发,而在 2018赛季,这一政策进一步提升为 U23 球员出场人数不少于外援出场人数(通常为 3 人)。从以上制度的具体内容来看,其目的无疑在于通过强制方式,为本土 U23 运动员创造更多职业联赛出场机会,从而扩大国家队选材范围、促使各俱乐部加强青训,进而提高国家队的竞技水平,实现中国足球的长期可持续发展。

然而,U23 政策的出台,也引起了多方的讨论:通过年龄决定运动员出场的资格,是否符合球员竞技水平发展的规律? 球员在联赛中出场的年龄与其未来竞技水平的发展之间,是否存在着一定的关联? 当前受益于 U23政策而获得出场的 U23 球员,未来能否如政策设立之初衷一般,代表国家队出场,甚至成为国家队的重要成员? 对以上足球运动员出场年龄相关问题的探究与回答,无疑是评估 U23 政策效果的重要依据,也是本研究将U23 政策选为职业体育发展典型制度安排进行实证分析的初衷。

目前,有少量的国内研究者对足球运动员年龄特征展开了相关研究,包括针对国家队运动员年龄和联赛运动员年龄的两个主要类型。其中,聂志强(1999)最早对第 16 届世界杯参赛队的运动员平均年龄进行了分析,并对不同位置运动员的年龄特征进行了比较;刘先进等(2005)、臧秋华(2007)、黄永正等(2009)、马南京等(2011)先后使用类似的方法,选取一届或多届世界杯参赛队运动员的年龄进行分析与比较;在针对联赛运动员的年龄分析方面,邓飞等(2000)较早对意大利、德国、西班牙等国家的顶级联赛运动员平均年龄进行了分析,并与我国职业联赛运动员年龄进行了比较;马樟生(2003)、李云等(2008)、解超等(2016)对全球范围内不同国家职业联赛中运动员的年龄特征进行了比较。总体而言,已有研究主要分析运动员的平均年龄,并将比赛名次、运动员位置、运动员国籍以及联赛所在国家等作为分类特征进行比较。这些研究无疑为人们了解各国足球运动员的基本年龄特征提供了实证支撑。然而,已有研究大多围绕某一年份或赛季内特定赛事参赛运动员进行横截面数据分析,既缺少足够的时间跨度,也没有将运动员在联赛和国家队的出场年龄特征进行配对和关联。而从足球运动员职业发展过程来看,从获得联赛出场到获得国家队出场,再到成为国家队重要成员,显然是一个连续并充满竞争和淘汰的过程,只有在一定时间跨度下对职业球员不同竞技阶段的年龄特征进行全面的分析和对比,才能够较好地回答前文提及的种种问题。

据此,本章在收集、整理、分析包括中国在内的多个国家职业球员在国家队与联赛比赛中出场年龄相关数据的基础上,重点探讨以下两个方面的问题:(1)各个国家的国家队与职业联赛里,运动员在出场年龄方面具有怎样的特征,尤其是不同类型的运动员,如,能够进入国家队和未能进入国家队的运动员之间、国家队重要成员和非重要成员之间,在各类比赛的出场年龄上是否有一定的差异;(2)在各个年龄段获得职业联赛首次出场的运动员,其职业生涯未来发展中,有多大的概率进入国家队并成为国家队的重要成员。围绕以上问题,本章首先通过对 2010—2017 年中国、日本、西班牙、德国、巴西等全球范围内多个国家共 5615 名高水平职业球员超过22000 场比赛出场年龄相关数据的分析,归纳和比较不同国家运动员在国家队和联赛中的出场年龄特征,在此基础上,对球员年龄数据进行 Logistic 回归建模,通过基于机器学习的马尔科夫链蒙特卡洛方法(Markov Chain Monte Carlo,以下简称 MCMC 方法),估计模型参数并分析运动员联赛首次出场年龄与未来代表国家队出场、成为国家队重要成员之间的概率分布情况。基于以上科学性的分析,以及 U23 政策实施以来的效果和影响,对U23 政策的合理性问题给出有针对性的判断和建议。

第二节　分析方法

一、数据基本统计信息

本章以职业足球运动员在国家队与职业联赛中的出场年龄为主要研究对象,考虑到全球范围内足球发展情况,尤其是年龄相关数据的可获得性和准确性,除了中国之外,选取日本、韩国、西班牙、德国、法国、英格兰、巴西等其他 7 个全球各洲际的足球发达国家(注:英格兰为地区,后文不再单独说明),考察以上各国的国家队及职业联赛中,职业足球运动员的年龄特征。综合考虑足够的时间跨度与时效性,本研究收集数据的基本时间范围为 2010 年 1 月至 2017 年 12 月。

在确定国家和时间范围的基础上,针对拟解决的问题,本研究将基础数据分为赛事类年龄数据和个人类年龄数据两个类别。其中,赛事类年龄数据包括:(1)2010—2017 年每一年度各国国家队各类赛事中,所有获得出场运动员的出场年龄;(2)2010—2017 年各国职业联赛每赛季运动员出场平均年龄。在个人类年龄数据方面,首先,区分两类足球运动员:一类是有国内或国际高水平职业联赛出场,也有国家队正式比赛出场的运动员,以下简称国家队运动员;另一类是有国内或国际高水平职业联赛出场,但没有国家队正式比赛出场的运动员,以下简称非国家队运动员。其次,针对两类运动员,收集以下年龄数据:(1)国家队运动员在国家队比赛中首次出场年龄(不包括入选大名单但未能获得出场的情况),其中国家队正式比赛是指 FIFA 认定的国家队赛事(不包括国奥队、U23 国家队等具有年龄要求的国家队赛事,具体类型见表 8.1);(2)两类运动员在高水平联赛中的首次出场年龄,其中高水平联赛包括本国最高级别职业联赛,以及全球范围内的高水平联赛(具体类型见表 8.1)。除了以上数据之外,本研究也收集了各国国家队运动员数量、运动员代表国家队出场次数、2018 年 FIFA 世界杯各代表队运动员年龄等相关数据,以便更好地分析和比较运动员的年龄特征。

表 8.1　本研究涉及的职业联赛及国家队比赛类型

高水平职业联赛	国家队正式比赛
欧洲:西班牙足球甲级联赛、德国足球甲级联赛、英格兰足球超级联赛、法国足球甲级联赛、意大利足球甲级联赛,欧洲俱乐部冠军联赛、欧罗巴联赛 亚洲:日本 J 联赛、韩国 K 联赛、中国足球超级联赛、亚洲俱乐部冠军联赛 美洲:巴西足球甲级联赛、阿根廷足球甲级联赛、南美解放者杯 全球:世界俱乐部冠军杯	FIFA 世界杯预选赛及正赛 FIFA 联合会杯比赛 各洲际国家队杯赛预选赛及正赛 FIFA 认证的国家队友谊赛

注:参加过一个以上国家职业联赛的运动员,以其中最小参赛年龄为准

综上,本研究共涉及 8 个国家的国家队运动员共 924 人,以及中国、日本、德国、英格兰、法国、西班牙等 6 个国家所有非国家队运动员共 4691 人(韩国和巴西国内联赛运动员首次出场年龄无法获得),共计 5615 人。研究所有涉及数据来源主要为德国"转会市场"网站(https://www.transfermarkt.co.uk/),此网站为权威足球数据网站,其数据也常为各国媒体和研究者所采用。此外,也有部分数据来自各国足协和职业联赛的官方网站、维基百科、百度百科等。各国具体运动员案例的数量见表 8.2。

表 8.2　本研究涉及的国家及各国运动员数量

单位:人

国家	国家队运动员	非国家队运动员
中国	136	709
英格兰	104	577
德国	94	623
西班牙	96	934
法国	94	1015
日本	126	833
韩国	126	(无记录)
巴西	148	(无记录)
总计	924	4691

数据来源:根据"转会市场"网站、各国足协官网发布的相关资料等整理

二、数据分析主要方法

在数据分析方法的使用上,本研究主要包括 2 个部分:(1)通过基本的描述性统计和检验方法,如,均数($\overline{x}$)、均数±标准差($\overline{x}\pm SD$)、独立样本 t

检验和单因素方差分析等,呈现和比较不同国家足球运动员在国家队出场年龄、国家队首次出场年龄、职业联赛首次出场年龄等方面的特征;(2)为了更好地判断职业足球运动员在联赛出场的年龄与其能否获得国家队出场、成为国家队重要成员等状态之间的关系,本研究进一步引入 Logistic 回归模型,对已有数据进行建模,并通过 Python 语言(版本 3.6)编制程序,应用 PyMC3 数据分析工具库,以基于机器学习的 MCMC 方法分析运动员的年龄相关模型,并通过 Matplotlib 可视化分析工具呈现分析结果。考虑到方法与内容的结合密切性,部分操作过程在后续部分详述。

第三节 各国球员国家队与联赛出场年龄特征分析与比较

一、各国国家队运动员出场年龄基本特征分析与比较

本研究首先对各国运动员代表国家队出场时的年龄特征进行分析。从运动员竞技水平发展阶段来看,代表国家队出场无疑标志着其水平处于个人竞技状态的巅峰期。因此,各国国家队运动员的出场年龄,也能够在一定程度上反映该国运动员竞技巅峰期的年龄范围。表 8.3 呈现了2010—2017 年,研究选取的 8 个国家每年度国家队赛事中出场运动员的数量,共计 2971 人次,剔除重复后共 924 人。

表 8.3 2010—2017 年各国国家队每年度运动员出场人数相关信息

国家	出场人数/人								年均/人	比赛场次	总人数/人
	2010	2011	2012	2013	2014	2015	2016	2017			
中国	44	54	56	49	53	54	37	63	51	101	136
日本	65	66	60	52	57	65	52	59	60	117	126
韩国	43	49	62	38	52	54	43	54	49	117	126
巴西	34	53	65	65	34	44	63	41	50	113	148
法国	35	44	35	48	36	39	38	43	40	105	94
德国	38	45	30	39	45	37	35	44	39	111	94
英格兰	42	46	37	50	37	44	36	47	42	93	104
西班牙	32	37	41	40	41	43	42	45	40	107	96

注:比赛=研究涉及的时间范围内各国国家队正式比赛总数;总人数=剔除重复后的运动员数量;数据整理自"转会市场"网站和国际足联网站

在出场年龄方面,如图 8.1 所示,各国国家队运动员 2010—2017 年总平均出场年龄为 23.9—25.5 岁。其中,德国在总平均年龄(23.9 岁)和历年变化区间(0.7 岁)上都明显低于其他国家。中国运动员国家队出场平均年龄为 24.8 岁,在所有 8 个国家中仅高于德国,单年度的平均年龄自 2010 年以来逐步提高,由 23.5 岁增长至 26.2 岁,变化幅度达到 2.7 岁,超过其他所有国家。

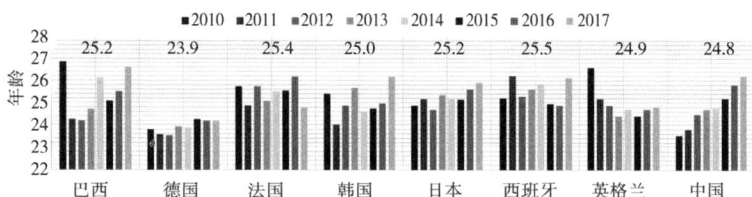

图 8.1　2010—2017 年各国国家队运动员出场平均年龄与各年度平均年龄

在分析和比较出场平均年龄的基础上,本研究进一步统计了 2010—2017 年各国国家队所有运动员出场时的年龄分布情况。如图 8.2 所示,各国国家队运动员出场年龄都呈现出较为明显的正态分布(经 Q-Q 图方法检验后全部符合正态分布),运动员出场的峰值基本出现在 23—27 岁,与各国国家队运动员出场平均年龄相符,国家队出场总人数较多的中国、韩国和日本,其峰值部分明显高于其他国家,多个年龄段的运动员出场次数超过了 40。其中,中国国家队运动员出场年龄分布为 24.8±3.1 岁(均值±标准差)。通过单因素方差分析,除德国外,其他 7 个国家运动员的国家队出场年龄组间差异均无统计学意义($P > 0.05$),而德国与其他国家之间都存在具有统计学意义的组间差异($P < 0.05$),运动员出场年龄显著低于其他国家。

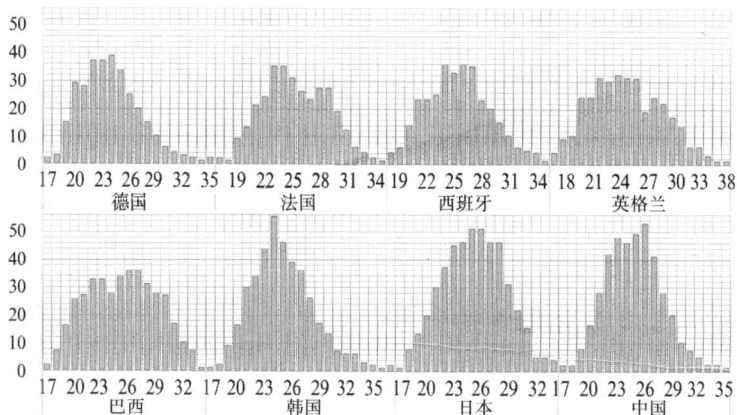

注:x 轴—出场年龄;y 轴—出场次数

图 8.2　2010—2017 年各国国家队运动员出场年龄分布

值得注意的是,在不同水平的赛事中,国家队运动员出场的平均年龄存在着一定的差异。根据部分学者的已有研究结果(如,聂志强,1999;臧秋华,2007;张学研,2015;等等),1998—2014 年的 5 届世界杯参赛队运动员平均年龄基本分布在 27 岁,分别为:26.9 岁(1998 年)、27.5 岁(2002年)、27.6 岁(2006 年)、27.2 岁(2010 年)、26.9 岁(2014 年)。而根据国际足联提供的统计数据,2018 年俄罗斯世界杯所有参赛运动员的平均年龄为 27.4 岁(FIFA,2018)。如图 8.3 所示,本研究中除中国外,7 个国家在俄罗斯世界杯上的运动员平均年龄处于 25.7 岁(德国)至 28 岁(西班牙),全部高于 2010—2017 年各国国家队运动员出场平均年龄。此外,在运动员年龄分布上,7 个国家 161 名参加 2018 世界杯的运动员中,22 岁以下运动员仅有 6 人,占所有运动员的3.7%,远低于 2010—2017 年各国国家队22 岁以下运动员的出场比例(17.0%)。

综合以上数据可得,24—28 岁为大部分足球运动员的竞技水平巅峰期,代表国家队出场的机会也大多数在此期间获得。从这个角度来说,在联赛中强制要求一定数量的 U23 运动员出场,实际上削减了处于运动巅峰期的球员在比赛中出场的机会,很可能会对教练员的用人和比赛竞技水平造成负面的影响。

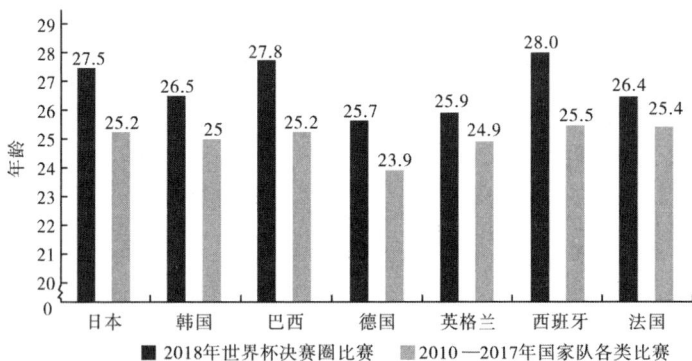

图 8.3　各国国家队不同赛事运动员平均出场年龄比较

二、各国运动员国家队出场次数、首次出场年龄特征分析与比较

在分析国家队运动员出场年龄的基础上,为了更为准确地把握不同竞技水平运动员的出场年龄特征,本研究进一步引入运动员国家队出场次数和国家队首次出场年龄两项指标。其中,国家队出场次数在很大程度上体现了运动员竞技水平。本研究共收集了 8 个国家 924 名国家队运动员共计 21115 次国家队出场的相关数据。图 8.4 呈现了各国国家队运动员出

场次数的分布情况,各国运动员出场次数分布显然都不符合正态分布特征,而呈现出较为明显的"高出场次数运动员较少,低出场次数运动员较多"的特征。在所有运动员中,国家队出场次数小于等于 5 次的运动员共 362 人,占总人数的 39.2%;小于等于 10 次的运动员共 468 人,占总人数的 50.1%。其中,中国运动员人数分别为 74 人(≤5 次)和 88 人(≤10 次),分别占全部中国运动员人数的 54.4%(≤5 次)和 64.7%(≤10 次),无论是在人数上还是比例上,都高于其他所有国家。

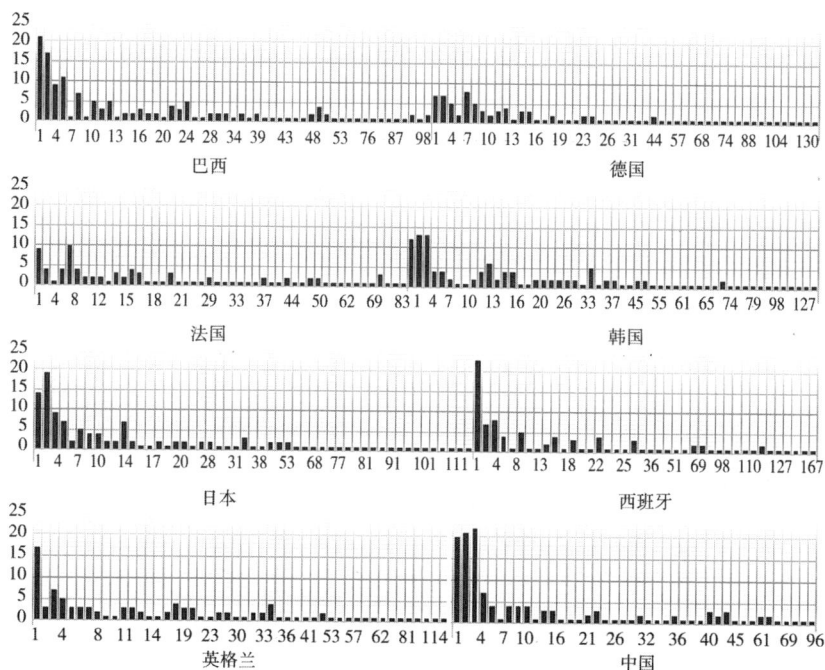

注:x 轴—出场次数;y 轴—出场人数
图 8.4　2010—2017 年各国国家队球员出场次数分布

另一个关键指标是运动员国家队首次出场年龄。相比运动员国家队出场年龄,国家队首次出场年龄既可以反映运动员竞技能力开始达到较高水平时的年龄,也可以与后续分析中运动员在顶级联赛里获得出场时的年龄相比较,动态地呈现运动员竞技水平发展的过程。表 8.4 呈现了各国运动员国家队首次出场年龄均值、标准差和平均出场次数基本情况。

从表 8.4 可见,在国家队首次出场平均年龄上,各国运动员分布在 22.7 岁(德国)至 23.8 岁(日本),中国运动员国家队首次出场平均年龄为 23.3 岁,低于西班牙、巴西和日本。通过单因素方差分析,各国运动员国家队首次出场年龄的组间差异无统计学意义($P>0.05$)。在国家队平均出场次数方面,德国和西班牙运动员的国家队平均出场次数达到了26次及以上,而中国运动员国家队平均出场次数仅有16.5次,远低于其他国家的平均值。同时,本研究也给出了所有924名国家队运动员出场次数及首次出场年龄的分布情况,如图8.5所示,在出场次数较低的运动员中,首次出场年龄的分布区间较大,而随着出场次数的增加,首次出场年龄分布区间也呈现出不断缩小的趋势。

表8.4 各国运动员国家队首次出场年龄均值、标准差和平均出场次数基本情况

国家	人数	国家队首次出场年龄均值 及标准差($\overline{x}\pm SD$)	平均出场次数
中国	136	23.3±2.83	16.5
英格兰	104	22.8±3.15	24.4
西班牙	96	23.7±2.74	26.9
日本	126	23.8±2.62	23.4
韩国	126	23.1±2.43	24.2
法国	94	23.2±2.42	24.6
德国	94	22.7±2.73	26.0
巴西	148	23.5±3.44	20.3

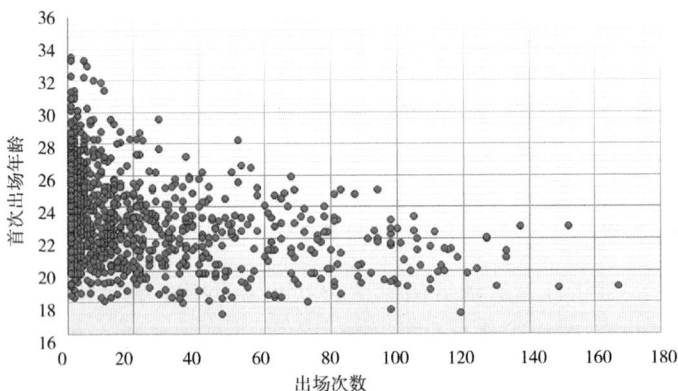

图8.5 各国国家队运动员出场次数及首次出场年龄分布

据此,本研究依据各国国家队运动员的平均出场次数,将运动员分为普通国家队成员(出场次数低于该国所有运动员的平均值)和重要国家队成员(出场次数高于或等于该国所有运动员的平均值)两个类别。图8.6呈现了2010—2017年各国国家队两类运动员的数量。

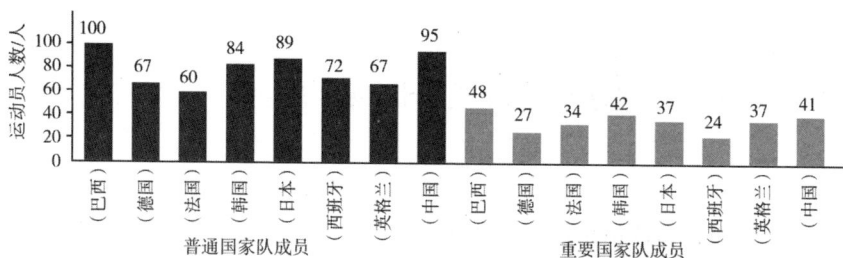

图 8.6　各国国家队普通成员与重要成员数量比较

在区分以上两类运动员的基础上，本研究进一步比较了两类运动员国家队首次出场年龄的情况。如表 8.5 所示，在所有 8 个国家中，重要国家队成员的首次出场年龄平均值和标准差都要大幅低于普通国家队成员首次出场年龄的平均值和标准差。根据独立样本 t 检验的结果，除法国外，其他国家国家队重要成员和普通成员的国家队首次出场年龄都存在着统计学差异（$P<0.01$）。此外，在 290 名国家队重要成员中，首次出场年龄也存在着差别：66 名国家队出场达到或超过 80 次运动员的国家队首次出场年龄平均值仅为 21.0 岁，大幅低于其他 224 名出场低于 80 次运动员 22.2 岁的平均值。中国国家队重要成员的国家队首次出场平均年龄仅为 21.7 岁，即，在 U23 政策设立的联赛出场保护年龄内，这些运动员大都已经积累了足够的联赛经验并完成了国家队的出场，显然，从国家队出场年龄来看，这些运动员并不需要 U23 政策的保护。

表 8.5　各国两类国家队成员首次出场年龄均值、标准差及独立样本 t 检验结果

国家	首次出场年龄均值及标准差($\bar{x}\pm SD$)		独立样本 t 检验结果	
	国家队重要成员	国家队普通成员	t	P
中国	21.7±2.1	24.0±2.8	−5.40	0.000**
英格兰	21.3±2.4	23.5±3.2	−3.73	0.000**
西班牙	22.2±2.3	24.2±2.7	−3.54	0.001**
日本	22.6±1.7	24.2±2.8	−4.01	0.000**
韩国	21.5±2.0	23.8±2.3	−5.53	0.000**
法国	22.6±2.0	23.5±2.6	−1.66	0.101
德国	21.5±1.8	23.2±2.9	−2.84	0.006**
巴西	22.1±2.8	24.2±3.5	−3.82	0.000**

注：** 表示 $P<0.01$

第四节　各国球员职业联赛出场年龄特征分析与比较

一、各国联赛球员出场平均年龄

在分析各国运动员国家队出场年龄特征的基础上，本研究进一步对各国职业联赛运动员的年龄特征进行分析，并与国家队运动员年龄特征进行关联和比较。图 8.7 呈现了 2010—2017 年本研究选取的 8 个国家国内最高级别职业联赛中运动员出场时的平均年龄及各赛季平均年龄的变化情况。从图中可见，各国职业联赛运动员的总平均年龄处于 23.6 岁（巴西）至 24.8 岁（西班牙），中超联赛运动员总平均年龄为 24.1 岁；2010 年以来，平均年龄总体呈现不断增长的趋势，与中国国家队运动员出场平均年龄的变化趋势相仿。同时，从图 8.7 中也可以看到，各国联赛运动员历年出场平均年龄大都为 24 岁，这也在一定程度上说明，运动员在联赛中的出场年龄本身便具有一定的规律性。而在中超联赛中，无论是运动员的历年平均年龄，还是总平均年龄，都没有明显异于其他国家。

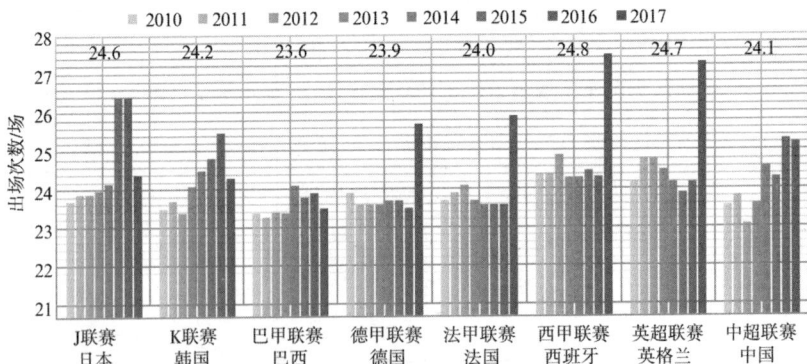

图 8.7　2010—2017 年各国顶级职业联赛运动员平均年龄及历年变化

二、入选/未入选国家队球员的联赛出场年龄特征

考虑到各国联赛中都有着一定数量的外籍运动员，同时，也有部分本国运动员在其他国家的高水平联赛效力，本研究引入各国运动员在高水平职业联赛首次出场年龄的指标，分析各国运动员在本国或他国职业联赛中出场的年龄特征。本研究共收集了 2010—2017 年 6 个国家 5341 名有过本国或国外高水平职业联赛出场记录运动员的首次联赛出场年龄数据，包

括 650 名国家队运动员、4691 名非国家队运动员(韩国和巴西联赛球员首次出场时间数据无法获得)。

图 8.8 呈现了各国两类运动员人数情况,在一定程度上反映了各国国家队选材的范围。如图所示,西班牙、法国和日本效力高水平职业联赛运动员的总人数分别达到了 1030 人、1109 人和 959 人,体现了这些国家极高的足球人才培养和输出的能力;英格兰和德国由于联赛本土化程度较低,且效力海外运动员数量较少,运动员总人数分别仅有 681 人和 717 人,但高水平的国内联赛为国家队运动员水平提供了保障;中国在运动员总人数上尽管达到了 845 人,但其中仅有不到 10 人有海外高水平职业联赛出场经历,其余运动员则仅效力过中超俱乐部。

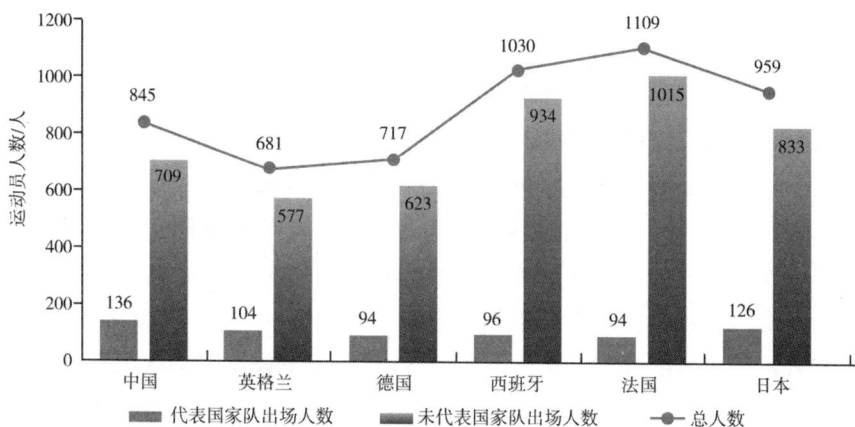

图 8.8　按国家队出场类型分类的各国运动员人数比较

在联赛首次出场年龄的分布上,如图 8.9 所示,国家队运动员的联赛首次出场年龄主要分布在 17—22 岁,21 岁之前获得联赛首次出场的运动员共 466 人,占比达到 71.7%,22 岁前获得联赛首次出场的运动员比例达到 82.4%,23 岁前出场比例为 90.8%;而在非国家队运动员中,联赛首次出场的年龄分布主要集中在 18—24 岁,46.4% 的运动员可以在 21 岁之前获得联赛首次出场的机会,68.7% 的运动员在年满 23 岁前获得联赛首次出场机会。总体而言,无论未来是否入选国家队,超过 70% 的职业足球运动员都能在 23 岁前获得职业联赛出场。

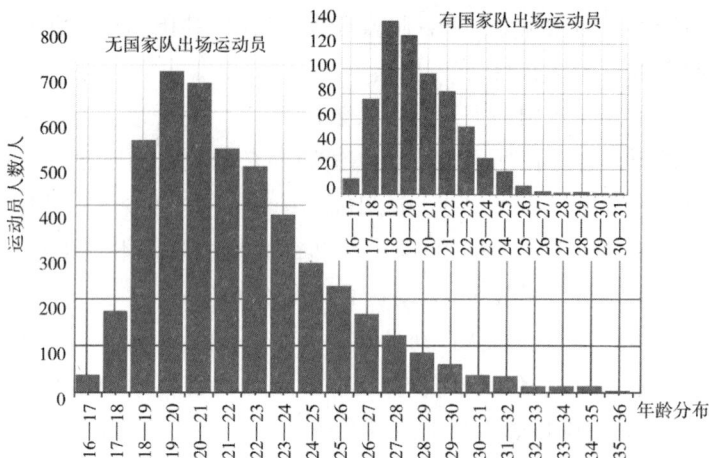

图 8.9 按国家队出场分类的各国运动员联赛首次出场年龄分布

从不同类型运动员联赛首次出场年龄上来看,如表 8.6 所示,在 6 个国家中,国家队运动员的联赛首次出场年龄均值和标准差,都要明显低于非国家队运动员,均值的差值分布在 1.5 岁(日本和英格兰)至 2.6 岁(中国)。通过独立样本 t 检验分析,各国国家队运动员和非国家队运动员在联赛首次出场年龄上都存在着统计学差异($P < 0.01$),国家队运动员在联赛中首次出场年龄要显著低于非国家队成员。同时,除了法国之外,各国国家队重要成员的联赛首次出场年龄,又普遍低于普通国家队成员的联赛首次出场年龄。

根据单因素方差分析的结果,在非国家队运动员的联赛首次出场年龄上,中国与其他国家都存在着统计学差异($P < 0.05$);在有国家队出场运动员的联赛首次出场年龄方面,中国和日本之间无统计学差异($P > 0.05$),但与其他 4 个国家之间存在统计学差异($P < 0.05$);在国家队重要成员的联赛首次出场年龄上,各国之间不存在统计学差异($P > 0.05$)。这说明,尽管相比其他国家,中国非国家队运动员在联赛中出场年龄较大,但能够进入国家队的运动员,尤其是出场次数较多的国家队重要成员,在联赛首次出场年龄上与其他国家队差别很小或无差别。事实上,41 名中国国家队重要成员的联赛首次出场平均年龄仅为 19.5 岁,其中仅有 6 人的联赛首次出场年龄超过 21 岁,2 人超过 23 岁。

表 8.6　各国运动员联赛首次出场年龄均值、标准差及独立样本 t 检验结果

国家	联赛首次出场年龄均值及标准差($\bar{x} \pm SD$)		独立样本 t 检验结果	
	无国家队出场	有国家队出场（国家队重要成员）	t	P
中国	23.2±3.2	20.6±2.2(19.5±1.7)	−11.49	0.000**
英格兰	21.4±3.4	19.9±2.6(19.2±2.1)	−5.32	0.000**
西班牙	22.2±3.2	19.9±1.8(19.4±1.6)	−10.79	0.000**
日本	21.9±2.8	20.4±2.2(19.9±1.6)	−7.12	0.000**
法国	21.7±3.1	19.4±1.8(19.5±1.9)	−10.88	0.000**
德国	21.8±3.4	19.8±1.7(19.5±1.7)	−9.35	0.000**

注:** 表示 $P<0.01$;独立样本 t 检验比较对象为无国家队出场运动员与有国家队出场运动员

此外,本研究也对各国国家队运动员联赛首次出场与国家队首次出场的年龄差值进行了比较。如图 8.10 所示,在国家队所有成员中,运动员从获得职业联赛首次出场到获得国家队首次出场,平均年龄差值分布在 2.7 岁(中国)至 3.8 岁(西班牙和法国);而在国家队重要成员中,两类出场平均年龄的差值分布在 2.0 岁(德国)至 3.2 岁(法国)。由此可见,竞技水平的发展与提高有其规律性,一名具备进入国家队潜力的运动员,从获得联赛首次出场到代表国家队首次出场,通常都需要 3 年以上的顶级联赛比赛积累,即便是其中能够成为国家队重要成员的运动员,也需要经历 2~3 年的磨炼。通过 U23 政策强制提供出场机会的做法,显然是不符合运动员竞技水平逐步发展之规律性的。

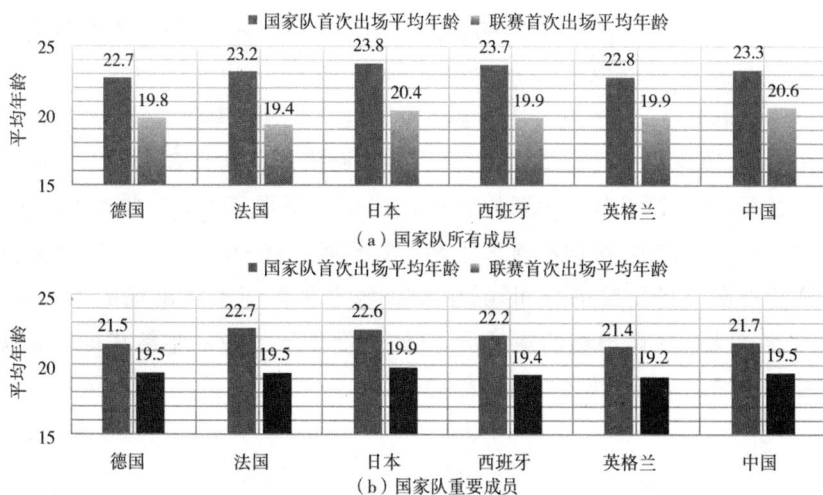

图 8.10　各国国家队运动员联赛首次出场与国家队首次出场的平均年龄比较

第五节　基于联赛首次出场年龄的
球员国家队出场概率分析

一、运动员状态阶跃的 Logistic 回归模型

在分析与比较各国运动员国家队与联赛出场年龄基本特征的基础上，本研究试图探究不同年龄段获得联赛首次出场的运动员，在未来代表国家队出场的概率分布情况。如前文所述，足球运动员职业发展过程中，从获得联赛出场，到获得国家队比赛出场，再到成为国家队重要成员，可被视为一系列的状态阶跃（如图 8.11 所示）。这些状态变更受到多方面因素的影响而表现出一定的随机性。在对足够数量案例进行分析的基础上，这种随机性可以通过特定的概率分布表现出来，如，给定某一运动员联赛首次出场年龄，可以给出其未来能够入选国家队的概率。

职业联赛出场 → 代表国家队出场 → 国家队重要成员

图 8.11　运动员职业联赛与国家队出场重要状态变更

从上述分析中可以看到，运动员职业联赛与国家队出场状态转变中，存在着以下两类与年龄相关的重要概率分布：（1）在不同年龄获得职业联赛首次出场的运动员，未来能够代表国家队出场的概率分布（probability distribution of national-team appearance given age of league debut，以下简称 PNL）；（2）在不同年龄获得职业联赛首次出场的运动员，未来能够成为国家队重要成员的概率分布（probability distribution of being national-team key player given age of league debut，以下简称 PKL）。要分析以上概率分布，需要借助已有数据建立模型，从而描述运动员各个状态之间阶跃的过程，并计算出状态阶跃的概率。图 8.12 呈现了本研究收集的中国、日本、英格兰、德国、法国和西班牙等 6 个国家 2010—2017 年 5341 名运动员联赛首次出场年龄的分布，其中 650 名为获得国家队出场的运动员，4691 名为无国家队出场的运动员，点的强度显示了特定年龄获得职业联赛首次出场运动员案例的观测数量。

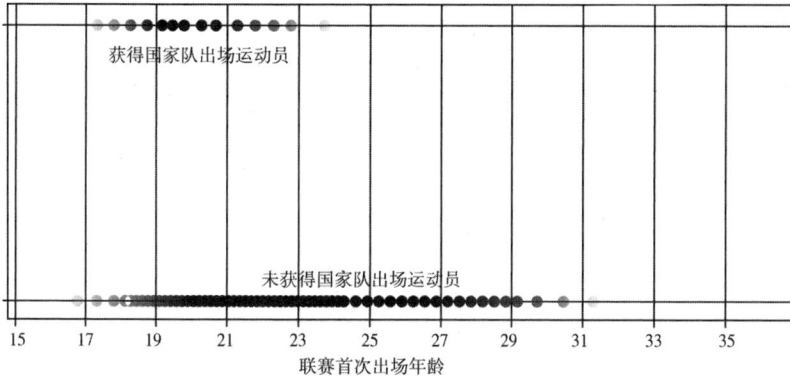

图 8.12　各国两类运动员联赛首次出场年龄分布

　　从数据的分布可以清楚地看到,国家队运动员职业联赛首次出场年龄分布区间要远小于非国家队运动员,且随着联赛首次出场年龄的增加,能够获得国家队出场的案例不断减少。即,随着运动员联赛首次出场年龄的不断提升,其代表国家队出场的概率会不断下降。基于此,本研究选择 Logistic 回归模型(又称 Sigmoid 模型)来描述运动员状态阶跃的概率分布。该回归模型是一种基于二项分布族的概率型非线性模型,常用于二分类观察结果与影响因素之间关系的分析(王济川、郭志刚,2001)。Logistic 模型的基本形式如下:

$$f(x) = \frac{1}{1+e^{-x}} \qquad (8.1)$$

其中,e 为自然常数,$f(x)$ 的值域为 $0 \sim 1$。以分析 PNL 为例,运动员能否获得国家队出场,构成了一个典型的二分类问题。因此,将运动员在职业联赛首次出场的年龄设为自变量,将运动员获得国家队出场的概率设为因变量。可以得到运动员在特定年龄(A)获得职业联赛首次出场后,在未来获得国家队出场机会(N 代表事件发生)的 Logistic 概率分布函数的形式如下:

$$p(N|A) = \frac{1}{1+e^{\beta A+\alpha}} \qquad (8.2)$$

其中,α 和 β 为待定参数,其取值可以体现联赛首次出场年龄对运动员未来代表国家队出场概率的影响。图 8.13 对部分 α 和 β 取值下的函数形态进行了呈现,Logistic 函数可以刻画出 N 的发生概率(y 轴)随着 A(x 轴)而不断变化的平滑过渡过程,在任意一个年龄点上,可以给出该年龄实现联赛首次出场的运动员在未来进入国家队的概率,而不是简单地做出"能够入选国家队"或者"不能够入选国家队"的判断。

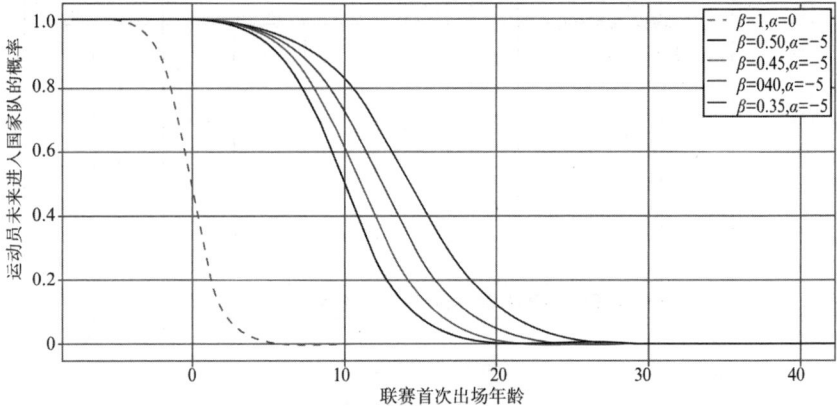

图 8.13　不同参数取值下的 Logistic 函数形状变化

二、基于 MCMC 方法与机器学习的参数后验分布估计

(一)MCMC 方法与机器学习

在确定函数形式的基础上,本研究使用 MCMC 方法结合机器学习来估计 Logistic 函数的参数。MCMC 方法包含马尔科夫链方法和蒙特卡洛方法两个部分。其中,马尔科夫链方法是一种动态随机过程分析方法,可以根据变量的当前状态,预测其未来可能出现的状态变化,而蒙特卡洛方法是通过大量随机样本获得数值解的方法。MCMC 方法将两者结合,根据抽样获得参数的状态和分布,不断对参数值进行后续抽样,并根据已有数据,评估抽样获得的参数进入模型后的似然度(likelihood),进而给出参数的权重(分布空间)。相比常见的参数估计法,MCMC 方法并不给出唯一的参数值,而是给出抽样获得的不同参数值及其权重,最终的预测结果也是基于所有抽样获得的参数值及其权重给出的。根据多位学者的已有研究(黄俊煌,2015;王丙参等,2017;叶钫,2014;周翔等,2016;Cauchemez等,2004;Sorensen 等,2002),通过该方法求解 Logistic 函数,能够获得精度更高的参数解及预测值。本研究中通过 MCMC 方法解析 Logistic 模型参数分布的过程包含以下两个主要步骤。

(1)使用优化方法找到参数的极大后验估计点(maximum a posteriori estimation,以下简称 MAP)。本研究在 Python 3.6 版本的 Spyder 可视化开发环境中,通过 PyMC3 机器学习工具库中的 Broyden-Fletcher-Goldfarb-Shanno 方法(以下简称 BFGS 方法)对已有数据进行最优化运算,分别获取 PNL 和 PKL 模型参数的 MAP 值,作为后续机器学习参数抽样的出发点。

(2)从已获得的 MAP 值出发,使用 MCMC 采样方法获得 α 和 β 的抽样分布。具体来说,参考 Hoffman 等(2014)以及 Salvatier 等(2016)的研究,使用 MCMC 中的 No-U-Turn Sampler 方法(以下简称 NUTS 方法),对 PNL 和 PKL 模型中的所有 α 和 β 参数各进行 5 万次抽样,并对参数抽样的收敛路径、分布、自相关情况等进行分析,从而给出参数估计的结果,并据此分析 PNL 和 PKL 的估计值分布。

(二)结果分析与呈现

1. PNL 模型分析结果

PNL 模型描述了在不同年龄获得职业联赛首次出场的运动员,未来能够获得国家队出场机会的后验概率分布。通过 BFGS 方法获得抽样起始 MAP 点值为:$(\alpha, \beta)=(-4.1351, 0.2924)$。根据 Hoffman 等(2014)的研究,在使用 NUTS 方法抽样后,可以通过对参数抽样的收敛路径、自相关以及分布情况的检验,来考察模型与数据的拟合情况。图 8.14 和图 8.15 呈现了本研究对 PNL 模型中 α 和 β 参数的 5 万次抽样的收敛路径、自相关及分布情况,由图可见:马尔科夫链未远离初始 MAP 值,且很快达到均衡状态;延迟 10~20 阶后的参数自相关系数接近 0;参数 α 和 β 都呈现出典型的正态分布。以上检验结果表明,初始抽样的 MAP 点估计准确,且抽样获得的模型参数能够被运动员的实测数据良好约束,抽样参数分布的均值可以近似反映真实的模型参数值。

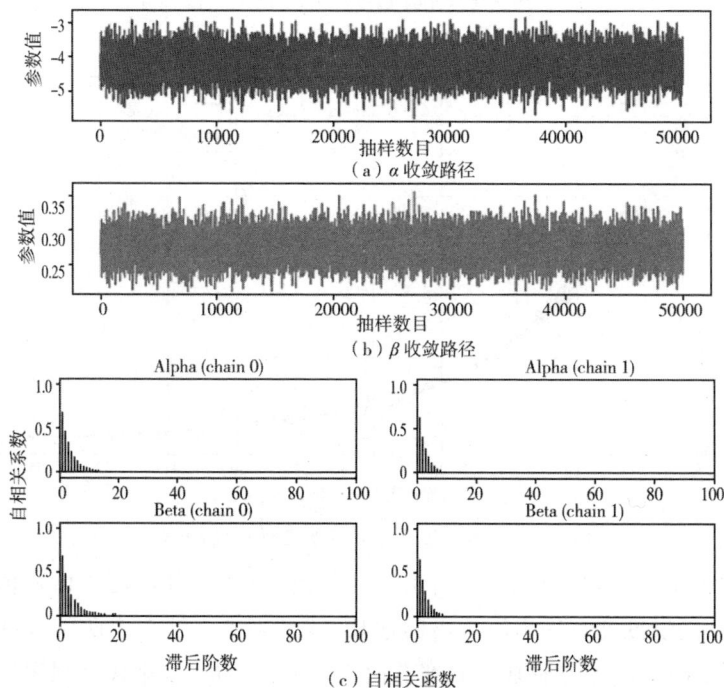

图8.14　使用 NUTS 抽样的 PNL 模型参数 α 和 β 收敛路径及自相关函数

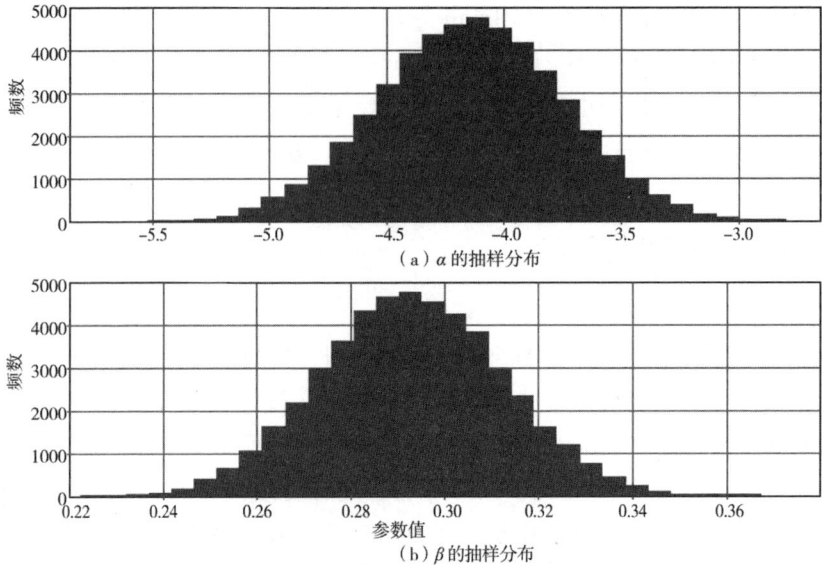

图 8.15　使用 NUTS 抽样的 PNL 模型 α 和 β 参数分布

　　根据模型参数的分布，β 的取值为正，即运动员职业联赛首次出场年龄的提高，会对运动员代表国家队出场的概率产生负面影响。根据 NUTS 抽样结果，在 PNL 模型中，取参数均值 $(\alpha,\beta)=(-4.1444,0.2929)$。此外，考虑到各国运动员年龄特征的差异，本研究在绘制 PNL 估计值分布图时，也同时给出了基于各国运动员数据的 95% 置信区间。PNL 估计值分布及置信区间见图 8.16。

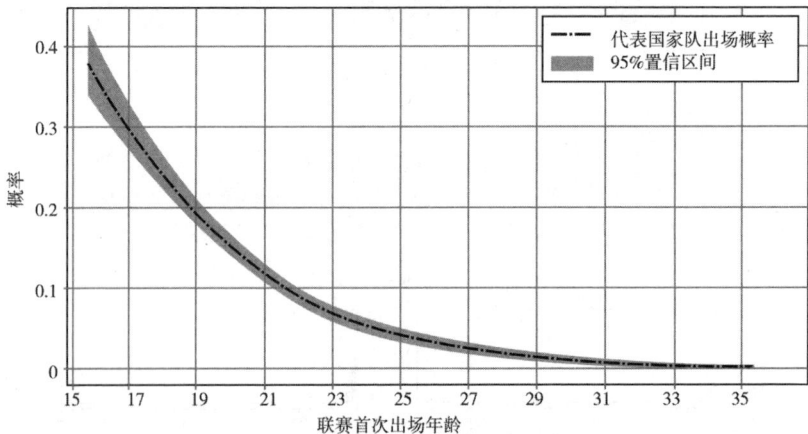

图 8.16　PNL 估计值分布及置信区间（95%）

　　根据 PNL 模型，图 8.17 给出了各年龄 PNL 估计值的具体数值。如图所示，随着联赛首次出场年龄的增长，球员未来入选国家队的概率不断下降：在 16—18 岁获得职业联赛首次出场的运动员，未来代表国家队出场的概率分布在 36.8％～24.4％；在 18—21 岁获得职业联赛出场的运动员，未来进入国家队的概率处于 24.4％～11.8％；在 21 岁之后获得职业联赛出场的运动员，入选国家队的概率普遍低于 10.0％，23 岁之后更是普遍低于 7.0％。从 5341 名各国运动员的总体情况来看，共有 650 名运动员能够获得国家队出场，总体概率为 12.2％，大约相当于 20.8 岁获得联赛首次出场运动员未来代表国家队出场的概率。

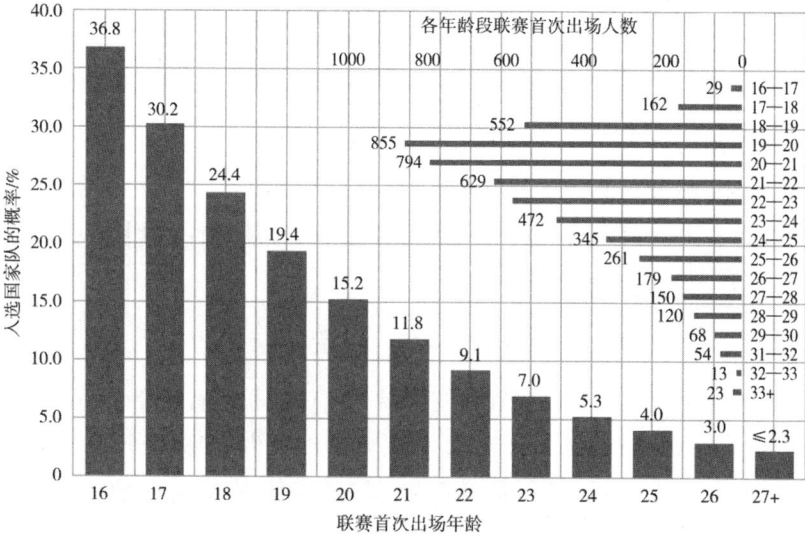

图 8.17　各年龄段联赛首次出场运动员分布及 PNL 估计值

2.PKL 模型分析结果

PNL 模型给出了不同年龄联赛首次出场运动员未来获得国家队出场的概率分布，然而，根据前文对运动员国家队出场次数的分析可以发现，大部分运动员在获得国家队出场之后，并不能够成为国家队的重要成员，进而获得稳定的出场机会。因此，本研究进一步引入 PKL 模型，对在不同年龄获得职业联赛首次出场的运动员，未来能够成为国家队重要成员的概率分布进行分析。根据前文的内容，本研究仍将"国家队重要成员"定义为"出场次数超过一定时间内所有国家队球员出场次数平均值的运动员"，从而将该问题转化为二分类判断问题。图 8.18 呈现了研究涉及的 5341 名运动员在联赛出场年龄方面的分布，其中 198 名运动员的国家队出场次数超过了同时期内所有运动员出场次数的平均值，其余 5143 名运动员的出场次数为 0 或低于平均值，点的强度显示了案例的观测数量。

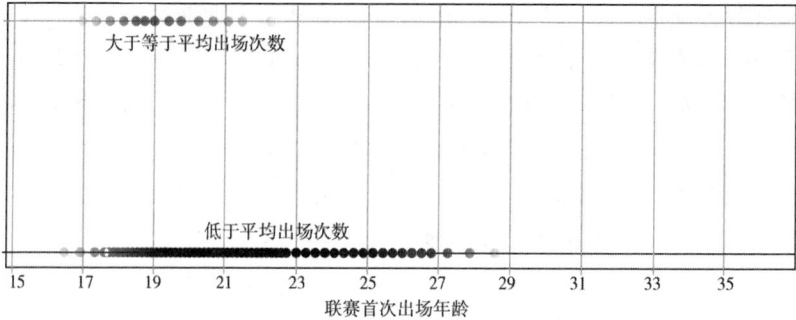

图 8.18　各国国家队重要成员与其他运动员联赛首次出场年龄分布

从数据的分布可以看到,出场次数高于平均水平的运动员在职业联赛首次出场年龄分布的范围上极为集中,随着联赛首次出场年龄的增加,成为国家队重要成员的运动员案例数量快速减少。据此,对 PKL 进行类似于 PNL 模型的 Logistic 回归建模:

$$p(K|A) = \frac{1}{1+e^{\beta A + \alpha}} \tag{8.3}$$

以上模型呈现了运动员在特定年龄(A)获得联赛首次出场后,能够在未来获得国家队稳定出场机会(K 代表该事件发生)的概率分布。在此基础上,通过 BFGS 方法获得抽样起始 MAP 点值为:$(\alpha, \beta) = (-5.1919,$ $0.4127)$。使用 NUTS 方法对 PKL 模型的 α 和 β 参数进行 5 万次抽样后,参数的收敛路径、自相关及分布情况如图 8.19 和图 8.20 所示:马尔科夫链快速收敛并达到均衡状态;延迟 10~20 阶后,参数的自相关系数接近 0;参数呈现出典型的正态分布。以上表明,初始抽样的 MAP 点估计准确,抽样获得的模型参数能够被实测数据良好约束,参数分布的均值可以近似反映真实的模型参数值。

根据 NUTS 抽样结果,在 PKL 模型中,取参数均值 $(\alpha, \beta) = (-5.7488,$ $0.4423)$,并绘制 PKL 估计值分布及 95％置信区间分布,见图 8.21。

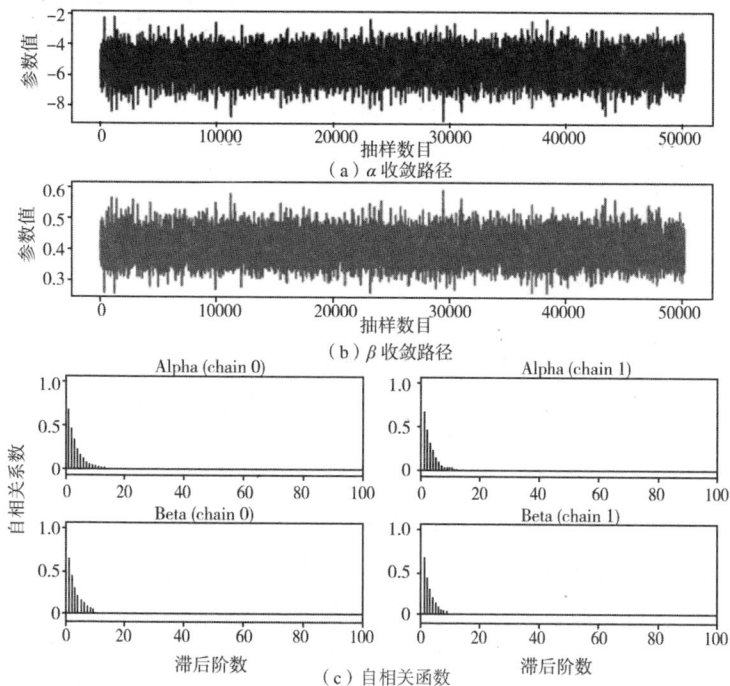

图 8.19 使用 NUTS 抽样的 PKL 模型参数 α 和 β 收敛路径及自相关情况

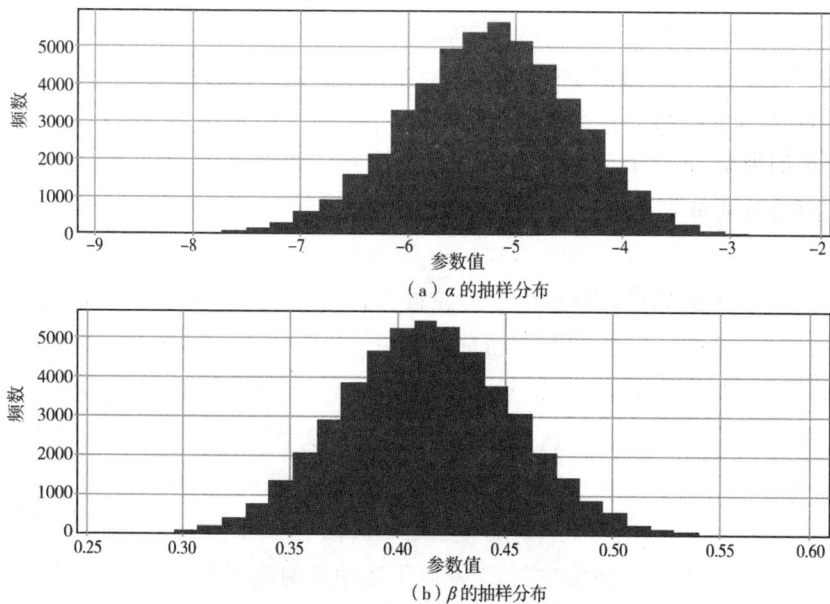

图 8.20 使用 NUTS 抽样的 PKL 模型 α 和 β 参数分布

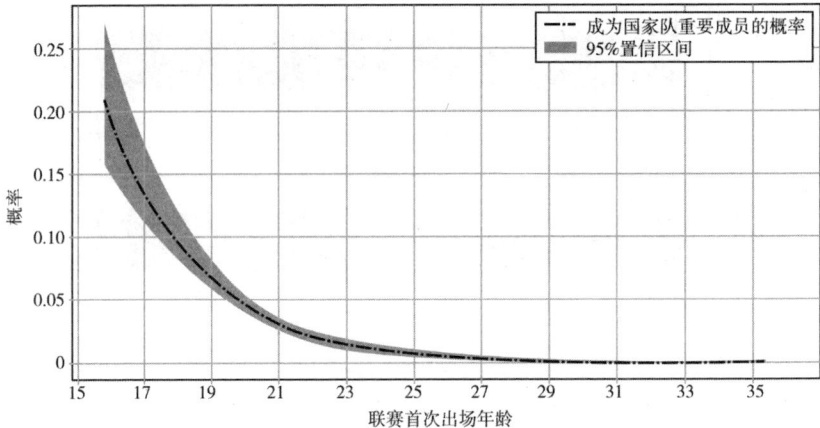

图 8.21　PKL 估计值分布及置信区间（95%）

　　根据 PKL 的估计值，运动员成为国家队重要成员的概率随着其职业联赛首次出场年龄的提升而不断下降，且置信区间快速缩小。本研究给出了 16—27 岁获得职业联赛首次出场的运动员，在未来成为国家队重要成员的概率估计（27 岁以上概率低于 0.30%）。如图 8.21 所示，在 18 岁及以下获得职业联赛出场的运动员，未来成为国家队重要成员的概率普遍超过 10.0%；而在 18—21 岁获得职业联赛出场的运动员，未来成为国家队重要成员的概率处于 9.6%～3.0%；在 21 岁之后获得职业联赛出场的运动员中，这一概率普遍低于 3.0%；23 岁及以上运动员则普遍低于 1.0%。从 5341 名各国运动员的总体情况来看，共有 198 名运动员属于国家队重要成员的类型，占所有运动员总数的 3.7%，大约相当于 20.7 岁获得联赛首次出场运动员未来代表国家队出场的概率，与 PNL 中总体概率对应的首次联赛出场年龄（20.8 岁）几乎一致。根据 U23 政策的出场要求，部分在 21—23 岁未能凭借自身竞技水平获得联赛出场的运动员，将会成为出场保护的主要受益者，而这些运动员未来代表国家队出场和成为国家队重要成员的概率，不仅远低于 21 岁前获得联赛首次出场的运动员，也低于所有球员的总体概率。因此，通过强制方式，针对这类运动员设置出场保护制度，显然是不符合运动员竞技水平发展规律的。而根据 PNL 与 PKL 模型估计值的分布情况，即便从鼓励年轻运动员出场的角度进行相关制度的安排，其目标群体也应当集中在 21 岁以下运动员的范围内，而非扩大到所有 23 岁以下运动员的范围内。

第六节　数据分析结果与讨论

一、分析结果

由本章数据分析,可以得出以下关于职业足球运动员国家队与联赛出场年龄的主要特征:(1)在国家队运动员出场年龄方面,各国平均年龄处于23.9—25.5 岁的范围内,除德国外,其他国家之间不存在统计学差异($P>$0.05),同时,重要赛事中运动员的出场年龄会有一定的提升;(2)各国运动员国家队首次出场年龄平均值处于 22.6—23.8 岁的范围内,各国间无统计学差异($P>0.05$),其中,国家队重要成员首次出场平均年龄处于21.3—22.6 岁的范围内,除法国外,其他国家国家队重要成员与普通成员在国家队首次出场年龄上都存在统计学差异($P<0.01$);(3)各国运动员联赛出场平均年龄处于 23.6—24.8 岁,普遍低于各国国家队运动员平均年龄;(4)在运动员联赛首次出场年龄方面,71.7%的国家队成员 21 岁之前获得联赛首次出场,各国运动员联赛首次出场平均年龄处于 19.4—20.6 岁,且各国国家队运动员和非国家队运动员的联赛首次出场年龄之间,全部存在着统计学差异($P<0.01$);(5)各国国家队运动员从联赛首次出场到国家队首次出场的平均时间间隔为 2.7—3.8 年,其中,国家队重要成员平均出场时间间隔为 2.0—3.2 年;(6)随着联赛首次出场年龄提升,运动员进入国家队和成为国家队重要成员的概率会不断下降,从估计值来看,20.7 岁之后获得联赛首次出场的运动员,进入国家队的概率会低于所有运动员的平均值(12.2%),23 岁后低于 7.0%,而 20.8 岁之后获得联赛首次出场的运动员,成为国家队重要成员的概率会低于所有运动员的平均值(3.7%),23 岁后低于 1.3%。

在中国运动员方面,除了以上基本年龄特征外,还包括:(1)非国家队运动员在联赛中首次出场年龄较大,但能够进入国家队的运动员,尤其是出场次数较多的国家队重要成员,在联赛首次出场年龄上与其他国家队差别很小,且远低于 U23 政策保护范围;(2)2010—2017 年,136 名代表过中国国家队出场的运动员联赛首次出场平均年龄仅为 20.6 岁,其中仅有9 人在联赛首次出场时年满 24 岁,且 9 人中无一人国家队出场次数超过10 次;(3)所有 41 名出场超过平均次数的国家队重要成员联赛首次出场平均年龄为 19.5 岁,其中仅有 3 人联赛首次出场时已年满 22 岁,这些运动员的国家队首次出场平均年龄为 21.7 岁,其中仅有 4 人国家队首次出场时年满 24 岁。

二、关于 U23 政策合理性的讨论

由以上结果,本研究给出以下关于 U23 政策的基本判断:(1)如果设置较为宽松的 U23 政策,则对于具备国家队出场能力(潜力)的运动员来说,政策存在与否并不会影响其中大多数运动员的出场机会,尤其是具备成为国家队重要成员能力(潜力)的运动员,几乎全部在 21 岁之前便获得职业联赛出场,在 24 岁之前大多已经具备较高竞技水平并完成了国家队首次出场。(2)如果设置过于严格的 U23 运动员出场要求,则会使得部分无法通过自身竞技水平在 23 岁前获得出场机会的运动员,占据首发或替补出场的机会。这些运动员未来进入国家队和成为国家队重要成员的概率,都明显低于 23 岁前通过自身竞技水平获得联赛出场的运动员,对其进行出场保护,既会影响其他高水平运动员的出场机会,也会影响教练的比赛安排、联赛的比赛质量和商业价值。(3)区分出"23 岁以下"和"23 岁以上"两个相互隔离的竞争区间,无论设置怎样的 U23 政策,都会阻断不同年龄段运动员之间的直接竞技水平竞争。根据本研究结果,运动员竞技状态的巅峰通常分布在 24—28 岁,而 U23 政策的出场要求,显然会削减这一年龄范围内运动员的出场机会。因此,对竞技水平相对较低的"23 岁以下"运动员提供出场保护,这种基于年龄强制要求出场的制度安排,既不符合运动员竞技水平发展的规律,也破坏了竞技体育中最为重要的公平性。

为了验证以上判断,本研究收集了 2014—2017 赛季中超联赛 U23 运动员的出场数据,如表 8.7 所示,在初次实施 U23 政策的 2017 赛季中,U23 运动员的出场总时间、平均出场时间和总出场人次都要大幅低于未实施 U23 政策的 2014—2016 赛季。事实上,2014—2016 赛季之中,中超每支球队每场比赛平均 U23 出场人数都在 2 人左右,且出场平均时间接近或超过 60 分钟。这些运动员在没有 U23 政策保护的情况下,已经能够获得较为稳定的出场时间,与本研究发现的运动员出场年龄特征相符。因此,2017 赛季 U23 政策中"至少 1 名 U23 运动员首发"的要求,显然无法对各俱乐部的 U23 运动员出场产生实质性的影响;相反,2017 赛季外援出场名额的缩减,使得各俱乐部在本土运动员的使用上更为谨慎,在一定程度上造成了 U23 运动员出场人次和总时间的"不升反降"。

表 8.7　2014—2017 赛季中超联赛 U23 运动员相关数据比较

U23 运动员数据	2014 赛季	2015 赛季	2016 赛季	2017 赛季 （U23 政策）
出场总时间/分钟	64661	50313	61165	38608
平均出场时间/分钟	62.9	58.3	60.5	52.6
总出场人次	1028	863	1011	734
每队每场平均人数/人	2.1	1.8	2.1	1.5

资料来源：根据中超联赛官网、转会市场网站等资料统计

在 U23 政策大幅调整之后，2018 赛季的中超联赛中，U23 运动员的出场情况较以往出现了一些变化。考虑到中国足协在 2018 年 10 月再次调整了 U23 政策，本研究选取了 2018 赛季前 11 轮的比赛数据。表 8.8 统计了截至 2018 年 7 月已经进行的中超联赛 2018 赛季前 11 轮比赛中，U23 运动员出场人数、出场时间以及总时间等情况。由统计数据可见，在 U23 政策的限制之下，U23 运动员出场人数较过往数个赛季大幅提高，但平均出场时间大幅降低。按照前 11 轮中平均每轮 U23 运动员出场次数（47.7 人次）和时间（1963 分钟）计算，2018 赛季中超 U23 运动员出场总人次将会达到 1430 人次左右，总时间将会达到 58800 分钟左右，在出场人次大幅增加的情况下，出场时间仅高于 2015 赛季和 2017 赛季，依旧低于没有 U23 政策限制的 2014 赛季和 2016 赛季。同时，前 11 轮 U23 运动员平均出场时间仅有 41.1 分钟，大幅低于之前 4 个赛季，而平均每轮替补出场的 U23 运动员数量达到了 26.6 人，占所有替补出场名额（48 人）的 55.4%，U23 运动员平均替补出场时间仅为 13.9 分钟，远低于非 U23 运动员的替补出场平均时间 24.2 分钟。在上半赛季的中超联赛中，半场换下 U23 球员、伤停补时换上 U23 球员等情况屡屡出现。显然，大量不具备出场比赛水平的 U23 运动员，因为 U23 出场人次的强制要求，获得了替补出场的机会，减少了首发 U23 运动员的出场时间，也占据了非 U23 球员的替补出场机会，这也在很大程度上影响了各球队教练员的战术安排以及比赛的质量。

此外，U23 政策落实之后，联赛的商业运营方面也开始出现一些可能是由政策引起的变动。如，2018 年 1 月，中超联赛的转播合同由此前的 5 年 80 亿元更改至 10 年 110 亿元，合同期内每赛季转播收入下降超过 30%（刘兵，2018）；而福特汽车、红牛、京东等企业在 2017 赛季赞助合同到期后，也都没有选择继续赞助中超联赛（肖赧，2018）。显然，这与 U23 政

策及削减外援名额后,联赛竞技水平和商业价值的下降有着密切的关联。
而这些商业开发方面的损失,不仅大幅降低了各俱乐部的收入,也影响了
俱乐部的青训投入以及青少年选择从事职业足球行业的意愿。从长远来
看,无疑会对职业联赛发展和国家队竞技水平提升造成负面影响。

表 8.8　2018 赛季中超前 11 轮比赛 U23 运动员出场情况

轮次	出场人数/人			出场时间/分钟				
	首发	替补	总计	平均	首发	替补	非 U23 替补	总时间
1	24	25	49	42.3	72.6	13.3	22.3	2075
2	20	28	48	40.4	74.3	16.1	24.5	1937
3	20	27	47	37.1	69.2	13.3	26.3	1743
4	19	29	48	42.3	78.3	18.7	18.9	2030
5	22	26	48	43.9	79.1	14.2	22.9	2109
6	21	27	48	39.6	74.8	13.2	25.2	1927
7	21	25	46	41.5	75.1	13.3	31.5	1907
8	19	30	49	37.0	75.9	12.3	29.4	1811
9	23	27	50	43.4	73.7	17.6	25.5	2170
10	21	26	47	41.7	75.6	14.3	20.2	1959
11	22	23	45	42.8	80.2	7.1	20.1	1928
平均	21.1	26.6	47.7	41.1	75.3	13.9	24.3	1963

第七节　小　结

本章选取 U23 政策作为我国职业体育制度安排效果分析的典型,比
较了中国、法国、德国、日本等多个国家职业足球运动员在国家队与联赛中
的出场年龄特征。根据研究的结果,当前中超联赛中 U23 政策的合理性
值得商榷。

从理论的角度来看,U23 政策设置的出场年龄要求,是不符合职业足
球运动员竞技水平发展年龄规律的,保护政策的主要受益者是无法通过自
身竞技水平获得联赛出场的 U23 运动员,这部分运动员未来进入国家队
和成为国家队重要成员的概率却远低于平均水平;同时,高水平 U23 运动
员和 23 岁以上处于竞技巅峰期的运动员的比赛出场机会和时间,将受到

不同程度的影响。从实践角度来看,在实施 U23 政策后,中超联赛中 U23 运动员的出场人次相比政策实施前并无增加,U23 运动员平均出场时间反而出现了大幅下降,U23 运动员也占据了大量替补名额,U23 政策对职业联赛的比赛水平和商业价值已经开始产生负面影响。基于此,本研究认为,培养本土足球人才的目标,应当通过普及青少年参与、强化俱乐部梯队建设、重视低级别职业联赛本土化等方式来实现,而非通过直接在顶级联赛中实施严格的运动员出场年龄政策来达到;否则,不合理的制度安排将会对联赛中的本土运动员竞技水平发展造成负面影响,从长远来看,不仅会降低职业联赛的竞技水平与经济价值,也很难提升国家队的竞技水平。

事实上,在本研究完成之后的 2019 赛季,中国足协又调整了 U23 政策,包括推翻此前与外援出场人数捆绑的要求,提出必须保持 1 名 U23 球员始终在场,等等。从政策调整的效果来看,在 2019 赛季,由于出场人数和强制在场的要求,U23 运动员总出场人次达到了 1084 次,为 2014 年以来最高,但总时间(54720 分钟)和人均出场时间(50.4 分钟)依然低于 2014—2017 年的水平。

第九章 结 论

本研究基于制度逻辑理论、体育经济学理论以及相关社会学和哲学理论，从社会核心制度逻辑的角度出发，论证了起源于市民团体的职业体育俱乐部、体育协会等组织，在不断发展的资本主义市场的渗透和影响之下，其所遵守的一系列传统价值与市场所崇尚的利益最大化的理念之间产生的冲突和抵触，并基于此分析了各主体的行为逻辑，对不同国家职业体育转播制度、劳动力制度以及政府扶持制度等各类制度安排的演变过程进行了阐释。本研究主要得出以下七个结论。

（1）公共领域的思想与原始形态的体育之结合，引致了现代体育以及俱乐部和协会等相关组织的产生。这些组织自诞生之初便具备了制度逻辑理论中的市民团体这一社会核心制度的特征；在现代社会发展的过程中，多种传统价值依附于体育俱乐部等组织之上，形成了现代体育独特的核心价值——获胜最大化和成员利益最大化等。

（2）职业体育产业价值提升，使得资本主义市场这一社会核心制度所崇尚的获利最大化和个体利益最大化的价值取向，与现代体育初始阶段的核心价值产生了不可调和的矛盾。这一矛盾并非足球领域独有，而是一种根植于现代资本主义社会内部的资本逻辑与市民团体所追求的共同利益、集体行动等之间的本质矛盾，是现代西方社会精神内核之中的深层矛盾，也是各个国家职业体育联盟相关制度安排不断演进和变革的内部动力之所在。

（3）各国职业体育联盟相关主体在不同社会核心制度逻辑的相互冲突之下，形成了各自的行为逻辑。从俱乐部和联盟方面来看，在欧洲，早期的会员制俱乐部逐渐被公司制俱乐部取代，两者在行为逻辑上呈现出明显的差异与矛盾；在美国，运动队和联盟则从出现伊始便天然地成为追求利益最大化的经济实体；在中国，俱乐部和联盟则是从行政性质的专业队逐渐转变为重视企业广告效应和商业利益的组织。从协会的方面来看，欧洲体育协会的市民团体属性得到了保留，组织行为注重成员的共同利益；洲际和国际的协会则在演进过程中具备了科层制的特征；在美国和中国，协会的发展偏离了欧洲的路径。从联赛（盟）的角度来看，在各个国家，传统意义上仅作为赛制而存在的联盟,在市场化过程中逐渐实体化,成为追求联赛管理或经济收益最大化的组织。从政府的角度来看,欧洲各国政府对职业体育经济价值和社会价值的判断引致了不同的行为逻辑;欧盟政府则将职业足球视为促进欧洲一体化发展和实现欧盟社会稳定的工具;在美国,政府将职业体育视为促进地方经济发展的重要手段;在中国,政府则将职业体育视为实现公共利益和执政业绩的发展手段。

(4)在转播制度方面,将主体置于体育转播双边市场中,分析其行为的逻辑,对赛事转播权出售、转播收入分配、转播内容收费等职业体育转播关键制度进行经济学分析;对美国、英国、德国、西班牙等职业体育发达国家转播制度的安排进行国际比较研究,对各国转播制度安排的历史演进、制度特征及实施效果进行阐释与归纳。在此基础上,结合我国职业体育发展历史与现状,提出我国职业体育管理者在转播制度安排中应当遵从的原则,即通过合适的集体出售制度安排,实现职业体育比赛转播的市场价值;通过有效的转播收入分配制度安排,促进联赛竞争均衡与可持续发展;通过合理的转播内容收费制度,兼顾市场中的私人利益与社会公共福利。

(5)在职业体育劳动力制度方面,以职业足球为例,重点考察运动员配额制度的问题,分析配额对运动员薪酬水平、联赛竞技和商业价值、国家队竞技表现等方面的影响,对欧盟、英国、德国等国家和地区的职业足球外援配额制度进行阐释与比较。在充分把握域外实践的基础上,结合国内职业体育发展现状,对我国职业体育联盟劳动力制度安排提出建议。在运动员配额方面,应当在重视青少年运动员培训的基础上,通过多种类型的制度手段,逐步放开外援配额管制,促进联赛竞技水平与国际化水平的提升,激励本土运动员参与国际运动员市场竞争,推动人才供给和国家队竞技表现的提升;在运动员薪酬方面,充分发挥劳动力市场的作用,让劳资双方享有更多的话语权,渐进性地推进制度变革,保证薪酬制度设置的整体性、系统性和透明化程度,加强对国内职业体育联赛薪酬的监督。

(6)在政府扶持制度方面,扶持制度的类型涉及税收优惠、债务减免、场馆建设、运动员培养等方面,结合各个国家的政治和经济特征,对制度制定的背景、制度实行的效果以及制度规制之下职业体育联盟的不同发展模式进行阐释。从产权归属的角度剖析各国政策的差异,同时从准公共品属性的角度分析各国政府对职业体育实施制度扶持的原因,进而提炼出各国发展实践对我国职业体育发展的启示,即政府应当对职业体育发展中涉及公共利益的一些方面进行制度扶持,包括但不限于场馆建设、税务减免、人才培养等。

（7）在 U23 政策上，根据研究的结果，当前中超联赛中 U23 政策的合理性值得商榷。U23 政策的主要受益者是无法通过自身竞技水平获得联赛出场的 U23 运动员，这部分运动员未来进入国家队和成为国家队重要成员的概率却远低于平均水平；同时，高水平 U23 运动员和 23 岁以上处于竞技巅峰期的运动员的比赛出场机会和时间，将受到不同程度的影响。从实践角度来看，在实施 U23 政策后，中超联赛中 U23 运动员的出场人次相比政策实施前并无增加，U23 运动员平均出场时间反而出现了大幅下降，U23 运动员也占据了大量替补名额，U23 政策对职业联赛的比赛水平和商业价值已经开始产生负面影响。基于此，本研究认为，培养本土足球人才的目标，应当通过普及青少年参与、强化俱乐部梯队建设、重视低级别职业联赛本土化等方式来实现，而非通过直接在顶级联赛中实施严格的运动员出场年龄政策来达到。否则，不合理的制度安排将会对联赛中的本土运动员竞技水平发展造成负面影响；从长远来看，不仅会降低职业联赛的竞技水平与经济价值，也很难提升国家队的竞技水平。

参考文献

Alford R, Friendland R, 1985. Powers of Theory: Capitalism, the State, and Democracy[M]. Cambridge: Cambridge University Press.

Anderson B, 1983. Imagined Communities: Reflections on the Origins and Spread of Nationalism [M]. London: Verso.

Anderson D L, 1994. The sports broadcasting act: Calling it what it is-special interest legislation [J]. Hastings Communication and Entertainment Law Journal, 17: 945.

Andreff W, 1989. L'internationalisation Économique du Sport[M]. Paris: Dalloz.

Andreff W, 2007. French football: A financial crisis rooted in weak governance[J]. Journal of Sports Economics, 8(6): 652-661.

Andreff W, 2008. Globalization of the sports Economy[J]. Rivista di Diritto ed Economia dello Sport, 4(3): 13-32.

Andreff W, Staudohar P D, 2000. The evolving European model of professional sports finance[J]. Journal of Sports Economics, 1(3): 257-276.

Appadurai A, 1998. Dead certainty: Ethnic violence in the era of globalization [J]. Development and Change, 29(4): 905-925.

Arendt H, 1958. The Human Condition [M]. Chicago: University of Chicago Press.

Aron R, 1957. L'opium des Intellectuels[M]. Paris: Calmann-Lévy.

Ascari G, Gagnepain P, 2006. Spanish football[J]. Journal of Sports Economics, 7(1): 76-89.

Atkinson R, 2002. England need to stem the foreign tide [EB/OL]. (2002-08-23)[2016-09-30]. http://www.guardian.co.uk/football/2002/aug/23/sport.comment/print.

Augustin J P, 1997. Les territoires incertains du sport[J]. Cahiers de Géographie du Québec, 41(114): 405-411.

Augustin J P, 2001. Espaces publics et cultures sportives [J]. Géocarrefour, 76(1):27-30.

Baade R A, Matheson V A, 2014. Financing professional sports facilities [M]//White S B, Bingham R D, Hill E W (eds.). Financing Economic Development in the 21st Century (pp. 337-356). London and New York:Routledge.

Bailey P, 1999. The politics and poetics of modern British leisure:A late twentieth-century review [J]. Rethinking History,3(2):131-175.

Ball P, 2003. Morbo:The Story of Spanish Football[M]. London:When Saturday Comes Books Limited.

Barajas Á, Rodriguez P, 2010. Spanish football clubs' finances:Crisis and player salaries[J]. International Journal of Sport Finance, 5 (1): 52-66.

Baroncelli A, Caruso R, 2011. The organization and economics of Italian Serie A:A brief overall view[J]. Rivista di Diritto ed Economia dello Sport,7(2):67-85.

Baroncelli A, Lago U, 2006. Italian football [J]. Journal of Sports Economics,7(1):13-28.

Barzel Y, 1997. Economic Analysis of Property Rights[M]. Cambridge: Cambridge University Press.

Beamish R, 1985. Understanding labor as a concept for the study of sport [J]. Sociology of Sport Journal,2(4):357-364.

Berlinschi R, Schokkaert J, Swinnen J, 2013. When drains and gains coincide: Migration and international football performance [J]. Labour Economics,21(26510):1-14.

Bird P, 1982. The demand for league football [J]. Applied Economics,14 (6):637-649.

Biscaia R, et al. ,2013. Sport sponsorship:The relationship between team loyalty, sponsorship awareness, attitude toward the sponsor, and purchase intentions [J]. Journal of Sport Management, 27 (4): 288-302.

Black C E (ed.), 1976. Comparative Modernization:A Reader [M]. Florence:Free Press.

Blomström M, Kokko A, 1997. How foreign investment affects host countries[R]. Washington: The World Bank International Economics Department International Trade Division.

Borland J, Macdonald R, 2003. Demand for sport [J]. Oxford Review of Economic Policy, 19(4):478-502.

Bortolotti B, Milella V, 2008. Privatization in Western Europe [C]// Roland G (ed.). Privatization: Successes and Failures. New York: Columbia University Press.

Bourdieu P, Wacquant L, 2013. Symbolic power and group-making: On Pierre Bourdieu's reframing of class [J]. Journal of Classical Sociology, 13(2):274-291.

Budzinski O, Satzer J, 2008. Sports business and the theory of multisided markets [EB/OL]. [2016-09-30]. https://www. econstor. eu/bitstream/10419/30118/1/606627804. pdf.

Budzinski O, Satzer J, 2011. Sports business and multisided markets: Towards a new analytical framework? [J]. Sport Business & Management, 1(2):124-137.

Bunnage G J, 2011. Public dollar private owners: tax subsidies for new stadiums in professional sports[D]. Claremont: Claremont Mckenna College.

Buraimo B, Simmons R, Szymanski S, 2010. Football Economics and Policy [M]. London: Palgrave Macmillan.

Cainelli G, Zoboli R. 2004. The Evolution of Industrial Districts: Changing Governance, Innovation and Internationalization of Local Capitalism in Italy[M]. New York: Springer.

Calhoun C J, 1992. Habermas and the Public Sphere [M]. Massachusetts: MIT Press.

Cauchemez S, Carrat F, Viboud C, et al. , 2004. A Bayesian MCMC approach to study transmission of influenza: Application to household longitudinal data [J]. Statistics in Medicine, 23 (22): 3469-3487.

Cave M, Crandall R W, 2001. Sports rights and the broadcast industry [J]. The Economic Journal, 111(469):4-26.

Chernilo D, 2007. A Social Theory of the Nation-State: the Political Forms of Modernity Beyond Methodological Nationalism [M]. London and

New York:Routledge.

Chomsky N, 1999. Profit over People: Neoliberalism and Global Order [M]. New York:Seven Stories Press.

Chung J,Lee Y H,Kang J H,2016. Exante and expost expectations of outcome uncertainty and baseball television viewership[J]. Journal of Sports Economics,17(8):790-812.

Coase R H, 1960. The problem of social cost[J]. Journal of Law and Economics,3:1-44.

Coates D,Frick B,Jewell T,2016. Superstar salaries and soccer success: The impact of designated players in major league soccer[J]. Journal of Sports Economics,17(7):716-735.

Commission of the European Communities,2007. White paper on sport [R]. Brussels:European Commission.

Commission of the European Communities, 2011. Developing the European dimension in sport[R]. Brussels:European Commission.

Cornes R, Sandler T, 1996. The Theory of Externalities, Public Goods, and Club Goods[M]. Cambridge:Cambridge University Press.

Crompton J L,2014. Proximate development:An alternate justification for public investment in major sport facilities? [J]. Managing Leisure, 19(4):263-282.

Crompton J L,Howard D ,2003. Financing major league facilities:Status, evolution and conflicting forces[J]. Journal of Sport Management,17 (2):156-184.

Crompton J L,Howard D R,2013. Costs:The rest of the economic impact story[J]. Journal of Sport Management,27(5):379-392.

Culture,Media and Sport Committee,2011. Football governance:Seventh report of session 2010-2012[R]. London:House of Commons.

Cunningham H, 1980. Leisure in the Industrial Revolution, C. 1780-C. 1880 [M]. London:Croom Helm.

Darby P, et al. ,2007. Football academies and the migration of African football labor to Europe [J]. Journal of Sport and Social Issues,31 (2):143-161.

Davis L E, North D C, Smorodin C, 1971. Institutional Change and American Economic Growth[M]. Cambridge:CUP Archive.

Davis-Blake A, Farkas G, England P, 1989. Industries, firms and jobs: Sociological and economic approaches [J]. Administrative Science Quarterly, 34(3):508.

De Knop P, Hoyng J, 1998. De Sociale Functies en Betekenissen van Sport [M]. Tilburg: Tilburg University Press.

Dejonghe T, Vandeweghe H, 2006. Belgian football[J]. Journal of Sports Economics, 7(1):105-113.

Deloitte, 1998-2019. Annual review of football finance[R]. Manchester: Deloitte.

Demsetz H, 1967. Toward a theory of property rights [J]. American Economic Review, 57(2):347-359.

Department for Culture, Media and Sport, 2006. Copy of royal charter for the continuance of the British broadcasting corporation[EB/OL]. (2010-08-23) [2016-09-30]. http://www. Bbc. Co. UK/Bbctrust/ Assets/? les/Pdf/Regulatory_Framework/Charter_Agreement/Bbc _Royal_Charter. Pdf.

Depken C A, 1999. Free-agency and the competitiveness of major league baseball [J]. Review of Industrial Organization, 14(3):205-217.

Di Betta P, Amenta C, 2012. The media as a policy instrument in influencing the business model of professional soccer: Evidence from Italy[J]. Journal of Media Economics, 25(2):109-129.

Dietl H M, Frank E, 2007. Governance failure and financial crisis in German football[J]. Journal of Sports Economics, 8(6):662-669.

DiMaggio P, Powell W, 1983. The iron cage revisited: Institutional isomorphism and collective rationality in organizational fields [J]. American Sociological Review, 48(2):147-160.

Dobson S, Goddard J A, 2001. The Economics of Football [M]. Cambridge: Cambridge University Press.

Downward P, Dawson A, Dejonghe T, 2009. Sports Economics [M]. London and New York: Routledge.

Draper R, 2013. Fa to tighten up work permit rules and limit foreign influx to help English talent develop [EB/OL]. [2016-09-30]. http://www. dailymail. co. uk/sport/football/article-2415140/fa-tighten-work-permit-rules-limit-foreign-influx-premier-league. html#ixzz4nq8ehivp.

Drut B,Raballand G L,2012. Why does financial regulation matter for European professional football clubs? [J]. International Journal of Sport Management and Marketing,11(1):73-88.

El-Hodiri M,Quirk J,1971. An economic model of a professional sports league[J]. Journal of Political Economy,79(6):1302-1319.

Elias N,Dunning E,1986. Quest for Excitement:Sport and Leisure in the Civilizing Process [M]. Oxford:Blackwell.

Eucken W, 1989. Die Grundlagen der Nationalökonomie [M]. Berlin:Springer.

European Commission,1998. The European model of sport [R]. Brussels:European Commission.

European Commission, 1999. Helsinki report of sport [R]. Brussels:European Commission.

European Commission, 2003. Commission clears UEFA's new policy regarding the sale of the media rights to the Champions League [EB/OL]. [2016-09-30]. https://Ec. Europa. Eu/Commission/Presscorner/Detail/En/Ip_03_1105.

European Commission, 2005. Memo/05/16 [EB/OL]. [2016-09-30]. https://Ec. Europa. Eu/Commission/Presscorner/Detail/En/Memo_05_16.

European Commission, 2008. 2007/2261(Ini) [EB/OL]. [2016-09-30]. http://www. europarl. europa. eu/sides/getdoc. do? pubref =-//ep//text+ta+p6-ta-2008-0198+0+doc+xml+v0//en.

European Court of Justice,1995. Case C-415/93 [EB/OL]. [2016-09-30]. http://eur-lex. europa. eu/legal-content/en/txt/? uri=celex:61993cj0415.

European Union, 2003. Cje-03-35 [EB/OL]. [2016-09-30]. http://europa. eu/rapid/press-release_cje-03-35_en. htm.

European Union, 2005. Cje-05-03 [EB/OL]. [2016-09-30]. http://Europa. Eu/Rapid/Press-Release_Cje-05-3_En. Htm.

Evens T,Iosifidis P,Smith P,2013. The Political Economy of Television Sports Rights [M]. London:Palgrave Macmillan.

Falk R,2000. The decline of citizenship in an era of globalization[J]. Citizenship studies, 4(1):5-17.

FIFA,2010. 2010 FIFA World Cup South Africa [EB/OL]. [2016-09-30].

http://www. fifa. com/worldcup/archive/southafrica2010/organisation/ media/newsid＝1473143/.

FIFA,2018. 2018 FIFA World Cup Russia Teams [EB/OL]. [2016-09-30]. https://www. FIFA. Com/Worldcup/Teams.

Fort R D,2010. Sports Economics (3rd) [M]. New York:Pearson College Division.

Fratto K,2007. The taxation of professional U. S. athletes in both the United States and Canada[J]. The International Sports Law Journal, 14:29.

Frazer J G,1990. The Golden Bough[M]. London:Palgrave Macmillan.

Freedman W, 1987. Professional Sports and Antitrust [M]. Westport: Praeger Publishers Inc.

Friedland R,Alford R,1991. Bringing society back in:Symbols,practices, and institutional contradictions[M]//Powell W,DiMaggio P(eds.). The New Institutionalism in Organizational Analysis (pp. 232-266). Chicago:University of Chicago Press.

Friedman M T, Mason D S, 2004. A stakeholder approach to understanding economic development decision making: Public subsidies for professional sport facilities[J]. Economic Development Quarterly,18(3):236-254.

Furubotn E G,Pejovich S,1972. Property rights and economic theory:A survey of recent literature[J]. Journal of Economic Literature, 10 (4):1137-1162.

Gabszewicz J J,Laussel D,Sonnac N,2004. Programming and advertising competition in the broadcasting industry[J]. Journal of Economics & Management Strategy,13(4):657-669.

Gammelsæter H, Senaux B, 2011. The Organization and Governance of Top Football Across Europe: An Institutional Perspective [M]. London and New York:Routledge.

Garcia B,2009. Sport governance after the White Paper:The demise of the European model? [J]. International Journal of Sport Policy,1(3): 267-284.

Garcia B, 2011. The influence of the EU on the governance of football [M]//Gammelsæter H, Senaux B (eds.). The Organization and

Governance of Top Football Across Europe: An Institutional Perspective(pp. 32-45). London and New York:Routledge.

Gardiner S, Parrish R, Siekmann R, 2009. Eu, Sport, Law and Policy: Regulation, Re-regulation and Representation [M]. Hague: TMC Asser Press.

Gary M,2002. Critical Social Theory:Prophetic Reason,Civil Society,and Christian Imagination [M]. Minneapolis:Fortress Press.

Gibson R,1984. Structuralism and Education [M]. London: Hodder and Stoughton.

Giddens A, 1990. The Consequences of Modernity [M]. Stanford: Stanford University Press.

Golby J M,Purdue W,1984. The Civilisation of the Crowd:Popular Culture in England,1750-1900 [M]. London:Batsford Academic and Educational.

Goldmann L,1973. The Philosophy of the Enlightenment; the Christian Burgess and the Enlightenment [M]. Cambridge:MIT Press.

González J, 1982. La asociación de futbolistas mantuvo la huelga, pero jugarán casi todos los profesionales[EB/OL]. [2016-09-30]. https:// Elpais. Com/Diario/1982/04/11/Deportes/387324003_850215. Html.

Gratton C,Solberg H A, 2007. The Economics of Sports Broadcasting [M]. London and New York:Routledge.

Greenfield S, Osborn G. 2001. Regulating Football: Commodification Consumption and the Law[M]. London:Pluto.

Greenwood R,et al. ,2008. The Sage Handbook of Organizational Institutionalism [M]. London:Sage Publications.

Habermas J,1974. The public sphere:An encyclopedia article (1964) [J]. New German Critique(3):49-55.

Habermas J,1990 [1962]. Strukturwandel der Öffentlichkeit. Untersuchungen zu einer Kategorie der bürgerlichen Gesellschaft[M]. Frankfurt:Suhrkamp Verlag.

Habermas J,1991. The Structural Transformation of the Public Sphere: An Inquiry into A Category of Bourgeois Society [M]. Cambridge: MIT Press.

Habermas J,1992. Faktizität und Geltung:Beiträge zur Diskurstheorie des Rechts und des Demokratischen Rechtsstaats [M]. Frankfurt:

Suhrkamp Verlag.

Hall P A, Soskice D, 2004. Varieties of Capitalism and Institutional Complementarities [M]. New York: Springer.

Hall P A, Thelen K, 2009. Institutional change in varieties of capitalism [J]. Socio-Economic Review, 7(1): 7-34.

Hamil S, et al. , 2000. Recent developments in football ownership [J]. Soccer & Society, 1(3): 1-10.

Harris N, 2011. Official English Football Wage figures for the past 25 years [EB/OL]. [2016-09-30]. http://www. sportingintelligence. com/2011/10/30/revealed-official-english-football-wage-figures-for-the-past-25-years-301002/.

Harris N, 2013. Foreign players at record levels across European football [EB/OL]. [2016-09-30]. http://www. sportingintelligence. com/2013/01/21/new-research-foreign-players-at-record-levels-across-european-football-210102/.

Hart R A, Hutton J, Sharot T, 1975. A statistical analysis of Association Football attendances[J]. Applied Statistics, 24 (1): 17-27.

Hartmann-Tews I, 2006. Social stratification in sport and sport policy in the European Union [J]. European Journal for Sport & Society, 3 (2): 109-124.

Harvey A, 2004. The Beginnings of a Commercial Sporting Culture in Britain, 1793-1850 [M]. Aldershot: Ashgate Publishing.

Harvey D, 2005. A Brief History of Neoliberalism [M]. New York: Oxford University Press.

Hayek F A, 2009. The Road to Serfdom: Text and Documents—The Definitive Edition [M]. Chicago: University of Chicago Press.

Hayek F A, 2013. The Constitution of Liberty: The Definitive Edition [M]. London and New York: Routledge.

Haynes R, 2007. Footballers' image rights in the new media age[J]. European Sport Management Quarterly, 7(4): 361-374.

Heilbroner R L, Milberg W S, 2008. The Making of Economic Society [M]. London: Pearson Prentice-Hall.

Helland K, 2007. Changing sports, changing media: Mass appeal, the sports/media complex and TV sports rights [J]. Nordicom Review,

28:105-119.

Henry I, Lee P C, 2004. Governance and ethics in sport [M]// Beech J (ed.). The Business of Sport Management. Harlow: Financial Times Prentice Hall.

Hirschman A O, 1970. Exit, Voice, and Loyalty: Responses to Decline in Firms, Organizations, and States[M]. Cambridge: Harvard University Press.

Hix S, 1999. The Political System of the European Union [M]. London and New York: Palgrave Macmillan.

Hoffman M D, Gelman A, 2014. The No-U-Turn sampler: Adaptively setting path lengths in Hamiltonian Monte Carlo [J]. Journal of Machine Learning Research, 15(1): 1593-1623.

Holt M, 2007. The ownership and control of elite club competition in European football [J]. Soccer and Society, 8(1): 50-67.

Holt N, Mitchell T, Button C, 2006. Talent development in English professional soccer[J]. International Journal of Sport Psychology, 37 (2/3): 77-98.

Inkeles A, Smith D H, 1974. Becoming Modern: Individual Change in Six Developing Countries [M]. Cambridge: Harvard University Press.

James A R, 1987. Organizational economics: Notes on the use of transaction-cost theory in the study of organizations [J]. Administrative Science Quarterly, 32(1): 68-86.

Jeanrenaud C, Késenne S, 2006. The Economics of Sport and the Media [M]. London: Edward Elgar Publishing.

Jhally S, 1989. Cultural studies & the sports/media complex [M]// Wenner L (ed.). Media, Sports & Society (pp. 70-93). California, CA: Sage.

Johnson B K, 2008. The valuation of nonmarket benefits in sport[M]// Humphreys B R, Howard D R (eds.). The Business of Sports (pp. 207-233). Westport, CT: Praeger.

Katie J, 2013. Are the Amateur Values of Football Lost Through Commercialization? [M]. Munich: GRIN Verlag.

Késenne S, 2007. The Economic Theory of Professional Team Sports: An Analytical Treatment [M]. Cheltenham: Edward Elgar Publishing.

Kitchener M, 2002. Mobilizing the logic of managerialism in professional fields: The case of Academic Health Centre Mergers[J]. Organization Studies, 23(3): 391-420.

Kolakowski L, 1986. Modernity on endless trial [J]. Encounter, 66(3): 8-12.

Kolakowski L, 1997. Modernity on Endless Trial[M]. Chicago: University of Chicago Press.

Koo G Y, Quarterman J, Flynn L, 2006. Effect of perceived sport event and sponsor image fit on consumers' cognition, affect, and behavioral intentions[J]. Sport Marketing Quarterly, 15(2): 80-90.

Koresky K, 2001. Tax considerations for U. S. athletes performing in multinational team sport leagues or you mean I don't get all of my contract money[J]. The International Sports Law Journal, 8: 101.

Kuper S, Szymanski S, 2010. Why England Lose: And Other Curious Football Phenomena Explained[M]. London: Harpercollins UK.

Lanfranchi P, Taylor M, 2001. Moving With the Ball[M]. Oxford: Berg Publishers.

Lerner D, Robison R D, 1960. Swords and ploughshares [J]. World Politics, 13(1): 19-44.

Lévi-Strauss C, 2008. Structural Anthropology [M]. New York: Basic books.

Levy D, 2004. Europe's Digital Revolution: Broadcasting Regulation, the EU and the Nation State [M]. London and New York: Routledge.

Lewis G, 2012. Human Migration: A Geographical Perspective [M]. London: Groom Helm.

Light R, Yasaki W, 2003. Breaking the mould: J league soccer, community and education in Japan[J]. Football Studies, 6 (1): 42-46.

Lin J Y, 1989. An economic theory of institutional change: Induced and imposed change[J]. Cato Journal, 9: 1-33.

Mai H J, 2021. New $113 billion NFL media rights deal gives fans more options to watch games [EB/OL]. [2021-06-20]. https://www.npr.org/2021/03/19/979178471/new-113-billion-nfl-media-rights-deal-gives-fans-more-options-to-watch-games.

Mankiw G, 2004. Principles of Macroeconomics[M]. Cincinnati: South-Western College Publishing.

Manzenreiter W, Horne J, 2005. Public policy, sports investments and regional development initiatives in Japan[M]//Nauright J, Schimmel K(eds.). The Political Economy of Sport (pp. 152-182). London and New York: Palgrave Macmillan.

Marburger D R, 1997. Gate revenue sharing and luxury taxes in professional sports [J]. Contemporary Economic Policy, 15 (2): 114-123.

Martin J, 1976. Variable factor supplies and the Heckscher-Ohlin-Samuelson model [J]. Economic Journal, 86(344): 820-831.

Marzola P, 1981. Il Mercato del Lavoro Negli Sports Professionistici di Squadra[M]. Ferrara: Editrice Universitaria Ferrara.

Marzola P, 1990. L' Industria del Calcio [M]. Roma: La Nuova Italia Scientifica.

Meier H, 2007. Institutional complementarities and institutional dynamics: Exploring varieties in European football capitalism [J]. Socio-Economic Review, 6(1): 99-133.

Messner M, Montez De Oca J, 2005. The male consumer as loser: Beer and liquor ads in mega sports media events[J]. Signs: Journal of Women in Culture and Society, 30(3): 1879-1909.

Mikos L, 2006. German football—A media-economic survey: The impact of the kirch media company on football and television in Germany [M]//Tomlinson A, Young C (eds.). German Football: History, Culture, Society? (pp. 155-166). London and New York: Routledge.

Milgrom P, Roberts J, 1992. Economics, Organization and Management [M]. London: Pearson.

Mises R, 1946. Comments on Donald Williams' reply[J]. Philosophy and Phenomenological Research, 6(4): 611-613.

Morgan W J, 1985. 'Radical' social theory of sport: A critique and a conceptual emendation[J]. Sociology of Sport Journal, 2(1): 56-71.

Morrow S, 1999. The New Business of Football? [M]. London and New York: Palgrave Macmillan.

Morrow S, 2003. The People's Game? Football, Finance and Society[M]. London and New York: Palgrave Macmillan.

Neale W C, 1964. The peculiar economics of professional sports[J]. The

Quarterly Journal of Economics,78(1):1-14.

Noll R G,2007. Broadcasting and team sports[J]. Scottish Journal of Political Economy,54(3):400-421.

Noll R G, Zimbalist A, 1997. Sports, Jobs, and Taxes: The Economic Impact of Sports Teams and Stadiums[M]. Washington: Brookings Institution Press.

North D C, 1973. The Rise of the Western World: A New Economic History[M]. Cambridge: Cambridge University Press.

North D C, 1981. Structure and Change in Economic History[M]. New York: Norton.

North D C, 1990. Institutions, Institutional Change, and Economic Performance[M]. Cambridge: Cambridge University Press.

Ohmae K, 1995. The End of the Nation-State: The Rise of Regional Economies[M]. New York: Simon and Schuster Inc.

Parrish R, 2003. Sports Law and Policy in the European Union[M]. Manchester: Manchester University Press.

Phelps Z A,2004. Stadium construction for professional sports: Reversing the inequities through tax incentives[J]. Journal of Civil Rights and Economic Development,18(3):981-1029.

Pickering M, 2001. Stereotyping: The Politics of Representation[M]. London and New York: Palgrave Macmillan.

Poli R, 2010. Understanding globalization through football: The new international division of labour, migratory channels and transnational trade circuits[J]. International Review for the Sociology of Sport,45(4):491-506.

Pope N K L, Voges K E,2000. The impact of sport sponsorship activities, corporate image, and prior use on consumer purchase intention[J]. Sport Marketing Quarterly,9(2):96-102.

Powell W, DiMaggio P (eds.), 1991. The New Institutionalism in Organizational Analysis[M]. Chicago: University of Chicago Press.

Powell W, DiMaggio P (eds.), 2012. The New Institutionalism in Organizational Analysis[M]. Chicago: University of Chicago Press.

Price M, Raboy M, 2011. Public service broadcasting in transition: A documentary reader [EB/OL]. (2016-09-30). https://repository.

upenn. edu/cgcs_publications/1.

PwC, 2019. Outlook for the sports market in North America through 2023 [R]. New York:Price Waterhouse Coopers LLP.

Quirk J, El-Hodiri M, 1974. Economic theory of sports leagues[M]// Government and the Sports Business: Papers Prepared for a Conference of Experts (pp. 33-80). Washington:Brookings Institution.

Quirk J, Fort R, 1992. Pay Dirt:The Business of Professional Team Sports[M]. Princeton:Princeton University Press.

Rabb T K, Robert I R, 1982. The New History, the 1980s and Beyond: Studies in Interdisciplinary History [M]. Princeton: Princeton University Press.

Rankin M B, 1990. The origins of a Chinese public sphere:Local elites and community affairs in the late imperial period [J]. Etudes Chinoises, 9 (2):13-60.

Rawls J, 2001. Justice as Fairness: A Restatement [M]. Cambridge: Harvard University Press.

Rex J, 1995. Ethnic identity and the Nation State:The political sociology of multi-cultural societies [J]. Social Identities, 1(1):21-34.

Robinson W I, 2004. A Theory of Global Capitalism:Production, Class, and State in a Transnational World[M]. Baltimore:Johns Hopkins University Press.

Rossi G, 2014. A bayesian stochastic frontier of Italian football[J]. Applied Economics, 46(20):2398-2407.

Rottenberg S, 1956. The baseball players' labor market[J]. Journal of Political Economy, 64(3):242-258.

Rowe D, 2004. Sport, Culture and the Media [M]. Berkshire:McGraw-Hill International.

Rübberdt R, 1972. Geschichte der Industrialisierung:Wirtschaft und Gesellschaft auf dem Weg in unsere Zeit [M]. München:C. H. Beck'Sche Verlagsbuchhandlung.

Ruttan V W, 1984. Social science knowledge and institutional change[J]. American Journal of Agricultural Economics, 66(5):549-59.

Salvatier J, Wiecki T V, Fonnesbeck C, 2016. Probabilistic programming in Python using PyMC3[J]. PeerJ Computer Science, 2:e55.

Scelles N, Helleu B, Durand C, et al., 2016. Professional sports firm values: Bringing new determinants to the foreground? A study of European soccer, 2005-2013[J]. Journal of Sports Economics, 17(7): 688-715.

Schmidt V A, 2002. The Future of European Capitalism[M]. New York: Oxford University Press.

Schultz T W, 1968. Institutions and the rising economic value of man[J]. American Journal of Agricultural Economics, 50(5): 1113-1122.

Schumpeter J A, 1939. Business Cycles: A Theoretical, Historical, and Statistical Analysis of the Capitalist Process [M]. New York: McGraw-Hill.

Schumpeter J A, 1939. Business Cycles[M]. New York: McGraw-Hill.

Shakstad G, 2014. TV broadcast revenue vs gate revenue: Part I [EB/OL]. [2016-09-30]. http://www. Lagconfidential. Com/2014/4/26/5656296/Tv-Broadcast-Revenue-Vs-Gate-Revenue-Part-I.

Simmons R, 2007. Overpaid athletes? Comparing American and European football [J]. Working USA, 10(4): 457-471.

Sims J, Addona V, 2016. Hurdle models and age effects in the major league baseball draft [J]. Journal of Sports Economics, 17 (7): 672-687.

Skysports. Chinese super league to be shown on sky sports [EB/OL]. [2016-09-30]. http://www. skysports. com/football/news/11095/10512505/chinese-super-league-to-be-shown-on-sky-sports.

Sloane P J, 1971. Scottish journal of political economy: The economics of professional football—The football club as a utility maximizer[J]. Scottish Journal of Political Economy, 18(2): 134.

Sloane P J, 1976. Sporting equality: Labour market versus product market control—A comment [J]. Journal of Industrial Relations, 18 (1): 79-84.

Sloane P, 1969. The labour market in professional football[J]. British Journal of Industrial Relations, 7: 181-199.

Smith A D, 1986. State-making and Nation-building [J]. States in History, 15: 228-263.

Smith P, 2010. The politics of sports rights the regulation of television sports rights in the UK[J]. Convergence: The International Journal of Research into New Media Technologies,16(3):322.

Solberg H A,2008. The international trade of players in European club football: The consequences for national teams [J]. International Journal of Sports Marketing and Sponsorship,10(1):73-87.

Sorensen D,Gianola D,2002. Likelihood,Bayesian,and MCMC Methods in Quantitative Genetics[M]. New York:Springer.

Stigler G J,Becker G S,1977. De gustibus non est disputandum[J]. American Economic Review,67(2):76-90.

Swatos W H,Christiano K J,1999. Introduction—Secularization theory: The course of a concept [J]. Sociology of Religion,60(3):209-228.

Swieter D,2002. Eine Ökonomische Analyse Der Fu? Ball-Bundesliga [M]. Berlin:Duncker & Humblot.

Szymanski S,2003. The economic design of sporting contests[J]. Journal of Economic Literature,41(4):1137-1187.

Szymanski S,2006a. The economic evolution of sport and broadcasting [J]. Australian Economic Review,39(4):428-34.

Szymanski S,2006b. Handbook on the Economics of Sport [M]. Cheltenham:Edward Elgar Publishing.

Szymanski S,2007. Americans don't want to take the drop[EB/OL]. [2016-09-30]. https://www. theguardian. com/business/2007/apr/29/usnews. theobserver.

Szymanski S,2008. A theory of the evolution of modern sport[J]. Journal of Sport History,35(1):1-32.

Szymanski S,2009. The Comparative Economics of Sport[M]. London and New York:Palgrave Macmillan.

Szymanski S, Kuypers T, 1999. Winners and Losers: The Business Strategy of Football[M]. London:Viking.

Szymanski S, 2004. Professional team sports are only a game the Walrasian Fixed-Supply Conjecture Model,contest-nash equilibrium, and the invariance principle[J]. Journal of Sports Economics,5(2):111-126.

Tainsky S,2009. Television broadcast demand for national football league contests[J]. Journal of Sports Economics,11(6):629-140.

Taylor C, 1995. Invoking Civil Society [M]. Cambridge: Harvard University Press.

Theophanous A, 2011. Ethnic identity and the nation-state in the era of globalization: The case of Cyprus [J]. International Journal of Politics, Culture, and Society, 24(1-2): 45-56.

Thornton P H, Ocasio W, 1999. Institutional logics and the historical contingency of power in organizations: Executive succession in the higher education publishing industry, 1958-1990 [J]. American Journal of Sociology, 105(3): 801-843.

Thornton P H, Ocasio W, Lounsbury M, 2012. The Institutional Logics Perspective: A New Approach to Culture, Structure, and Process [M]. New York: Oxford University Press.

Thornton P, Ocasio W, 2008. The Sage Handbook of Organizational Institutionalism[M]. London: Sage Publications.

Tilly C, 1995. To explain political processes[J]. American Journal of Sociology, 100(6): 1594-1610.

Timothy B, 1993. Praying for Power: Buddhism and the Formation of Gentry Society in Late-Ming China [M]. Cambridge: Harvard University Asia Center.

Todreas T M, 1999. Value Creation and Branding in Television's Digital Age[M]. Westport: Praeger.

Tokarski W, Steinbach D, Petry K, et al. (eds.), 2004. Two Players One Goal? Sport in the European Union[M]. Oxford: Meyer and Meyer Sport.

Tomlinson A, Young C, 2005. German Football: History, Culture, Society [M]. London and New York: Routledge.

Tonazzi A, 2003. Competition policy and the commercialization of sport broadcasting rights: The decision of the Italian competition authority [J]. International Journal of the Economics of Business, 10 (1): 17-34.

Trendafilova S, Waller S N, Daniell R B, et al., 2012. "Motor City" rebound? Sport as a catalyst to reviving downtown Detroit: A case study[J]. City, Culture and Society, 3(3): 181-187.

UEFA, 1999. Report of the general secretary[R]. Nyon: UEFA.

UEFA,2005. Vision Europe[R]. Nyon:UEFA.

Ungerer H,2003. Commercializing sport: Understanding the TV rights debate [EB/OL]. [2016-09-30]. https://ec. europa. eu/competition/speeches/text/sp2003_024_en. pdf.

Vamplew W,2007. Playing with the rules:Influences on the development of regulation in sport [J]. The International Journal of the History of Sport,24(7):843-871.

Van Den Bogaert S, 2005. Practical Regulation of the Mobility of Sportsmen in the EU Post Bosman [M]. London: Kluwer Law International.

Voiculescu A,2006. Unorthodox human rights instruments:the ACP-EU development co-operation from the lome conventions to the Cotonou Agreement[J]. Journal of Commonwealth Law and Legal Education, 4(1):85-102.

Von Mises L,1949. Human Action:A Treatise on Economics[M]. New Haven:Yale University Press.

Weber M,1958. Science as a vocation[J]. Daedalus,87(1):111-134.

Weber M, 1978. Economy and Society: An Outline of Interpretive Sociology[M]. Berkeley:University of California Press.

Weinberg D H, 2016. Talent recruitment and firm performance: The business of major league sports[J]. Journal of Sports Economics,17 (8):832-862.

Wildman S,Bruce O,1992. Video Economics [M]. Cambridge: Harvard University Press.

Wilhelm S,2008. Public funding of sports stadiums [EB/OL]. [2016-09-30]. https://Gardner. Utah. Edu/_ Documents/Publications/Finance-Tax/Sports-Stadiums. pdf.

Williamson O E, 1994. The institutions and governance of economic development and reform[J]. The World Bank Economic Review,8 (suppl 1):171-197.

Wiltshire K W, 1987. Privatisation: The British Experience—An Australian Perspective [R]. Melbourne: Committee for Economic Development of Australia.

Yamamura E,2009. Technology transfer and convergence of performance:

An economic study of FIFA Football Ranking [J]. Applied Economics Letters,16(3):261-266.

Zimbalist A,2001. Unpaid Professionals:Commercialism and Conflict in Big-Time College Sports [M]. Princeton:Princeton University Press.

鲍明晓,2010.中国职业体育评述[M].北京:人民体育出版社.

卜偲琦,张卫东,2021.高质量发展下新制度经济学前沿问题探索[J].经济学家(9):21-30.

蔡美燕,支俊才,王国咏,2011.我国职业篮球俱乐部后备人才培养影响因素研究[J].山东体育学院学报(4):70-75.

常超,2009.我国职业篮球运动后备人才的现状分析及对策研究[J].吉林省教育学院学报(学科版)(12):81-82.

陈元欣,2005.我国职业体育俱乐部融资结构、方式及其制约因素研究[D].武汉:华中师范大学.

邓飞,刘飞振,2020.现代足球运动员的身高、体重、年龄特征及我国现状[J].西安体育学院学报(2),38-40.

冯祎晗,丛湖平,2020.试论新媒体背景下体育赛事转播权的价值创造及其实现方式[J].体育科学(8):35-40,87.

付靖国,2013.我国银行业税制改革研究[D].天津:河北经贸大学.

高旭,2012.论体育产业的公共品和正外部性性质以及财税对策[J].现代商业(20):107-108.

郭树理,2008.外国体育法律制度专题研究[M].武汉:武汉大学出版社.

郭永东,2005.新世纪职业体育发展现状及趋势研究[J].武汉体育学院学报(1):9-12.

何文胜,张保华,吴元,2009.职业体育联盟竞争平衡的测量与分析[J].体育科学(12):12-18.

胡岩峰,2010.我国职业足球俱乐部梯队建设研究[D].南京:南京体育学院.

花勇民,2006.欧洲体育文化研究:政府、市场和市民社会之间的体育[D].北京:北京体育大学.

黄俊煌,2015.Logistic 回归在数据分析中的应用研究[D].广州:暨南大学.

黄世席,2005.国际体育仲裁院普通仲裁制度浅析[J].体育与科学(6):16-19,24.

黄世席,2008.足球暴力法律规制之比较研究:以英意西为例[J].体育与科学(1):33-36.

黄世席,孙勇,2010.国际足联 DRC 和国际篮联 FAT 裁决制度之比较[J].体育学刊(11):26-29.

黄银华,张志奇,2004.我国足球职业俱乐部后备人才培养机制的初步研究[J].武汉体育学院学报(5):18-20.

黄永正,朱琴,夏崇德,2009.2008 年欧洲杯足球赛运动员年龄、比赛场次与身体形态特征研究[J].中国体育科技(4):68-74.

姜熙,谭小勇,2010.美国职业棒球反垄断豁免制度的历史演进:基于案例分析[J].天津体育学院学报(2):113-117.

金祥荣,2000.多种制度变迁方式并存和渐进转换的改革道路:"温州模式"及浙江改革经验[J].浙江大学学报(人文社会科学版)(4):138-145.

李瀚宇,2013.中超职业足球俱乐部后备人才培养模式研究[D].济南:山东体育学院.

李华,巫文辉,杨年松,2008.对 CBA 后备人才来源及其人力资本所有权的研究[J].山东体育学院学报(4):14-16.

李云,张重喜,杨三军,2008.2007 赛季中日足球职业联赛运动员相对年龄分布特征对比分析[J].北京体育大学学报(5):688-690.

李政君,2015.制约广东省中超职业足球后备人才培养的因素分析及对策研究[J].文体用品与科技(2):25-26.

李宗香,冷显志,2012.我国财政体育投入与财政收入的互益性研究[J].财政监督(27):60-61.

梁伟,2015.中国足球职业联赛"政府产权"的界定及其边界约束研究:基于产权由物权关系向行为权利关系演化的理论视角[J].体育科学(7):10-17.

刘兵,2018.中超版权费大幅"缩水"[EB/OL].(2018-01-31)[2018-03-01].http://media. workercn. cn/sites/media/grrb/2018_01/31/GR0814. htm.

刘先进,张沛锋,张成云,2005.欧、美、亚洲优秀足球运动员年龄特征对比分析.西安体育学院学报(5):76-78.

马克思,恩格斯,1972.马克思恩格斯选集[M].北京:人民出版社.

马克思,恩格斯,1995.马克思恩格斯全集(第 2 卷)[M].北京:人民出版社.

马克思,恩格斯,2009.马克思恩格斯文集(第 2 卷)[M].北京:人民出版社.

马南京,臧秋华,马天成,2011.2010 年南非世界杯赛足球运动员年龄分布特征研究[J].辽宁体育科技(3):78-79.

马樟生,2003.我国与欧洲四大联赛职业足球运动员年龄、身高、体重特征分析[J].北京体育大学学报(6):839-840.

马志和,1996.我国职业足球俱乐部的现状与发展对策[J].上海体育学院学报(3):1-9.

米战,任海龙,2007.我国职业篮球俱乐部后备队伍现状调查研究[J].西安体育学院学报(4):17-19,28.

聂志强,1999.对世界优秀男子足球运动员年龄特征的分析[J].中国体育科技(2):35-37.

潘艳红,2010.存款保险制度的核心问题探讨:存款保险公司的组建[J].新疆财经大学学报(4):61-65,70.

裴洋,2010.国际体育组织规章的法律性质及其在中国的适用问题[J].体育学刊(11):20-25.

澎湃新闻,2018.中超海外转播覆盖 91 个国家地区,ESPN 也加入转播阵营[EB/OL].[2022-04-14] https://www.thepaper.cn/newsDetail_forward_2341494.

青木昌彦,2001.比较制度分析[M].上海:上海远东出版社.

萨缪尔森,2008.经济学(第 18 版)[M].北京:人民邮电出版社.

史晋川,沈国兵,2002.论制度变迁理论与制度变迁方式划分标准[J].经济学家(1):41-46.

宋叙生,王全法,2010.美国职业体育产业政策引导机制及其启示[J].苏州大学学报(5):90-91.

隋路,2007.中国体育经济政策研究[M].北京:人民出版社.

谭建湘,1998.从足球改革看我国竞技体育职业化的发展[J].广州体育学院学报(4):1-7.

王丙参,魏艳华,2017.利用 M-H 算法求解 logistic 回归模型参数的贝叶斯估计[J].统计与决策(18):9-23.

王波,1999.美国职业体育政策试析[J].体育科学(4):60.

王鹤,2007.欧洲经济模式评析:从效率与公平的视角[J].欧洲研究(4):1-17,158.

王济川,郭志刚,2001.Logistic 回归模型:方法与应用[M].北京:高等教育出版社.

王龙飞,蔡文丽,2013.美国职业体育税收政策及其启示[J].体育文化导刊

（2）:95-98.

王朋涛,2003.我国足球后备人才培养研究[D].南京:南京师范大学.

王庆伟,2004.论西方发达国家职业体育制度的源起及其变迁[J].西安体育学院学报(2):17-20.

王庆伟,2005.论西方发达国家职业体育联盟形成的经济学依据[J].西安体育学院学报(5):9-14.

王岩,2010.职业体育联盟的经济分析[D].上海:上海体育学院.

网易新闻,2016.中超联赛"出口"英国海外版权收入超 500 万美元[EB/OL].[2016-09-30]. http://news. 163. com/16/0728/00/BT17QSM300014AED. html.

翁飚,高松龄,诸斌,2002.国外体育经济活动税收政策研究[J].天津体育学院(4):13-17.

吴香芝,张林,2011.国外体育服务产业政策略论[J].体育文化导刊(12):101-105.

吴新宇,许晓峰,兰健,2015.日本职业体育市场的公私治理研究[J].体育成人教育学刊(1):18-21,95.

肖六亿,2008.劳动力流动的原驱力:技术进步[M].成都:四川大学出版社.

肖报,2018.中超俱乐部平均分红 7400 万元,但这些赞助商却都不玩了[EB/OL]. [2018-03-01]. https://www. thepaper. cn/newsDetail_forward_1995537.

解超,金成吉,张军,2016.亚、欧、美洲男子职业足球运动员的相对年龄分布特征研究[J].辽宁师范大学学报(自然科学版)(1):132-139.

颜中杰,2009.我国职业足球俱乐部后备人才培养现状与发展对策研究:以职业足球俱乐部为例[D].上海:上海体育学院.

杨瑞龙,1998.我国制度变迁方式转换的三阶段论:兼论地方政府的制度创新行为[J].经济研究(1):5-12.

杨瑞龙,杨其静,2000.阶梯式的渐进制度变迁模型:再论地方政府在我国制度变迁中的作用[J].经济研究(3):24-31,80.

杨铄,冷唐菎,郑芳,2016.职业体育转播制度安排的国际比较研究[J].体育科学(4):20-32.

杨铄,郑芳,丛湖平,2014.欧洲国家职业足球产业政策研究:以英国、德国、西班牙、意大利为例[J].体育科学(5):75-88.

叶钫,2014.马尔可夫链蒙特卡罗方法及其 R 实现[D].南京:南京大学.

臧秋华,2007.2006 年世界杯足球运动员年龄分布及身体形态特征研究[J].首都体育学院学报(1):85-87.

张兵,2012.西方职业体育集体劳资谈判及其困境研探[J].天津体育学院学报(1):58-63.

张兵,2015.跳出西方经济学的束缚:关于我国职业体育产权问题的经济社会学分析[J].体育科学(5):3-9.

张兵,仇军,2016.管办分离后中国职业足球改革的路径选择与机制依赖[J].体育科学(10):3-9.

张红凤,高歌,2004.新制度经济学的理论缺陷[J].国外理论动态(4):36.

张林,戴健,陈融,2001.我国职业体育俱乐部运行机制的主要缺陷[J].上海体育学院学报(2):1-5.

张学研,2015.巴西世界杯参赛运动员年龄与身体形态特征的比较研究[J].佛山科学技术学院学报(自然科学版)(6):85-90.

张亚洲,2011.我国开征环境保护税刍议[J].沈阳教育学院学报(3):80-82,88.

张振楠,2014.CBA 青岛双星篮球队的现状与发展研究[D].开封:河南大学.

郑芳,丛湖平,2010.职业体育俱乐部竞争实力均衡的基本假设及度量[J].体育科学(7):29-36,77.

郑芳,杜林颖,2009.欧美职业体育联盟治理模式的比较研究[J].体育科学(9):36-41.

郑芳,莫巍峰,汪凌,2011.CBA、NBA 竞争实力均衡与现场观众关系的经验研究[J].体育科学(4):21-31.

周翔,姜婷婷,徐丹,等,2016.基于 Logistic 回归建模和马尔可夫链蒙特卡罗方法计算后验描述丁酸梭菌株对于给定辐照剂量区的应答趋势[J].原子核物理评论(4):500-505.

周雪光,艾云,2010.多重逻辑下的制度变迁:一个分析框架[J].中国社会科学(4):132-150,223.